GW01288383

Sprache ist ein großes Wunder. Sie bietet unendlich viele Möglichkeiten, die Welt in Worte und Sätze zu fassen. Doch nur wer seine Sprache wirklich kennt, kann ihren Reichtum auch nutzen. Thomas Steinfeld erzählt, wie unsere moderne Sprache entstanden ist und was man daraus über ihre Eigenschaften lernen kann, und er zeigt, wie man ihre Möglichkeiten für einen eleganten, transparenten Stil nutzt. Der beste Zugang zu unserer Sprache führt über die Schriftsteller, die in den großen Texten der deutschen Literatur ihre Ausdrucksmöglichkeiten seit 200 Jahren erprobt und weiterentwickelt haben. Sie, aber auch Reden oder Werbetexte liefern die Beispiele für Steinfelds unkonventionellen, abwechslungsreichen und unterhaltsamen Streifzug durch die wunderbare Welt unserer Sprache.

Thomas Steinfeld, geboren 1954, Germanist und Musikwissenschaftler, ist leitender Redakteur im Feuilleton der ›Süddeutschen Zeitung‹ und Professor für Kulturwissenschaften an der Universität Luzern.

Thomas Steinfeld

Der Sprachverführer

Die deutsche Sprache:
was sie ist, was sie kann

Deutscher Taschenbuch Verlag

**Ausführliche Informationen über
unsere Autoren und Bücher
finden Sie auf unserer Website
www.dtv.de**

Ungekürzte Ausgabe 2012
Deutscher Taschenbuch Verlag GmbH & Co.KG, München
Lizenzausgabe mit freundlicher Genehmigung
des Carl Hanser Verlags München
© Carl Hanser Verlag München 2010
© des Gedichts ›Setzen, Stellen, Legen u.a.‹:
Robert Gernhardt 1981.
Mit freundlicher Genehmigung von www.zweitausendeins.de
Das Werk ist urheberrechtlich geschützt. Sämtliche, auch
auszugsweise Verwertungen bleiben vorbehalten.
Umschlagkonzept: Balk & Brumshagen
Umschlaggestaltung nach einem Entwurf
von Peter-Andreas Hassiepen
Satz: Satz für Satz. Barbara Reischmann, Leutkirch
Druck und Bindung: Druckerei C. H. Beck, Nördlingen
Gedruckt auf säurefreiem, chlorfrei gebleichtem Papier
Printed in Germany · ISBN 978-3-423-34699-3

Inhalt

Vom Schreiben

1. Gregor Samsa erwacht:
   Eine Verwandlung und der gelungene Satz   9
2. Josef Ackermann führt ans Ziel:
   Die Phrase und ihr Wirken   15
3. Martin Mosebach schickt einen Brief:
   Literatur und Nachahmung   21

Vom Leben

4. E. T. A. Hoffmann lässt Blüten klingeln:
   Verb und Bewegung   33
5. Der Wissenschaftsrat empfiehlt Momente:
   Phrasen und Monster   41
6. Günter Grass im Gruppenbild:
   Ausdruck und Ungeschick   48
7. Gotthold Ephraim Lessing lässt Bäume
   rauschen: Sprache, Nation und Kultur   51
8. Thomas Bernhard wechselt die Zeiten:
   Starke und schwache Wörter   66

Vom Üben

9. Ein Dichter schreibt, wie er will:
   Brief und Bühne   77
10. Georges-Arthur Goldschmidt sieht das Meer:
    Präpositionen und Präfixe   83
11. Graf Dracula kennt die Welt:
    Die Ökumene einer Kultursprache   91

12. Peter Handke streift durch den Wald:
    Partizip und Zeitform   98
13. Heiner Müller zieht in den Krieg:
    Lernen und Üben   103

Exkurs I
14. Elfriede Jelinek geht durch Treibsand:
    Wahrheit und Sprache   109

Vom Nennen
15. Martin Luther bekämpft den Teufel:
    Predigt und Gemeinsprache   115
16. Heinrich von Kleist lässt andere reden:
    Das »sei« und das »wäre«   121
17. August Wilhelm Schlegel fordert Kosmopoliten:
    Die Kraft der Anverwandlung   126
18. Jakob Böhme schafft sich ein Nichts:
    Substantiv und Substantive   130
19. Johann Wolfgang Goethe geht unter
    das Volk: Mündliches und Schriftliches   141

Vom Beugen
20. Eckhard Henscheid pflückt Kamelien:
    Artikel, Adjektive und einfacher Stil   149
21. Friedrich Hölderlin weint und dankt:
    Die Gegenwart der alten Sprachen   161
22. Georg Büchner nuschelt:
    Die Fälle und ihre Endungen   167
23. G.W.F. Hegel findet einen Begriff:
    Deutsch in der Wissenschaft   177
24. Botho Strauß sucht die Balance:
    Satz und Ökonomie   187

Exkurs II

25. Heinrich Heine will das Ende:
    Literatur und Konvention   193

Vom Bauen

26. Friedrich Nietzsche ruft die Polizei:
    Heger und Pfleger   199
27. Robert Musil verschmäht einen Kuss:
    Satz und Klammer   206
28. Niklas Luhmann nimmt zur Kenntnis:
    Sprache und Bürokratie   211
29. W. G. Sebald baut Perioden:
    Gedankenwort und Nebensatz   219
30. Sibylle Lewitscharoff züchtet Kummerkristalle:
    Bilder und Lebendigkeit   227

Vom Schließen

31. Werner Kieser fasst einen Gedanken:
    Logik und Form   231
32. Brigitte Kronauer atmet durch:
    Der Satz und sein Zeichen   234
33. Rainald Goetz schminkt die Kanzlerin:
    Das bessere Deutsch   238

Danksagung   245
Anmerkungen   247
Personenregister   267

Vom Schreiben

1. Gregor Samsa erwacht:
Eine Verwandlung und der gelungene Satz

Eine der bekanntesten Erzählungen in deutscher Sprache beginnt mit dem Satz: »Als Gregor Samsa eines Morgens aus unruhigen Träumen erwachte, fand er sich in seinem Bett zu einem ungeheueren Ungeziefer verwandelt.« Die ersten Wörter in Franz Kafkas Geschichte »Die Verwandlung«, entstanden im Jahr 1912, setzen den Ton für die gesamte Erzählung: Von vornherein ist da eine gelassene Aufmerksamkeit, die Sprache eines wachen und besonnenen Beobachters, der die plötzliche Begegnung mit dem absolut Befremdlichen, Unbegreiflichen einem ebenso gewöhnlichen wie harmonischen sprachlichen Muster anvertraut. Nichts ist hier, wie Susan Sontag, noch sehr jung, im Jahr 1953 staunend in ihr Tagebuch schrieb, »gezwungen oder unklar«. Wie naheliegend wäre es gewesen, welche Wirkung hätte der Autor erzeugen können, hätte er das Außerordentliche, von dem dieser Satz handelt, auch sprachlich gestaltet. Aber Franz Kafka verzichtet auf die formale Erregung. Der erste Satz der »Verwandlung« ist geordnet, diskret und doch lebendig: Ein temporaler – also auf die Zeit bezogener – Nebensatz und ein Hauptsatz, beide von mittlerer Länge, ergeben ein symmetrisches Gefüge, wobei der Nebensatz mit seinem allerersten Wort, dem »als«, eine Spannung schafft, die erst das allerletzte Wort, das Partizip »verwandelt«, auflöst. Erst wenn der Leser dieses letzte Wort zur Kenntnis nimmt, erfährt er wirklich, was geschah. Und diese Nachricht ist offenbar nicht erstaunlich genug, als dass man ihretwegen einen gelungenen Satz über den Haufen geworfen hätte. Gewiss, die Endstellung des Verbs im Nebensatz gehört zu den Grundlagen der deutschen Grammatik, und man hat sich fest daran gewöhnt. Ein Ausdrucksmittel ist sie dennoch, was man spätestens dann bemerkt, wenn sie fehlt.

Von Franz Kafka ist seit vielen Jahren die Vorstellung im Umlauf, er habe, wie kein anderer Schriftsteller, die Katastrophen des zwanzigsten Jahrhunderts in sich aufgenommen, in seine Person und in sein Werk. Darin sei, so will es diese erst spät, also nach dem Zweiten Weltkrieg entstandene Vorstellung, das Leiden am Deutschen auf seinem Höhepunkt angekommen. So kam es, dass, lange nach seinem Tod, eigens für ihn ein absolutes Außen, ein Nicht-Ort eingerichtet wurde, abseits des emanzipierten Judentums, für das sein Vater gestanden hatte, abseits auch des Prager Deutsch, der Sprache einer gebildeten, unangefochtenen Minderheit, in der er aufgewachsen war, abseits sogar des Tschechischen, das die Arbeiter und einfachen Leute in Böhmen sprachen. Dabei besteht sein Werk mitnichten aus dem Mäusegequieke, das Gregor Samsa als Ungeziefer von sich gibt. Offensichtlich gibt es auch für Franz Kafka einen Ort: sein Schreiben, seine Sprache, seine Dichtung. Einen anderen als diesen mitten im Deutschen beheimateten, mit sich selbst und seiner Umgebung einverständig lebenden Franz Kafka aber gibt es nicht.

Immer wieder sagt Franz Kafka, er lebe nur schreibend. »Die Festigkeit aber«, teilt er im November 1913 seiner späteren Verlobten Felice Bauer mit, »die das geringste Schreiben mir verursacht, ist zweifellos und wunderbar.« Dieses Schreiben aber, heißt es anderswo, sei »nichts als die Fahne des Robinson auf dem höchsten Punkt der Insel«. In zahllosen

Deutungen, in denen das Unglück dieses Schriftstellers vorausgesetzt wird, als wäre es ein Gesetz, wird daraus eine Literatur als höchste, letzte und doch wieder aussichtslose Flucht aus einem verlorenen, angsterfüllten Leben – und damit eine Art negative Klassik, die der positiven Klassik, der sie formal sehr ähnelt, auch darin entspricht, dass sie wie etwas Unübertreffliches wirkt.

Wie aber, wenn man in dieser Auskunft – »zweifellos und wunderbar« – etwas anderes, minder Existentielles zu erkennen hätte? Wie, wenn Kafka nicht der größte Gefangene, sondern der größte Virtuose der deutschen Sprache gewesen wäre, ein Sportler gleichsam, erfüllt von einem unbedingten Willen, seine Fähigkeiten auszuleben, sie sinnlich gestaltet zu erfahren? Und wenn eben seine Meisterschaft darin bestanden hätte, diese Virtuosität in den Dienst der Dichtung zu stellen, lauter wohlgeordnete, lebendige Sätze hervorbringen zu können, ein jeder genau so lang, wie er sein muss, gefüllt mit möglichst wenigen, aber treffenden, und nicht mit vielen prächtigen Wörtern? »Aber jeden Tag soll zumindest eine Zeile gegen mich gerichtet werden«, schreibt er zwar. Doch selbst wenn Franz Kafka in solchen Sätzen Gericht über sich selbst gehalten hätte – es schließt nicht aus, dass er im selben Augenblick, in dem er dies schrieb, die Hände vom Blatt hob und lustvoll mit der Zunge schnalzte: Welch großartiger Satz! Und wenn er dies im Bewusstsein getan hätte, dass es vor diesem viele großartige Sätze gegeben hatte und es nach diesem noch viele andere großartige Sätze geben sollte?

Franz Kafka schreibt gerne Sätze, die am Ende, vor dem Komma oder dem Punkt, einen Akzent oder eine überraschende Wendung setzen. Oft stellt er ein Element der Spannung ans Ende eines Satzes. Aber nie trumpft er damit auf. Die deutsche Sprache kommt diesem Bedürfnis entgegen, sie bietet sich für solche Überraschungen an, nicht zuletzt, weil sie das konjugierte oder »gebeugte« Verb an das Ende eines Nebensatzes stellt. »Wer, wann, wie?« lauten die Fragen, auf die der Nebensatz »Als Gregor Samsa eines Morgens …« zunächst antwortet. Erst danach folgt die Nachricht, was in diesem Augenblick geschah: dass er nämlich »aus unruhigen Träumen erwachte«. Denn ähnlich wie in den deutschen Wortzusammensetzungen steht das Bestimmte am Schluss der Kette – so wie beim Wort »Schreibwarenfachgeschäft«, bei dem man auch erst am Ende erfährt, dass es um ein Geschäft geht: Ohne das zu wissen, hat man vorher schon festhalten müssen, dass dieses Geschäft spezialisiert ist, und noch vorher, dass es sich auf Papier und Stifte konzentriert. Die gesamte Konstruktion im ersten Satz der »Verwandlung«, der Nebensatz und der Hauptsatz, zielt auf dieses eine, dieses letzte Wort, eben auf das »verwandelt«, das, endlich ausgesprochen, dem ganzen Gebilde seinen Sinn verleiht und es rückwirkend in eine dunkle, geheimnisvolle Farbe taucht.

Auf Englisch klingt der gleiche Satz, obwohl er der Vorlage sachlich völlig angemessen ist, durchaus anders: »As Gregor Samsa awoke one morning from uneasy dreams he found himself transformed in his bed into a monstrous vermin.« Gregor Samsas Erwachen und Verwandlung drängen sich in der Übersetzung nach vorn, die »unruhigen Träume« hängen weiter hinten und treiben sich da eher lose herum, denn sie bilden hier die Satzaussage oder das »Prädikat«. Das Lehnwort »transformed« fügt dem Satz, nicht nur für deutsche Ohren, etwas befremdlich Technisches hinzu. Und wenn die Spannung des Satzes, die Unruhe zwischen Erwachen und Entdecken, auch keineswegs verloren ist, weil das »monstrous vermin« wie ein Ausrufezeichen, wie ein Knalleffekt am Ende steht, das spektakuläre Ergebnis der Verwandlung, so fehlt dem Satz doch der lange Bogen, das ausgehaltene Drängen und leise Vibrieren, das den Anfang dieser Erzählung so beherrscht und kühn zugleich wirken lässt, die Erwartung, die den Leser gespannt macht auf das, was er noch vor sich liegen hat. In der französischen Übersetzung ist das ähnlich: »Lorsque Gregor Samsa s'éveilla un matin au sortir de rêves agités, il se retrouva dans son lit changé en un énorme cancrelat.« Auch hier sind die Verben nach vorn gerückt, wobei das Französische aber aus dem aktiven »erwachte« das reflexive »s'éveilla« macht und für die schlichte Präposition »aus« das umständlichere »au sortir de« (»im Ausgang von«) benötigt, so dass ein schwerfälliger Ton von Konvention und Formalität in den Satz einzieht.

Nun ist die deutsche Sprache anderen Sprachen nicht überlegen, und schon gar nicht, weil sie in gewissen Fällen vorsieht, dass ein konjugiertes Verb an das Ende eines Nebensatzes zu stellen sei – oder eine Vorsilbe oder ein Partizip Perfekt (»verwandelt«) an das Ende eines Hauptsatzes. Auch gibt es in einer ganzen Reihe von großen Sprachen die Möglichkeit, logisch einander unmittelbar zugehörige Glieder eines Satzes weit auseinander zu setzen. Doch gehört eben die Endstellung des konjugierten Verbs zur grammatischen Grundausstattung des Deutschen, und Franz Kafka zieht seinen Nutzen daraus – bewusst, wie man annehmen darf, mit einem Willen zur Gestaltung und zur besten Form. Genauso, wie er sich des Jambus oder des Trochäus, also des steten Wechsels zwischen einer betonten und einer unbetonten Silbe, bedient, um den Satz leicht dahinfließen zu lassen: »Als Gregor Samsa eines Morgens« (Jambus) oder »fand er sich in seinem Bett« (Trochäus), und wie er den Rhythmus mit leichter Hand schüttelt, ihn ins Trippeln und Wanken bringt, als endlich vom »ungeheueren Ungeziefer« die Rede ist. Sogar einen kleinen poetischen Abschluss gibt Franz Kafka diesem Satz, indem er zwei Verben benutzt, deren Stammsilben mit demselben Konsonanten beginnen (sie alliterieren) und den gleichen Stammvokal haben: »erwachte« und »verwandelt« – da ist zwar überhaupt kein Reim, aber im gemeinsamen »a«, im Vokal der Stammsilbe, ist doch eine Assonanz, ein deutliches Anklingen, das einen Eindruck von Geschlossenheit vermittelt. Und dass von diesem Ereignis mit geradezu selbstverständlichem Wahrheitsanspruch berichtet wird – dafür ist Franz Kafka berühmt geworden.

Franz Kafka berief sich, wenn er über seinen Umgang mit der deutschen Sprache nachdachte, immer wieder auf Johann Wolfgang Goethe, auf jenen Dichter also, der im gesamten neunzehnten Jahrhundert und weit ins zwanzigste Jahrhundert hinein als ihr größter Lehrmeister galt. Als er dessen mehr oder minder autobiographisches Werk *Dichtung und Wahrheit* las, schrieb er in sein Tagebuch: »Kälte und Hitze wechselt in mir mit dem wechselnden Wort innerhalb des Satzes, ich träume melodischen Aufschwung und Fall, ich lese Sätze Goethes, als liefe ich mit ganzem Körper die Betonungen ab.« Welch ein beunruhigender Satz, weniger, weil »Kälte und Hitze« zwei Dinge sind, die im Verb die Mehrzahl hätten nach sich ziehen müssen, Franz Kafka hier also die Grammatik nachlässig (oder auf seine Weise?) behandelt, sondern vor allem, weil er von der physischen Gegenwart eines fremden Menschen im eigenen Körper berichtet. Doch die Notiz zeigt eben auch, wie nah sich Franz Kafka seinem Vorbild glaubte. Und was seinen Satzbau betrifft: zu Recht. Und ferner – die Diskretion. Franz Kafka, der Erzähler, bleibt seinen Geschöpfen gegenüber zurückhaltend und respektvoll, er rückt ihnen nicht zu nah und lässt sie gewähren.

Ist aber der Anfang der »Verwandlung« ein perfekter Satz? Nein. Gelungen ist der erste Satz. Perfekt ist nur, was die Zeit übersteigt und für sich allein als Muster gelten soll. Gelungen ist der Satz für Franz Kafka, weil dieser ihn als Teil einer Emanzipation zur deutschen Sprache versteht und weil er stolz darauf ist, was er in der geschriebenen Sprache zu vollbringen vermag. Gelungen ist dieser Satz auch für den Leser, den er packt und davonträgt. Im »Perfekten« hingegen verbirgt sich unsere Sehnsucht nach einer sprachlichen Heimat, nach einer Sprache, die endlich auf unbestreitbarem Niveau erstarrt wäre. Und das genau tut Sprache nie.

2. Josef Ackermann führt ans Ziel: Die Phrase und ihr Wirken

Im Sommer 2008, die große Finanzkrise hatte kaum erst begonnen, trat Josef Ackermann, der Vorstandsvorsitzende der Deutschen Bank, vor die Aktionäre und erklärte: »Wir werden unseren Kurs der zeitnahen Transparenz fortsetzen und uns unvermindert für zielführende Reformen des Finanzsystems insgesamt einsetzen.« Es gibt viele Arten, schlechtes Deutsch zu reden oder zu schreiben. Dieser Satz steht für die gewöhnlichste. Sie entwickelt sich mitten in der modernen Öffentlichkeit, und zwar gegen sie, aus dem Bedürfnis, sich diese Öffentlichkeit so weit wie möglich vom Leib zu halten. Denn die Gesellschaft ist komplex und reizbar. Man begegnet ihr am besten mit Vorsicht, vor allem, wenn man ein herausgehobenes Amt innehat. Was dabei aber herauskommt, ist hässlicher und leider auch folgenreicher als alle Anglizismen, die so oft für das Ende des schönen Deutsch gehalten werden. Denn viele der modischen Anglizismen sind frisch und munter. Das Verb »dealen« zum Beispiel oder das Adjektiv »cool« können Dinge ausdrücken, für die es kein deutsches Wort gibt und für die es keines geben muss. Wenn Wolfgang Hilbig einen Boxkampf so beschreibt: »Automatisch flog ihm die Linke aus der Hüfte, übercrosste den drohend erhobenen

Arm und knallte trocken auf einen Kinnwinkel« – gäbe es ein besseres Wort für »übercrosste«? Josef Ackermann aber benutzt eine Sprache, die nur scheinbar lebt und eigentlich schon immer tot war. So gewöhnlich ist diese lebendig tote Sprache, dass die meisten Menschen, die sie hören oder lesen müssen, gar nicht auf die Worte achten. Sie haben sich eine Routine angeeignet, mit der sie Phrasen auf Absichten prüfen. Und so wissen sie schnell, worauf es dem Redner ankommt, nämlich auf die Ermächtigung, weiter seinen Geschäften nachgehen zu können. Das heißt aber auch, dass die Phrase in ihrer ganzen Grob- und Gemeinheit ihre Aufgabe erfüllt: sich nämlich des Gehorsams der Zuhörer zu versichern.

Gewiss, lebendig tote Sprachen gibt es, seitdem die Bürokratie unter die Menschen trat. Nein, eigentlich sind sie noch älter, aber die unverhohlen autoritäre Herrschaft brauchte keine Phrasen. Heute muss sich die Herrschaft verkleiden, denn der offene Befehl ist nicht mehr möglich, und dann entwickelt die Phrase eine eigene Struktur und Perfidie. Doch man wehrt sich, wenn überhaupt, nur träge dagegen. Und so gibt es in der modernen deutschen Gesellschaft unendlich viel mehr lebendig Totes, als es je im Reich der Kopisten und Buchhalter, der Stempelkissen und Ärmelschoner gab, weil es von beidem, von der Öffentlichkeit wie von der Bürokratie, so unendlich viel mehr gibt, weil die Verwaltung vorgedrungen ist in alle Bereiche des privaten Lebens, weil die Rechtsförmigkeit aller Verhältnisse den Alltag im Griff hat, weil große Unternehmen genötigt sind, umfassende Bürokratien auszubilden – und nicht zuletzt, weil Menschen über sich selbst und ihre Nächsten zunehmend in Gestalt von formalisierten Ansprüchen nachdenken. Denn ist nicht schon der Ausdruck »Beziehung«, der längst wie selbstverständlich für die Ehe und all ihre Verkleinerungs- und Verkürzungsformen benutzt wird, eine Art Eintrag in einem imaginären Wörterbuch für die Verwaltung von Gefühlen? Und ist es nicht grausam, dass Menschen darin leben?

Was aber sagt Josef Ackermann tatsächlich? Er beginnt seinen Satz mit einem »Wir«. Das »Wir«, bestimmt das Grimmsche Wörterbuch, sei das Personalpronomen der ersten Person Plural. Es beziehe sich »auf den engeren und weiteren kreis, zu dem sich der sprechende oder schreibende rechnet«. Von der »leuchtenden Anmutung des Wahnhaften und Unbeirrbaren« spricht hingegen der Schriftsteller Rainald Goetz, um dieses Wort zu beschreiben. Und er hat auch recht. Denn dieses kleine Wort ist oft schon Programm: Von allen Personalpronomina oder »Fürwörtern« ist das »Wir« das unklarste, weil man nie ganz sicher sein kann, ob das »Wir« einschließt oder ausschließt. Wir ist ich und du oder ich und er oder sie. Es gibt so viele »Wirs« – das »Wir« der Freunde und das der Familie, das »Wir« der Nation und das der Menschheit, das »Wir« der Bank, das der Aktionäre, das gemeinschaftliche ihres Vorstands und das persönlich majestätische ihres Vorstandsvorsitzenden. Und bei jedem dieser »Wirs« fragt sich der Hörer oder Leser, von wem hier die Rede sein soll. Gehört er dazu oder nicht? »Wir werden unseren Kurs der zeitnahen Transparenz fortsetzen«, sagt Josef Ackermann, und das soll vermutlich so viel bedeuten wie: Die Deutsche Bank und ich, oder ich als die Deutsche Bank, wir – als das exklusive »Wir« – wollen sagen, was Sache ist. Mit jedem Wort aber, angefangen beim »Wir«, weicht er der Festlegung aus. Ja, er bestreitet, dass er die Wahrheit sagen wird. Stattdessen verspricht er »zeitnahe Transparenz«. Sofort wird also niemand erfahren, wie die Dinge stehen, außer dem inneren Kreis der Geheimnisträger, die im »Wir« verborgen sind. Später erst soll es so sein, und über den Grad der Verzögerung entscheidet die dunkle Instanz namens »Wir«.

Und es wird ja nicht einmal Wahrheit oder Wahrhaftigkeit versprochen, sondern nur »Transparenz«. Im Durchsichtigen aber gibt es zwar das Trübe und das Blinde, nicht jedoch das Unwahre, was ein absichtsvolles Hintergehen der Aktionäre – etwas, das diese ganz gewiss für möglich halten – schon durch die Wortwahl ausschließt.

Was soll das »Wir« nun tun? Es wird, sagt der Vorstandsvorsitzende, »unseren Kurs fortsetzen«. Josef Ackermann benutzt hier eine Metapher aus der Seefahrt, die einen sonderbar antiquierten Kontrast bildet zu den modischen Wörtern »zeitnah« und »Transparenz«. Denn die Nautik auf dem Festland ist, seitdem der lateinische Dichter Horaz das »Staatsschiff« der politischen Rhetorik erfand (und Vergil das »Segeln« als Vergleich für das Dichten), beliebt bei Politikern, Managern und führenden Bürokraten, denn in ihren Bildern liegen etwas Gemeinschaftliches und etwas Heroisches, das Schiff und die Brücke, die Mannschaft und der Kapitän. Vom Reden »auf hoher See« spricht Karl Kraus, um solche Rhetorik für Verantwortungsträger zu verspotten, die immer schon einen inneren Matrosenanzug getragen haben müssen, so oft wie sie das Ruder in die Hand nehmen, alle Mann an Bord rufen, den Anker lichten und den sicheren Hafen ansteuern wollen. Das Metaphorische ihres Ausdrucks nehmen sie dabei nicht wahr – es fehlt ihnen die Anschauung, und so suchen sie die Anmutung und finden nur eine Formel. Denn selbstverständlich gibt es für eine Bank keinen Kurs, nur mehr oder minder problematische Entscheidungen, die sich vielleicht zu so etwas wie einem Plan addieren.

Und so geht das Gerede fort. »Zielführend« sollen die »Reformen des Finanzsystems« sein – so als gäbe es in der Wirtschaft jemanden, der nicht ans Ziel gelangen möchte, was immer es sein und wo immer es liegen mag. Das Wort »zielführend« ist dabei eine Hohlformel in sich selbst. Ein halber

Satz zu einem Wort geschrumpft, um eine reichlich verworrene Angelegenheit so aussehen zu lassen, als gäbe es darin einen verantwortlich Handelnden. Und so, wie hier Angelegenheiten zu Taten ausgerufen werden, die keine sind, so, wie hier eine Entschlossenheit präsentiert wird, zu der es keinen Gegenstand gibt, enthalten auch die Handlungen so gut wie nichts. Zwei Verben benutzt Josef Ackermann, und es sind die schwächsten, bedeutungsärmsten, vagsten, die man hätte wählen können – ja, eigentlich sind »fortsetzen« und »einsetzen« schon fast dasselbe Verb, und es bedeutet so wenig, dass man es fortlassen könnte, müsste der Satz nicht irgendwie zu einem formalen Ende gebracht werden. »Yes, we can«, sagt auch Josef Ackermann, auf eine besonders umständliche Weise, und wo die Parole des späteren amerikanischen Präsidenten seinen Wahlkampf mit dem Pathos der Erweckung füllte, gleich welcher, wo ihr also Hauptverb und Objekt, das eigentliche Handeln und der Handelnde fehlen, dient der nur scheinbar vollständige Satz des Vorstandsvorsitzenden der Täuschung.

Das ist die öffentliche Rede Josef Ackermanns, und dieser Mann ist ein Vorstandsvorsitzender von einiger Verschlagenheit. Er will der Kritik, woher sie auch kommen mag, keinen Raum lassen. Er will verhindern, dass irgendjemand außer ihm etwas zum Verhältnis zwischen der sogenannten Finanzkrise und seiner Bank sagt, und das tut er, indem er sich einer Sprache der Vermeidung bedient. Deshalb hat seine Sprache keinen Rhythmus, keine Klarheit und keine Kraft. Nicht einmal, dass er die Wahrheit sagen wird, verspricht er, sondern nur, dass er sich für das Aussprechen der Wahrheit einsetzen will. Und damit der Hörer oder Leser nicht gleich merkt, dass er betrogen werden soll, lässt der Bankier die Verben in die Substantive hinwachsen, macht sie groß und breit, bis der Satz erstarrt und gleichsam dinghaft wird – auf dass man sich das Denken ersparen und diesen Schein von Ding für die Sache selbst halten möchte.

Eine solche falsche Verfestigung aber, dieses Unbeweglichmachen und Stillstellen der Sprache, dieses Reden ohne Prädikate, ist die Leistung der Phrase. Sie ist die eigentliche Feindin der guten Sprache, und wo sie ist, kann sich auch kein Deutsch mehr entwickeln. »Wenn die Menschheit keine Phrasen hätte, brauchte sie keine Waffen«, sagte Karl Kraus. »Man muss damit anfangen, sich sprechen zu hören, darüber nachdenken, und alles Verlorene wird sich finden.« Diese Hoffnung erschien wohl schon, als sie zum ersten Mal ausgesprochen wird, als ebenso grandioser wie vergeblicher Idealismus. Das hat sich seitdem nicht geändert, im Gegenteil – nur die Phrasen sind anders geworden, und wenn sich Karl Kraus über den Publizisten Maximilian Harden und dessen »Desperanto« der falschen Geläufigkeit erregte, so müsste heute die »zielführende Reform« an die Stelle von Maximilian Hardens Floskelsprache treten – und wieder wäre da der Wunsch, dem »Konsens«, wie es der Schweizer Gymnastiker Werner Kieser ausdrückt, »dem Endstadium jenes solchen Veranstaltungen innewohnenden Verdummungsprozesses«, ein ebenso schlichtes wie klares »Warum?« entgegenzuhalten. In jedem Fall muss man, um mit Sprache zurechtzukommen, wissen, was sich in ihren Mängeln verbirgt – die Gründe der Verfehlungen, und auch sie sind niemals nur sprachlich. Deswegen war der Verstoß gegen die Grammatik oder die angemessene Wortwahl für Karl Kraus nie nur Anlass zur sprachlichen Zurechtweisung. Immer ging es um Größeres.

»Wer soll denn all die schönen Dinge ins Werk setzen?«, lässt Georg Büchner gleich zu Beginn seines Dramas *Dantons Tod* den Helden fragen, als es um einen Aufstand gegen Robespierres revolutionäres Regime geht. Ihm antwortet der Vertraute Philippeau, auch er Abgeordneter des Nationalkonvents: »Wir und die ehrlichen Leute.« Darauf sagt Danton: »Das ›und‹ dazwischen ist ein langes Wort, es hält uns ein wenig weit auseinander; die Strecke ist lang, die Ehrlichkeit verliert den Atem, eh wir zusammenkommen.«

3. Martin Mosebach schickt einen Brief:
Literatur und Nachahmung

Was mit der deutschen Sprache geschieht und noch geschehen wird, ist zu einer Angelegenheit des Unbehagens geworden. So viel Sorge, wie ihr gewidmet wird, so viele Bücher und Symposien und Kampagnen, die ihr gelten, und gar ein Haus der deutschen Sprache soll in Berlin errichtet werden. Die um 1996 beginnende und zehn Jahre während Debatte über einen staatlichen Eingriff in die deutsche Orthographie, der als Vereinfachung geplant war, aber eine bleibende Verwirrung der Rechtschreibung zur Folge hat, ist auch ein Zeichen für diese Unruhe. Es scheint aber keine rechte Form zu geben, um das Missvergnügen angemessen auszudrücken, und es fehlen offenbar nicht erst die Muster gelungener Sprache, sondern schon die Mittel, um den Mangel auch nur zu benennen. Zwar gab es vermutlich nie so viel Sprachkritik, wie sie gegenwärtig in Umlauf gebracht wird, so viel Sorge um den Zustand und die Zukunft der deutschen Sprache – jedenfalls nicht seit den Jahren vor dem Ersten Weltkrieg, als der Berliner Publizist Eduard Engel vor großem Publikum die große »Entwelschung« forderte, also die Befreiung des Deutschen von Lehnwörtern aus dem Französischen, und Karl Kraus, der Herausgeber und Autor der Zeitschrift *Die Fackel*, der Dummheit in jeder einzelnen Formulierung nachstellte.

Nie aber hat man den Eindruck, aus all dieser Sprachkritik entstünde etwas Neues und Besseres. Vielmehr ist es, als entglitte den Deutschen die Sprache, ohne dass man wüsste, warum das geschieht, als verberge sich in der eigenen Sprache eine Überforderung, die in jedem, der mit ihr zu tun hat, ein Gefühl von Ungenügen zurücklässt. Denn an der Beliebtheit englischer Wörter kann es ja kaum liegen, wenn Sprachkritik zum Schauspiel für das große Publikum wird – und im Absolutismus war das Französische, weil es die gesamte Oberschicht beherrschte, gewiss eine größere Gefahr für das Deutsche. Und wenn sich einzelne mit großem öffentlichem Erfolg gegen eine Entwicklung wehren, die vielen als Verfall erscheint, so fehlen dem Widerstand doch offenbar Ziel und Richtung, abgesehen von einer großen Aufseherei und Besserwisserei, die ihre Höhepunkte erreicht, wenn die obligatorisch schlechten Zensuren (einer Fünf, besser noch einer Sechs, aber immer für die anderen, für die, die nicht dazugehören) in einem Schauspiel für die Massen verteilt werden.

Diese Sprachkritik ist derzeit vor allem kabarettistisch erfolgreich, sie weidet sich an den Anglizismen, an Stummelsätzen oder an den Bandwürmern der Bürokratie. Sie spießt auf, parodiert und macht sich lustig. Das bedeutet auch, dass sie in einer Art Symbiose mit der Sprache lebt, die sie dem Spott anheimgibt – was gäbe es sonst zu lachen? Und so schreibt und spricht ein jeder, die Politik, das Management, der Liebhaber des englischen Vokabulars weiter, wie er es bislang auch tat, wird ausgelacht und schreibt trotzdem weiter wie bisher. Es scheint allgemein anerkannte Arten des Sprechens und Schreibens zu geben, die mit einer solchen Selbstverständlichkeit daherkommen, dass man sie zumindest nicht bewusst wahrnimmt als Gegenstände der Wahl. Oder anders gesagt: Der jeweilige Stil wird als unmittelbar der jeweiligen Sache zugehörig betrachtet, so dass am Ende doch so etwas entstanden ist wie die Sprache der Globalisierung oder die Sprache der Bankvorstände oder auch die Sprache der modernen Reportage. Es fehlt hier aber, ganz entschieden, ein Bewusstsein der Register, der sprachlichen Möglichkeiten, der Stile und ihrer Vielfalt.

Verstehen lässt sich die Sorge um die deutsche Sprache durchaus. Denn es gehen ihr große Abschiede voraus: die Trennung ganzer Wissensbereiche von der Öffentlichkeit, die Herauslösung von Wirtschaft und Wissenschaft sowie von großen Teilen der Politik aus dem gesellschaftlichen Leben, die Entstehung von Expertenkulturen überall. Das »Fernsehen« mag eines der letzten Wörter aus der modernen Welt sein, das eingedeutscht wurde, und wie muss sich das so anschauliche Wort »Fernsehen« seit langem gegen das immer gebräuchlichere »TV« wehren. Der »Computer« dagegen hatte jede Konkurrenz von vornherein gewonnen. Und es sei kein Zweifel: Die Herausbildung eines englischen Jargons als internationaler Verkehrssprache ist ein Verlust für das Deutsche, weil einige Sparten des Wissens (und es werden mehr) nicht dazugehören. Folgenreicher aber ist die Bürokratisierung der öffentlichen und halböffentlichen Rede, in der Politik wie in allen wirtschaftlichen Beziehungen und in der Verwaltung sowieso. Denn an ihr lernt man schreiben, sie trägt die Muster des Sprachgebrauchs ins Land.

»Das Vergangene, das Künftige, das Gegenwärtige in Sätze zu ziehen, sogar das zwischen Möglichem und Unmöglichem, zwischen Wahrheit und Lüge schwankende Geistgeflacker darin unterzubringen«, sagt die Schriftstellerin Sibylle Lewitscharoff und hat dabei Franz Kafka im Sinn, »das alles können eine gelenkige Grammatik und ein endloses Gewimmel von Wörtern scheinbar mühelos leisten; und – Wunder über Wunder – der eine erzählt oder schreibt eine Geschichte auf, ein anderer versteht sie und spinnt sie vielleicht fort.«

Aber wie kommt man dahin, wenn sich alles gegen die Gelenkigkeit der Grammatik und das Gewimmel der Wörter zu sperren scheint, wie gewinnt man diese Leichtigkeit? Und an wen soll man sich mit der Sorge um die deutsche Sprache wenden? An die Schriftsteller, wie vor hundertfünfzig Jahren? Die Dichter haben ihre öffentliche Geltung ja längst eingebüßt. An die Politiker? Das sind doch die Menschen, die unentwegt Brücken bauen, Weichen stellen, Dialoge eröffnen und Prozesse gestalten, die Dinge auf den Prüfstand stellen oder in trockene Tücher bringen, die anderen vorwerfen, mit heißer Nadel zu stricken, und für sich selbst beanspruchen, auf dem richtigen Weg zu sein – Leute also, die viel dafür tun, klar zu klingen, obwohl sie es nicht sind, und die gerade deshalb ein inniges Verhältnis zur Phrase unterhalten. An die Lehrer? Sie haben mit der Schule schon genug zu tun, und die Verwandlung der Bildung in eine Ressource im Wettbewerb der Nationen, die radikale »Politisierung und gesellschaftliche Inpflichtnahme der Schule«, wie der Schriftsteller Martin Mosebach (der alle seine Manuskripte per Brief oder Fax schickt) den Zustand der Bildungsanstalten beschreibt, lässt ihnen wenig Zeit, eine Sprache zu kultivieren, die jeder schon immer zu beherrschen meint. Eines der ersten Opfer dieser Umstellung war die Begegnung mit der Literatur, die bis in die siebziger Jahre hinein die Oberstufe beschäftigte – das alte Gymnasium hatte ja »seinen begabteren Zöglingen unendlich viel mehr Kulturmotive« mitgegeben, als sie nach Mosebach »in ihren zivilen Funktionen je würden brauchen können«, und das hatte auch das Vermögen befördert, sich angemessen ausdrücken zu können. Denn gutes Deutsch ist eher eine angewandte Kunst als eine angewandte Wissenschaft. »Schriftsteller brauchen Schulung!« Und kann man sich in der Sorge um die deutsche Sprache an die Journalisten wenden? Ach nein. Zwar gab es Heinrich Heine und Ludwig

Börne, und sie trugen die Literatur in den Journalismus hinaus, und man kennt auch Theodor Fontane und Max Frisch, die den Journalismus in die Literatur zurücktrugen. Waren doch die Journalisten, zumindest bis weit ins zwanzigste Jahrhundert hinein, der Inbegriff des »Schleims«, wie Friedrich Nietzsche ihr Deutsch nannte, die Agenten einer fahrlässigen Sprache voller falscher Bilder und künstlicher Aufregungen, auch wenn es den Karl Heinz Bohrer der englischen Reportagen, den Michael Maar der kriminalistischen Huldigungen an Vladimir Nabokov und Thomas Mann, den Henning Ritter der großen historischen Zeitungsessays gibt. Was könnte man von ihnen lernen?

Die Entwicklung des Deutschen zur Kultursprache währte hundertfünfzig, ja zweihundert Jahre und war eng an die Literatur und die Literaten gebunden. Sie lieferten die Muster nicht nur des Schreibens im engeren Sinne, sondern auch der Reflexion über Bildung und Ausbildung, über die Arbeit und die Muße, über Liebe, Ehe und Familie und über die Kunst sowieso. Die Literatur war der Ort, in der eine viele Regionen überspannende deutsche Gesellschaft zuerst zu ihrer Sprache fand, wo alte Sprechweisen verworfen und neue geprüft wurden, wo, für alle und für jeden, nachgedacht wurde über den Zustand der Welt und der Menschen und deren angemessenen sprachlichen Ausdruck. Wie sehr indessen die Sprache, in der etwas beschrieben wird, und die Sprache, die in der so beschriebenen Welt benutzt wird, auseinanderstreben, ist schon in den Romanen und Erzählungen Thomas Manns zu erkennen, also im frühen zwanzigsten Jahrhundert – in der »Ironie« dieses Schriftstellers, die wirkt, als trage er seine Geschichten vor, wie eine prätentiöse Dame ihre Teetasse hält, mit abgespreiztem kleinem Finger. Am Ende werden die mittleren Romane von Günter Grass und Martin Walser, von Heinrich Böll und vielleicht noch von Siegfried Lenz die letzten Werke der Dichtkunst gewesen sein, deren Erscheinen im deutschen Sprachraum ein großes gesellschaftliches Ereignis war – Bücher, die man lesen musste, weil sie von allen gelesen wurden, die man zu kennen hatte, wollte man eine Vorstellung von der Lage der Dinge erwerben. Daran, dass es dann ein utopisches Weltgericht in *Der Butt* (1977) oder der allgemeine Nicht-Held in *Ein fliehendes Pferd* (1978) waren, die diese Aufgabe zuletzt erfüllten, zeigt sich, wie die Dichtkunst selbst auf die Aufgabe verzichtete, das Nachdenken der Gesellschaft über sich selbst zu sein: Sie wurde apart, und apart war sie auch, als sie in den neunziger Jahren, im »Pop«, noch einmal einen Versuch unternahm, vom Leben im Allgemeinen und im Besonderen zu erzählen. »Überhaupt ist die ganze Party leer geworden«, schrieb damals Christian Kracht, »und überall liegen irgendwelche Leute herum und starren in die Luft und rauchen Zigaretten und sehen dabei extrem fertig aus.« Die Literatur besitzt keine zentrale Bedeutung mehr, weder kulturell noch sozial, und eher, als dass etwas einzelnes anderes an ihre Stelle getreten wäre, wird ihre Funktion von diversen Medien wahrgenommen. Das muss man nicht beklagen. Es ist eben so, aus vielen Gründen, und wer immer über die deutsche Sprache nachdenkt, muss die veränderten Voraussetzungen berücksichtigen.

Man will nicht hoffen. Denn es ist ein törichtes Unterfangen, ein Ideal gegen die Wirklichkeit auszuspielen und dann, angeblich enttäuscht, zu sagen, die Wirklichkeit habe dem Ideal nicht genügt – ewig könnte man sich so im Kreis drehen, zur eigenen, ideellen Genugtuung, und es änderte nichts an dem, was ist. Aber es gibt, auch heute, eine Literatur, die sprachliches Muster sein könnte: Man findet sie in den Büchern von Brigitte Kronauer und Martin Mosebach, von Sibylle Lewitscharoff und Georg Klein, von Ingo Schulze und Rainald Goetz, von Herta Müller und Wilhelm Genazino. Und man müsste auch Peter Handke dazuzählen, auch wenn er aus einem Abseits zu schreiben scheint, und W. G. Sebald, den frühen jedenfalls, den Autor von *Schwindel. Gefühle* (1990) und *Die Ausgewanderten* (1992) und der *Ringe des Saturn* (1995), der Werke, die noch nicht unter schwarzer Zuckerwatte liegen. Denn was diese Literatur auszeichnet, ist ein Wille zum Allgemeinen, eine Entschlossenheit, vorzudringen in die Mitte der Gesellschaft – und zwar nicht in Gestalt ihrer Dinge, ihrer Fetische, und schon gar nicht in der Gier, die richtigen Dinge am richtigen Ort und zur richtigen Zeit zu nennen, sondern in Form ihrer Seelenzustände. Wie ein Mensch ist, will eine solche Literatur wissen, wie er in seinem Körper und in seiner Zeit steckt und wie er durch seine Zeit geht. Und wenn solche Fragen voraussetzen, dass wir in halbwegs befriedeten, womöglich sogar guten Zeiten leben und dass es in Bagdad oder in Shanghai anders ist, dann ist es so. Denn so leben wir. Dafür aber eine Sprache zu finden, auf der Höhe der seelischen Unruhe, mit einem scharfen Bewusstsein für das Vorübergehende, das Vage und Poröse der dazugehörigen Ichs, ohne Anbiederungen und falsche Selbständigkeiten – doch, so etwas ist nicht geringer zu schätzen als das Schöpfertum eines Weimarer Klassikers.

Bevor der Computer und das mobile Telefon, das ja längst auch ein Schreibgerät ist, zu einer Selbstverständlichkeit wurden, schrieben die meisten Menschen in den westlichen Gesellschaften zwar auch – Briefe, die häufig über lange Zeit hinweg aufbewahrt wurden, Einkaufszettel und Entschuldigungen für die Kinder. Auch gehörte für einen heute erstaunlich großen Teil der Bevölkerung die Lektüre der Zeitung zur täglichen Routine. Zwar schreiben mehr Menschen mehr als je zuvor, was vor allem daran liegt, dass der digitalen Datenverarbeitung nicht auszuweichen ist und aller Umgang mit ihr bislang auf Schrift gründet. Doch in der Verallgemeinerung des Schreiben-Müssens durch die elektronische Datenverarbeitung liegt kein Gewinn für die Schriftkultur. Denn wenn es auch viele gibt, die schreiben können, so können diese noch lange nicht über alles schreiben, geschweige denn, dass sie ihren Zwecken angemessen oder gar gut schrieben. »Solange nur die wenigsten imstande sind, zu lesen und zu schreiben, erscheint eine allgemeine Alphabetisierung wie ein messianisches Projekt«, meint der Philosoph Peter Sloterdijk in mäßiger Übertreibung. »Wenn alle dazu in der Lage sind, bemerkt man die Katastrophe, dass es fast niemand richtig kann.« Und wo und wie und mit wem sollte man es auch lernen?

Das Schreiben auf dem Computer, von der E-Mail bis zum Blog, kennt, zum einen, nur wenige feste Formen. Das liegt vor allem daran, dass es weniger Respekt vor der Sprache als Werkzeug erheischt. Denn das Schreiben vollzieht sich ja, zunächst wenigstens, ohne sichtbar gegenständliches Speichermedium und kennt keine Ansprüche auf formale Korrektheit, von der Orthographie bis hin zur geraden Linie. Es braucht keine Vorbilder, und was da gesendet wird, muss grammatisch oder orthographisch nicht richtig sein, denn es fordert keine Allgemeinheit, sondern befindet sich, weil unendlich veränderlich, viel mehr als in früheren Zeiten der Brief im Zustand ewiger Vorläufigkeit, beherrscht von momentanen Stimmungen und Gedanken. Ein großer Teil der Texte, die auf einem Computer verfasst werden, trägt daher Züge der gesprochenen Sprache, von Satzabbrüchen bis hin zu Zwischenrufen. Und viele E-Mail-Wechsel gleichen gar notierten mündlichen Dialogen.

Der Rest des Schriftverkehrs besteht dann, zum anderen, nicht anders als in der Amts- und Geschäftskorrespondenz einer älteren Zeit, aus mehr oder minder normierten Textbausteinen, die immer wieder kopiert werden – und auch die meisten Selbstdarstellungen auf »Facebook« oder »Myspace«, so ästhetisch avanciert und eigenwillig sie manchmal sein mögen, gehören zu diesem ritualisierten Schreiben, denn auch sie folgen einer strengen Norm und setzen sich, wie fast alle Bewerbungen, zu einem großen Teil aus fertig geprägten Formeln zusammen. Durch eine solche Sprache geht die Erfahrung nicht hindurch. Sie gewährt ihr keine Möglichkeit, sich irgendwo festzusetzen. Es werden ja nur Stücke aus einem Fundus hervorgeholt, der begrenzt und an bekannten Orten verstaut ist. Eine dermaßen normierte Sprache besitzt daher weniger einen Stil als vielmehr eine Ökonomie. Sie gehorcht einer Standardisierung, mit der die unendliche Wiederverwendung der einzelnen Stücke gesichert wird. So aber, in einem ununterbrochenen Kreisen der Wörter in sich, in einem Zeremoniell, das immer wieder von vorn einsetzt, wird der Betrieb am Laufen gehalten: in der Wirtschaft, der Politik, der Verwaltung. Und aus diesen geschlossenen Welten führt kaum ein Weg hinaus.

In dieser Redeweise kehren daher Funktionen der Sprache zurück, wie sie vor dem Aufbruch in ein neues, allgemeines Deutsch, vor dem siebzehnten Jahrhundert – als die Schulpflicht in den protestantischen Städten durchgesetzt wurde – verbreitet waren, nämlich die ständischen Trennungen innerhalb der Sprache und im Verhältnis der Sprachen zueinander: Der Adel redete damals Französisch, die höfische Sprache des deutschen Absolutismus (der Kaiser auch, oder er lebte, wie Ferdinand II., auf Spanisch), die Amtmänner schrieben ihr Kanzleideutsch (davon gab es mehrere, regional verschiedene, das Niedersächsische und das Oberdeutsche inbegriffen), in der Sprache des Heeres mischten sich deutscher Satzbau mit Wörtern aus dem Französischen, Italienischen und Lateinischen, die Gelehrten lasen und sprachen Latein – die Sprache der Wissenschaften, des Staates, des Rechts und der Kirche. Der große Rest der Bevölkerung redete Dialekt (und las, sofern protestantisch, die Bibel, Flugblätter sowie allerhand lose Schriften, und am Sonntag gingen die Leute in die Kirche und begegneten dort einer volkstümlichen Gemeinsprache). Die Phrasensprachen von Hof und Verwaltung hingegen bedienten je eigene Weltsysteme, die nach außen verschlossen waren und also einen jeweils eigenen Fundamentalismus hervorbrachten – für jede Gruppe ein eigenes Weltwissen, eine eigene Verblendung, und diese erschien bloß deshalb nicht als solche, weil sie jedem Betroffenen unmittelbar notwendig, ja existentiell vorkam.

»Das zeige mer net«, heißt es in Martin Mosebachs Roman *Ruppertshain*. Noch heute ist das Deutsche keine Sprache, die ohne Einschränkungen als Gemeinsprache funktionierte, jedenfalls nicht, wenn sie gesprochen wird, trotz der allgemeinen Schulpflicht und dem Militärdienst (passiv ist das anders, dafür haben Radio und Fernsehen, aber auch die Flüchtlinge nach dem Zweiten Weltkrieg gesorgt) – zu stark sind die Dialekte, und sie sind es umso mehr, je weiter man vordringt in die Sphäre der Handwerker, der Arbeiter und der Landbevölkerung. Das wird umso deutlicher, je weiter man nach Süden kommt, und es ist überdeutlich in der Schweiz. Denn dort wurde, ungefähr zur selben Zeit, als der private Rundfunk zu senden begann und die Nachrichten im Dialekt vorgetragen wurden, das Marginale zum Programm erhoben: Scheinbar resistent gegen den Rest der Welt wie gegen die Zeit lebt dort seitdem ein Volksstamm, der sich für sich selbst in Stimmen und Tönen eingerichtet hat, die, solange sie mündlich geäußert werden, den anderen Deutschsprachigen nicht verständlich sind – wobei man hinzufügen muss, dass die Schweiz wohl auch deshalb einen starken Anteil am kulturellen Leben in deutscher Sprache hat, weil die Existenz und Pflege eines Dialekts seine Leute sprachbewusst werden lassen und damit auch das Bewusstsein einer die Dialekte übergreifenden Kultursprache fördern. Wären die Schweizer gegenwärtig nicht so mit sich selbst beschäftigt, könnten sie denen, mit denen sie nicht verwechselt werden möchten, den Deutschen nämlich, deren Gleichgültigkeit der Kultursprache gegenüber vorwerfen. »Ich lerne deine Sprache, du lernst meine Sprache, dann haben wir beide etwas gelernt«, empfiehlt der Berliner Sprachwissenschaftler Jürgen Trabant als angemessenen Umgang zwischen den Kulturen, und das beginnt mit der Diglossie, also dem funktionalen Nebeneinander von Sprachvarianten in einem Sprachraum.

»Wortkunstforschung« lautet der Ausdruck, den der Romanist Leo Spitzer in den zwanziger Jahren für das Ineinander der Betrachtung von Grammatik, Stil und Literatur fand: »Das sonnenhafte Auge auf den Ameisenhaufen des Sprachlebens richten« – so sollte lebendige Sprachkritik funktionieren, meinte er und wusste doch zugleich, wie schwierig das ist. Eine solche Sprachkritik, man müsste sie neu erfinden.

Vom Leben

4. E. T. A. Hoffmann lässt Blüten klingeln: Verb und Bewegung

Es ist noch nicht lange her, dass Lesen und Schreiben überhaupt zu gewöhnlichen Tätigkeiten wurden. Vor gut zweihundert Jahren, in den letzten Jahrzehnten des achtzehnten und in den ersten des neunzehnten Jahrhunderts, wurden die deutschsprachigen Länder von einer Bildungsinitiative ergriffen, wie es zuvor nie eine gegeben hatte und wie es nachher keine mehr gab. Zwar war die Alphabetisierung, vor allem durch die allmähliche Verstädterung der Deutschen, schon weit fortgeschritten – fast ein Viertel der Deutschen lebte damals in (wenn auch vor allem kleinen) Städten. Aber die Alphabetisierung verband sich mit einer Literarisierung großer Teile der deutschsprachigen Bevölkerung, und diese ging der Industrialisierung um mehrere Jahrzehnte voraus, und auch der Handel zwischen den vielen deutschen Staaten war noch nicht so weit fortgeschritten, dass man seinetwegen eine starke Gemeinsprache gebraucht hätte. Allenfalls dem Staat dienten diese zunehmend mündigen Menschen, und auch diese Errungenschaft war zweifelhaft, denn sie konnte unter anderem in Revolten münden. Es dachte also niemand an die Bedeutung der Bildung für die persönliche Qualifikation, für die berufliche Leistung oder gar den Wettbewerb von Staaten. Nein, diese Bildung war unmittelbar an Gegenstände gebunden, die heute als Kultur erscheinen: zuerst an die protestantische Religion, in der es üblich wurde, dass jeder Konfirmand ein Gesangbuch erhielt, dann an die Künste im Allgemeinen und die Dichtung im Besonderen, an die Geschichte und an die Philosophie.

Als Gotthold Ephraim Lessings oder Friedrich Schillers Theaterstücke ganze Völkerschaften in ihren Bann schlugen, als die deutschen Schriftsteller zum ersten Mal Bücher schrieben, die von allen halbwegs Gebildeten gelesen wurden, als die Brüder Grimm der volkstümlichen Überlieferung in ihren Märchen eine zeitgemäße Gestalt gaben und mit der neuen Schreibschrift eine halbwegs verbindliche Rechtschreibung entstand, als Georg Wilhelm Friedrich Hegel in Berlin vor angehenden Amtmännern und Offizieren las – da bildete sich an und in der deutschen Sprache eine ebenso soziale wie spirituelle Einheit. Das Deutsche wurde innerhalb von ein, zwei Generationen zu einer literarisch entfalteten Sprache. Und das heißt auch: das Deutsche wurde erfunden, in einer großen poetischen Anstrengung, in einem utopischen Entwurf, der zwar zurückreichte bis zum Barock und zur Fruchtbringenden Gesellschaft des Fürsten Ludwig von Anhalt-Köthen und ihren Nachfolgern (im Barock begann das Ineinander von Verwaltung, Weltaneignung und Verschriftlichung, das seitdem Staat und Gesellschaft beherrscht), der aber im späten achtzehnten und frühen neunzehnten Jahrhundert in einer einzigartigen Erneuerung von Sprache und Denken kulminierte. Der Berliner Kulturwissenschaftler Friedrich Kittler, überhaupt ein großer Verschwörungstheoretiker, beschreibt diese Verbindung nicht zu Unrecht als eine Art Konspiration, indem sich poetisches und philosophisches Denken miteinander verbünden. Die gewaltige Energie, die um das Jahr 1800 nicht nur in die Alphabetisierung, sondern auch in die Literarisierung selbst von Gruppen schoss, die man heute mit großer Selbstverständlichkeit als »bildungsfern« bezeichnete, schloss eine ganze Gesellschaft in einer

Kultur zusammen, die Ziel und Medium dieser Kampagne zugleich darstellte und die für die meisten – auch weil Bilder und schon gar Skulpturen damals noch seltener reisten als die Menschen überhaupt – nur über die Schrift zugänglich war.

Zu Beginn dieser Entwicklung wurde, in einer der flottesten Schriften jener Zeit, so geschrieben: »Nicht so, mein Prinz, nicht so!«, spricht die tugendhafte Charlotte in Johann Christoph Gottscheds gleichnamiger Geschichte, als der adlige Kavalier sie sehr bedrängt. »Was Sie suchen, das finden Sie hier nicht. Denn bin ich gleich gegen Sie nur für einen Erdenwurm zu achten, so liebe ich doch meine Ehre so sehr, dass ich lieber sterben als dieselbe schmälern wollte. Auch die allerempfindlichste Belustigung soll mich nicht dazu bewegen.« Ein paar Jahrzehnte später hatte die Sprache nicht nur Beine, sondern auch Ohren bekommen. Gewiss, Klangräusche waren auch damals in der Sprache nichts Neues, es gab sie schon bei Philipp von Zesen, im »Maienlied« von 1653: »Glimmert Ihr Sterne, schimmert von ferne«. Doch die Freude darüber, was in der Sprache alles möglich war, die neuen Freiheiten des Ausdrucks trieben nun eine eigene Poesie hervor, eine Dichtung, die ihre sprachlichen Register tatsächlich ausschöpfen wollte. Diese Mobilisierung aller sprachlichen Register setzte die Sprache absolut, sie nutzte ihre lautlichen, rhythmischen und symmetrischen Eigenheiten bis ins Äußerste, wobei sie die reine Zeichenfunktion zugunsten der künstlerischen Komposition zurücknahm. Und die Kunst ergriff zuerst das Verb: »Es fing an zu flüstern und zu lispeln«, heißt es zum Beispiel in E. T. A. Hoffmanns phantastischer Erzählung *Der Goldne Topf* aus dem Jahr 1814. Solche Töne hatte man nie zuvor gehört, denn »es war, als ertönten die Blüten wie aufgehangene Kristallglöckchen. Anselmus horchte und horchte. Da wurde, er wusste selbst nicht wie, das Gelispel und Geflüster und Geklingel zu leisen halbverwehten

Worten. ›Zwischen durch – zwischen ein – zwischen Zweigen, zwischen schwellenden Blüten, schwingen, schlängeln, schlingen wir uns – Schwesterlein – Schwesterlein, schwinge dich im Schimmer – schnell, schnell herauf – herab – Abendsonne schießt Strahlen, zischelt der Abendwind – raschelt der Tau – Blüten singen – rühren wir Zünglein, singen wir mit Blüten und Zweigen – Sterne bald glänzen – müssen herab – zwischen durch, zwischen ein schlängeln, schlingen, schwingen wir uns Schwesterlein.‹«

Alles in dieser Passage ist Klang, Übergang, Bewegung, Berührung, Eros zwischen allem, was sich getrennt vorstellen lässt: Verben und Substantiven, Licht und Schall, Pflanzen und Menschen, Zeit- oder Tatwort, und die paar Hauptwörter, die es hier dennoch gibt, sind eigentlich nur Anlässe, um noch ein paar Verben und Klänge mehr einzuflechten – falls sie nicht gleich, wie der »Schimmer«, das »Gelispel« und das »Geklingel« und auch die »Strahlen« und die »Blüten«, von vornherein substantivierte Verben sind. Das funktioniert nicht nur beim Blühen der Blüten, sondern auch, um nur ein Beispiel aus der Gegenwart zu nehmen, beim Baggern eines Baggers und bei dessen Geräuschen, wenn Brigitte Kronauer diese Tätigkeit beschreibt: »Plötzlich hört man nur noch von unten die Ketten klirren, deren Lage offenbar verändert wird, die Schaufel hebt sich, die Kette schwingt tiefer, wo jemand die heikle Fracht wohl in die richtige Lage manövriert. Der Baggerchef scheint seinen Körper um den gelenkigen Eisenarm erweitert zu haben, und der gehorcht tänzelnd dem Winken, Abwehren, Locken, Ermuntern eines Arbeiters.« Sieht man ihn nicht vor sich, diesen dicken Bagger, wie er brummt und brütet, klirrt und schaufelt?

Die literarische Deutung der Welt sucht nach dem Leben und nach dessen Ausprägungen in unendlichen Nuancen, nicht nach der enzyklopädischen Erfassung der objektiven

Welt. Nicht die Tatsache, sondern die Tat, nicht das Substantiv, sondern das Verb enthält ein Versprechen, und je stärker das Verb ist, je mehr Ausdruck, je mehr Anschauung in ihm liegt, desto freier, lebendiger und interessanter ist der Satz. »Verbalisierung«, sagt der Germanist August Langen, sei ein »Grundgesetz des neuen Sprachwillens«. Wieviel Möglichkeiten gibt es, für »sie geht« einen besseren, anschaulicheren, treffenderen Ausdruck zu finden? »Sie schreitet« und »sie eilt«, »sie schlendert« und »sie rast«. Das Verb gibt den Takt, setzt die Stimmung und legt die Geschwindigkeit eines Satzes fest. Seine Stärke erweist sich in den vielen Möglichkeiten, es zu beugen, in der großen Zahl seiner grammatischen Formen, in seinen Endungen, in Gestalt der Hilfsverben und Partizipien. Und so, wie sich alle Teile eines Satzes auf das Verb beziehen, bezieht sich das Verb auf alle Teile. Am »Türklopfer grinste mir das vermaledeite Gesicht der Hexe vom Schwarzen Tor entgegen«, beklagt sich der Student Anselmus in E. T. A. Hoffmanns *Goldnem Topf*, und die ganze Magie dieses Satzes liegt in diesem Verb: Es bewegt das Starre, macht das Harte weich und das Trockene flüssig. Es handelt und grinst. Ein blasses Verb hingegen kann einen Satz zum Stillstand bringen.

Durch Bewegung widersprochen werden muss allerdings auch der Anbetung des Verbs, als Tuwort, Tätigkeitswort, Tatwort: »Entschlossene Charaktere, die den Mut zu unwiderruflichen Erklärungen haben, bevorzugen unbewusst das Tatwort«, erklärt der Publizist Ludwig Reiners in seiner zuerst im Jahr 1943 erschienenen *Stilkunst*, die zu einem Hausbuch der Deutschen wurde und noch lange nach dem Krieg ein sehr erfolgreiches Werk war. »Schwankende Naturen halten sich mit Hauptwörtern ein Hintertürchen offen.« Man versteht, was er meint, und hätte es doch lieber weniger heroisch, weniger martialisch. Ja, schlimmer noch:

die an Friedrich Nietzsche erinnernde Beschwörung des Tatmenschen lässt nicht nur zu einer heroischen Pose gerinnen, was freie Bewegung hätte sein sollen. Sie verkennt auch das Verb in der Sprache: Denn so gewiss es ist, dass ohne Verb kein Prädikat gebildet werden kann, so sicher ist zugleich, dass auch das reduzierte, scheinbar kümmerlichste aller Verben, das »ist«, seine Aufgabe erfüllt.

Wenn das Verb für die Bewegung stehen, ja, wenn das Verb schlechthin das Bewegen sein soll, liegt der Gedanke nahe, dass Verben im Aktiv denen im Passiv vorzuziehen sind. Denn bestimmt das Aktiv nicht, was geschieht, geht es nicht geradewegs nach vorne? Und ist das Passiv nicht schon deswegen schwächer als das Aktiv, weil es angeblich die »Leideform« ist (mit allem, was in diesem Bild an Tätern und Opfern steckt) und einen Umweg über »werden« oder »sein« macht? Weil es trübt, weil es abhängig ist von einem Hilfsverb, von einer umständlichen Konstruktion? Ja, aber nur bedingt. »Jemand musste Josef K. verleumdet haben, denn ohne dass er etwas Böses getan hätte, wurde er eines Morgens verhaftet«, lautet der erste Satz in Franz Kafkas unvollendetem Roman *Der Proceß* – und was stünde hier besser als das »wurde verhaftet«? Das deutsche Passiv besitzt eine Vielfalt von Ausdrucksmöglichkeiten, die weit über die Umkehrung des aktiven Teils, des Agenten, in einem Satz hinausgehen und auch im Lateinischen und Französischen nicht vorgebildet sind: wie in der Formulierung »hier wird gelacht« zum Beispiel, oder in »der Tisch ist gedeckt« (ein »Zustandspassiv«). Weil das Passiv aber seine Hilfsverben braucht und weil diese auch andere Aufgaben annehmen können, verlangt der Umgang mit dem Passiv einige Übung. Und wenn deutsche Sätze viel zu oft im Passiv stehen, weit öfter, als es angemessen wäre, liegt das also nicht daran, dass es eine schlechte Form wäre, sondern am Ungeschick im Umgang mit dem Passiv – und an seiner Beliebtheit in der Phrasensprache. Denn wenn einer seine Aussage nicht machen, sondern sich hinter einer anonymen Autorität verstecken will, leistet das Passiv gute Dienste.

Als »der Literat Lessing zwischen die Schriftgelehrten trat mit seiner geschriebenen Menschenrede«, rühmte der deutschnationale Publizist Eduard Engel, Autor einer ungemein erfolgreichen *Deutschen Stilkunst*, zu Beginn des zwanzigsten Jahrhunderts (Ludwig Reiners, der Autor der *Stilkunst* aus dem Jahr 1943, zog großen Nutzen aus diesem Werk), »da raschelte ein entsetztes Staunen durch die papierne Schreiberwelt, und alle Papiernen, Klotz an ihrer Spitze, rümpften die Nase ob des Lessingschen Stiles. Das war der zweite große Krieg zwischen der bloß geschriebenen und der gesprochenen deutschen Sprache. Und immer aufs neue muss dieser Kampf geführt werden, immer wieder erhebt der Papierstil seine Ansprüche auf die Oberherrschaft im Reich des Schriftenwesens« – »Klotz«, das war jener ebenso konservative wie polemisch gesinnte Hallenser Altphilologe Christian Adolph Klotz, mit dem sich Lessing über den *Laokoon* stritt, und »gesprochene« meint hier auf das lebendige Verb gerichtete Sprache: »Denn selbst der eherne Mars, als er die Lanze des Diomedes fühlet, schreiet so grässlich, als schrien zehntausend wütende Krieger zugleich, dass beide Heere sich entsetzen«. Den ersten »Krieg« gegen die blassen Wörter soll selbstverständlich Martin Luther geführt haben.

Immer wieder wird diese Auseinandersetzung ausgetragen, und immer wieder ist sie wie neu. Friedrich Nietzsche ist, wenn er über die Wahrheitsansprüche der nachsokratischen Philosophie herfällt, ein großer Liebhaber des bildhaften Verbs, so sehr, dass er es am liebsten mit drei Ausrufezeichen versieht. Der Hammer, mit dem er auf die Philosophie einschlagen möchte, ist eigentlich das Prädikat. Es will der Wahrheit und ihrem scheinbar dauerhaften Besitz keinen

Raum lassen, und seine Waffe ist das Verb – von daher die Bewunderung für Redner, die ihre Behauptungen handhaben wie »zielende Schützen ihr Gewehr, bald glaubt man das Sausen und Klirren der Klingen zu hören; und bei einigen Männern poltert eine Behauptung herab wie ein derber Knüttel«. Und wie Friedrich Nietzsche argumentierten Eduard Engel und dessen Nachfolger und Nachahmer Ludwig Reiners, und so reden noch heute die Liebhaber der lebendigen Sprache. Und was sollen sie anderes sagen? Aber das Papierdeutsch ist immer schon da, und es scheint mächtiger zu sein als jedes noch so kraftvolle Verb. Freilich lässt sich eine Phrase nicht einfach dadurch korrigieren, dass man sie aus dem Passiv ins Aktiv verwandelt und ein starkes Verb einsetzt: Sie klänge sofort albern, könnte gar nicht mehr geschrieben werden – aber das wäre ja vielleicht auch eine Lösung.

Doch auch das Verb ist, wie alle Elemente des sprachlichen Ausdrucks, einer Ökonomie unterworfen. Und es geschieht leicht, selbst in der Literatur und in journalistischen Arbeiten, dass ein prächtiges, anschauliches Verb die Herrschaft über einen Satz an sich reißt. Gewiss, es ist furchtbar eintönig, wenn man jede Rede und Widerrede mit »er sagte« einführt. Aber nicht minder eintönig und darüber hinaus aufdringlich ist die Manier, solche Redeeinführungen rigoros abzuwechseln: »bemerkte er«, »zischte sie zurück«, »erläuterte er«, »bedauerte sie«. Es gibt einige hundert Verben der Redeeinführung. Sie nutzen, wo sie Spannung schaffen oder erhöhen. Sie stören, wenn sie sich wichtig tun. Genauso, wie es keineswegs besser, sondern nur aufdringlich klingt, wenn man, wie in den Romanen der höchst erfolgreichen Kinderbuchautorin Cornelia Funke, nicht mehr durch eine Tür gehen kann, ohne sich »hindurchzuschieben«, und wenn keiner mehr guckt, sondern jeder »lugt«, »mustert« oder »äugt«. Die erste Anforderung an ein Wort ist immer, dass es treffend sein sollte – und das ist bei Verben in besonderem Maße so, weil sie sich mit vielem verbinden müssen und daher oft vieldeutiger sind, als das bei einem Substantiv der Fall ist.

5. Der Wissenschaftsrat empfiehlt Momente: Phrasen und Monster

Der deutsche Wissenschaftsrat, heißt es in den Empfehlungen zu »Qualitätsverbesserung von Lehre und Studium« aus dem Jahr 2009, gehe »davon aus, dass die Einübung wissenschaftlichen Denkens und Arbeitens ein unverzichtbares Prinzip jeglichen Studierens bildet und als konstitutives Qualitätsmoment auch eines berufsorientierten Studiums zu betrachten ist. Daher muss die Qualität der Lehre immer auch vor dem Hintergrund der zu vermittelnden Wissensinhalte betrachtet werden. Das Prinzip der Wissenschaftlichkeit ist das ein Hochschulstudium von anderen Ausbildungs- und Bildungswegen unterscheidende Moment.« Der erste Satz in diesen »Empfehlungen« ist eine Tautologie. Sie besagt, dass ein wissenschaftliches Studium ein wissenschaftliches Studium ist. Der zweite Satz ist eine Banalität, denn ein guter Lehrer wird wohl auch etwas zu sagen haben. Der dritte ist eine Aufforderung zur Vorspiegelung falscher Tatsachen, denn die Wissenschaftlichkeit verhält sich zur Wissenschaft wie die Kleiderordnung zum Menschen. Und wie in einem Frack keineswegs ein eleganter Mann stecken muss, so kann man nicht wissen, ob sich in Wissenschaftlichkeit überhaupt Wissenschaft verbirgt. Aber es sind nicht die logischen Mängel, auf die es hier ankommt, sondern die sprachlichen: auf Wendungen wie »davon ausgehen, dass«, »unverzichtbares Prinzip«, »Momente«, »bilden«, »zu betrachten sein« und

»betrachtet werden«, kurz – der Wissenschaftsrat benutzt die Phrasensprache, und zwar ausschließlich. Wer immer so schreibt, und so schreiben viele, scheint keine Vorstellung davon zu haben, dass es gutes Deutsch überhaupt gibt. Geschweige denn, dass er wüsste, wie es aussieht oder klingt.

Die Phrase, so könnte man sagen, ist ein Mittel, logische, sachliche oder gar moralische Probleme zu verbergen. Um diese dennoch zu erkennen, müsste man wissen, was der Wissenschaftsrat mit seiner dunklen Rede erreichen will. Warum muss er seine Anliegen so umschreiben? Vielleicht antwortet er auf eine Forderung der Wirtschaft oder einer anderen, nicht-akademischen Institution, die da lautet, in der Ausbildung von Fachkräften seien die praktisch brauchbaren Fähigkeiten und vor allem Fertigkeiten zu bevorzugen, weshalb das Studium vom nicht direkt verwendbaren Wissen über die Grundlagen eines Faches zu entlasten sei. Es mag gut sein, dass ein solcher Anspruch den Vorstellungen widerspricht, die der Rat selbst von der Wissenschaft hat. Weil er sich aber auch als Repräsentant einer gesellschaftlich abgesicherten Gruppe, nämlich der Universität und ihrer Angehörigen, versteht, so mischen sich hier ständische und politische, akademische und wirtschaftliche Interessen. An der begrifflichen Isolierung dieser Interessen aber kann dem Rat nicht gelegen sein. So kommt es, dass er davon absieht, ob es überflüssige Lehrveranstaltungen unter dem Vorwand der Wissenschaftlichkeit gibt oder nicht, und mit einer komplexen Täuschung reagiert: Die Wissenschaft ist gut. Wir verteidigen die Wissenschaft, und das drücken wir so aus, dass von Absichten und Interessen nicht mehr die Rede sein kann.

Schlechtes Deutsch hat es immer gegeben. Auch das neunzehnte Jahrhundert, die Zeit, in der mehr auf diese Sprache geachtet wurde als je zuvor und je danach, ist voller missratener Sätze, ungeschickter Formulierungen und, nicht zuletzt, voller Sprachkitsch und -tand. Und doch – etwas ist anders, wenn die tatsächlichen oder vermeintlichen Spitzen der Gesellschaft so konsequent danebengreifen. Es fehlt ihnen offenbar nicht nur der Wille, sondern auch das Bewusstsein, um sich selber eine Form zu geben, sprachlich. Es mangeln die Übung, die Korrektur und der freundliche, aber strenge Lektor. Denn sie sind, im eigentlichen Sinne des Wortes, Barbaren – Menschen also, die Einfaches und Schwieriges, Niedriges und Hohes nicht unterscheiden können, weil ihnen die Sprache als etwas durch und durch Ökonomisches entgegentritt: als die geistige Form eines Betriebs, der läuft, weil er laufen muss, ohne dass jemand ein eigenes Interesse daran hätte. Deshalb kann es gut sein, dass die Autoren der Phrasensprache nur ahnen, aber nicht wissen, dass ihre Sprache Interessen kaschiert.

Wie eine gute deutsche Sprache beschaffen sein soll, ist dagegen ungleich schwieriger zu beschreiben: Sie habe sparsam zu sein, möchte man annehmen, denn die Zeit des Hörers oder Lesers ist kostbar. Aber nicht einmal das stimmt, denn es hat ganze Zeitalter gegeben, das Barock vor allem, die der Rhetorik sehr zugewandt waren. Aber muss sie nicht wenigstens klar sein, durchsichtig und verständlich auch dem minder Geschulten, frei und weltläufig? Nicht unbedingt, denn es gibt viele Idiome, die gerade nicht gemeinverständlich sein sollen – Zunftsprachen zum Beispiel, Fachsprachen, aber auch Dialekte. Was immer sprachlich ausgedrückt wird, muss nicht einmal logisch gegliedert sein. Es darf schillern, abweichen, sogar delirieren. Es darf nuscheln, schmatzen, grölen, und wenn man das nicht erträgt, hat es nichts mit Sprache, umso mehr aber mit einem Bewusstsein für Anstand und gutes Benehmen zu tun. Es kann scharf, abrupt und böse sein, sich aufdrängen und unter die Haut gehen. Es muss es aber nicht tun. Es kann schmeicheln, buhlen, sich aufdrängen und sich aufblasen. Und ganz still und bescheiden sein – das alles ist möglich, und keine Stilkunst hat darüber zu richten. Man könnte lange so weitermachen, und man käme doch nicht zu einer Bestimmung von guter Sprache, ja vielleicht nicht einmal zu einer Vorstellung von dem, was grammatisch richtig ist.

Diesem Befund widerspricht nun aber ein im deutschen Sprachraum – und nicht nur hier: in Frankreich etwa ist es nicht anders – weit verbreitetes Bedürfnis: Denn es sind, wenn von gutem Deutsch die Rede sein soll, schnell ein Ruf nach Ordnung und ein Verlangen nach dem strengen Lehrer da – und der unangenehme Ton von Vorschrift und Regel, von Pflicht und Zensur, von Nachhilfe und gefährdeter Versetzung. Auf seltsame, oft bestürzende Weise verknüpfen sich dabei immer wieder Sprachkritik und Moral, das Verlangen nach sprachlicher Richtigkeit mischt sich mit einer Prüfung der Redlichkeit: so als wäre jeder, der unbeholfen, unverständlich, fehlerhaft spricht oder schreibt, zugleich ein schlechter Mensch – und der andere, der ihn bei einem Vergehen wider die gute Sprache ertappt, immer schon ein Richter, der, weil das Verbrechen ja offenbar ist, sich über dessen Ursachen keine Gedanken mehr machen muss. Ein schlimmes Beispiel dafür ist Friedrich Nietzsche, der sich, im letzten Kapitel seiner Schrift *David Strauß, der Bekenner und der Schriftsteller* aus dem Jahr 1873, seines Gegners zu entledigen sucht, indem er ihm eine große Zahl stilistischer Vergehen vorhält. Die empörte Aufzählung von einzelnen Beispielen eines »Lumpen-Jargons« schließt mit dem Satz: »Denn wer sich an der deutschen Sprache versündigt, der hat das Mysterium all unserer Deutschheit entweiht.« Und so hallt der Ruf »Hinsetzen, sechs!« durch das imaginäre Klassenzimmer der fröhlichen Wissenschaft, von hämischem Beifall begleitet.

Die Schule, so viel leuchtet ein, bedarf der möglichst scharfen Bestimmtheit. Sie muss wissen, woran sie sich zu halten hat, und deswegen hält sie es mit Vorschriften und Regeln selbst dort, wo diese auf unsicherem Grund stehen. Im wirklichen Leben liegen die Verhältnisse anders, und manches, was geregelt zu sein schien, entpuppt sich bei genauerem Hinsehen als reichlich unbestimmt und schwankend im Gebrauch. Die Präposition »wegen«, um nur ein Beispiel zu nennen, konnte bis weit ins neunzehnte Jahrhundert hinein den Dativ nach sich ziehen, dann erst wurde der Genitiv Pflicht, wenn auch mit mäßigem Erfolg. Jetzt ist es beinahe wieder vorbei mit dem Genitiv. Bei »statt« ist es ähnlich. »Statt heißem Wünschen, wildem Wollen, / Statt lästgem Fordern, strengem Sollen, / Sich aufzugeben ist Genuss«, heißt es in Johann Wolfgang Goethes Gedicht »Eins und Alles«. Es versteht nicht nur jeder, was gemeint ist, vielmehr klingen die Verse auch gut. Und wer über »meinem Opa sein klein Häuschen« spottet, weil der Dativ der Tod des Genitivs sein soll, der tut das vielleicht auch aus Anmaßung und Überheblichkeit. Aber eigentlich hat er längst bemerkt, dass in diesem verdrehten dritten Fall ein poetischer Reiz steckt: so klein, so anheimelnd, so ganz im westfälischen Dialekt versunken ist dieses Häuschen. Was lernen wir daraus? Dass der Dativ auch dort sehr schön sein kann, wo eigentlich der Genitiv gebraucht werden sollte. Viel mehr als eine noch so genaue Kenntnis der Regeln nutzt offenbar das Nachdenken, der bewusste, im wahrsten Sinne des Wortes: bedachte Umgang mit der deutschen Sprache.

Das Nachdenken über die Sprache, darüber, worin sie besteht, wie sie aufgebaut ist und wie sie funktioniert, wie sie sich entwickelt und verbreitet, scheint heute (und schon seit dem späten neunzehnten Jahrhundert) unmittelbar und so gut wie ausschließlich der Schule – und sei es einer als Schule begriffenen Volksgemeinschaft – anzugehören, dem Lehren, Belehren und Zensieren. Angemessen ist das nicht. Denn die

Grundlage einer Sprache ist die Konvention und, in hohem Maße, auch eine Identifikation: Deutschland, das ist zuerst das Land, in dem die deutsche Sprache gesprochen wird, genauer: in dem, wenn einer die eigene Sprache spricht, diese deutsch ist. Darin sind ein hohes Maß von Varianz und die Veränderlichkeit der Sprache eingeschlossen. Die Schule, in all ihren Gestalten, will davon wenig wissen, unbedingt hält sie an einer einheitlichen Form fest, und das nicht nur aus sprachlichen Gründen. Denn auch das Gehorchen ist ihr wichtig, und die nach dem Jahr 1996 durchgesetzte staatliche Reform der Rechtschreibung beweist auch, dass das immer noch so ist, denn sie dekretiert Normen, die nicht durch den Gebrauch gedeckt sind, und sie verbietet sogar vernünftige Unterscheidungen. Das ist bedauerlich, ja traurig. Denn wie einer redet und auch, wie einer schreibt, gehört ja zum Innersten eines jeden Menschen. Die Sprache offenbart mehr, viel mehr von ihm als sein Gesicht oder seine Kleidung. Eine Sprache, jede Sprache, währt zwar viel länger als jeder, der sie spricht. Sie redet durch den einzelnen hindurch, um in vielen zu sprechen, um sie zu vereinen und zu teilen und das Idiom ganzer Völkerschaften zu bilden. Und doch ist sie in jedem einzelnen anwesend, als etwas ganz und gar Individuelles, als etwas, das die Eigenart eines Menschen ausmacht – freilich unter der Bedingung, dass einer seine Sprache gelernt hat, dass er ihre Möglichkeiten nutzen kann, dass er weiß, welche sprachlichen Anforderungen eine Situation stellt.

Und wenn gute Sprache der Ausdruck solcher Eigenart wäre? Dann könnte man den Gedanken umkehren. Dann wäre die Phrase der Inbegriff der schlechten Sprache, weil sie die Mittel der Sprache dazu benutzt, sie zu lähmen. Denn was der Phrase fehlt, ist, vor allem anderen, der Ausdruck einer eigenen Anschauung. Sie vermeidet den entschiedenen Ausdruck ebenso wie die Bewegung, sie sucht das schwache Prädikat – und erstarrt in lauter Substantiven. Deswegen ist sie immer schon eine Bestätigung dessen, was ist. Sie kann nicht auf Dinge hinausgreifen, die größer und anders wären. Sie klingt immer gleich, und bevor sie etwas sagt, teilt sie schon mit: Ich will nichts wissen, was ich nicht schon weiß, ich will nichts lernen, ich will mich nicht bewegen. So kommt es, dass sie eine Neigung zu schiefen Bildern hat – in ihnen lockt das Vertraute, und weil diese Metaphern so vernutzt sind, dass ihnen die Bildhaftigkeit abhandengekommen ist, merkt Josef Ackermann nicht, dass er in seinen Reden zur See fährt. Das vermeintlich Dingliche, das Besitzhafte lockt in Formeln wie der vom »unverzichtbaren Prinzip« und der von der »Fortsetzung des Kurses«. Und nicht nur dieses: In solchen Phrasen entsteht eine eigene, eigenartige und sich nach außen abschirmende Realität, ebenso sektiererische wie einflussreiche Sprachgemeinschaften, es werden Realitäten jenseits der Realität gebildet. Gewiss, in vormodernen Zeiten lebte man mit der Phrase, und keiner fand etwas Merkwürdiges daran, in vorgefertigten Sätzen zu sprechen. Aber die Verhältnisse sind nicht mehr so. Überlässt man sich den Phrasen, kann man sich das Denken sparen, und die Redensarten liegen überall herum und sind auch für kleine Münze zu haben. Und wenn es in jüngerer Zeit einen Verlust an gutem, weil verständlichem Deutsch zu beklagen gibt, dann liegt dieser nicht in Anglizismen und auch nicht im Deutsch der Einwanderer, sondern im Verlust von Anschaulichkeit. Denn Anschaulichkeit, sagt der Dichter Durs Grünbein mit allen guten Gründen, sei die »Primärqualität aller wahren Dichtung und Literatur«. »Es ist, was sie über alle Zeiten hinweg lebendig hält« – und nicht nur sie, die wahre Dichtung, sondern Sprache überhaupt. Dumm nur, dass Durs Grünbein die Lebendigkeit der Sprache ausgerechnet mit einer Phrase fordert. Denn was ist die »Primärqualität« anderes?

Es soll, es kann hier also gar nicht darauf ankommen, die Sprache zu regeln oder Vorschriften zum besseren Gebrauch zu erlassen. Geregelt ist schon genug, ja viel mehr als genug, nicht zuletzt für die Sprache. Vor allen Regeln und Vorschriften hätte demgegenüber erst einmal die gute Bekanntschaft zu stehen, und nicht nur diese, sondern auch eine Vertrautheit im Umgang, eine durch Anerkennung, ja Respekt geprägte Kenntnis von Bestand, Geschichte und Möglichkeiten der deutschen Sprache. Denn es gibt sie ja, und sie tut offenbar, was sie leisten soll, mehr oder weniger. Und so ist es schon lange: Sie ist das Ergebnis von vielen hundert Jahren Umgang mit der deutschen Sprache, und sie verbindet die Gesellschaft, die Jungen und die Alten, die Reichen und die Armen, die Lebenden und die Toten – und sogar die Gebildeten und die Ungebildeten.

6. Günter Grass im Gruppenbild: Ausdruck und Ungeschick

Auf den gläsernen Leuchttafeln oder »Touchscreens«, die im Hochhaus der *Süddeutschen Zeitung* neben den Aufzugstüren angebracht sind, ist über den Nummern der Etagen zu lesen: »Geben Sie Ihr gewünschtes Zielstockwerk ein«. Das ist überdeutlich, aber klingt nicht gut, und es liest sich auch nicht angenehm. Im Wort »Zielstockwerk« steckt ein ganzer Satz – »das Stockwerk, das Ihr Ziel ist«, und das »gewünschte Ziel« ist ein Pleonasmus, eine Verdopplung. Es gibt schönere Zusammensetzungen, deren Entstehung man nur mit Mühe versteht, die aber trotzdem eine feste Bedeutung haben, den »Maulwurf« zum Beispiel. Aber man versteht, was mit dieser Aufforderung auf der Leuchttafel gemeint ist, ebenso wie man nicht auf die Formulierung achtet, wenn der Schaffner in einem ICE, halb Bürovorsteher, halb Testpilot, verkündet: »Wir befinden uns in der Anfahrt auf München«, wenn der Computer sinnlos triumphierend meldet: »Sie haben sich erfolgreich angemeldet« oder wenn der ehemalige Fußballspieler Lothar Matthäus aus Israel berichtet, dort könne man »hochqualitativ leben« (er lebt nicht mehr dort, und der Aufenthalt währte wohl auch nicht lange). Schick wollen solche Formulierungen sein. Sie sind aber nur ungeschickt, und sie sind es vor allem, weil hier jemand versucht, sich aus Gründen, die ihm wahrscheinlich selbst nicht klar sind, von der üblichen Sprache abzusetzen – und eine fremde Sprache zu sprechen.

Hätte der Satz »Geben Sie bitte das gewünschte Zielstockwerk ein« nicht auch lauten können: »Bitte berühren Sie eine Ziffer«? Die Botschaft wäre auch nicht länger gewesen, der Rest hätte sich ergeben, wie sich der Sinn auch in der Formulierung »Wo du wolle?«, also im schönsten Migrantendeutsch, eingestellt hätte. Oder man hätte die ganze Aufforderung schlicht weggelassen, weil die meisten Besucher (und alle Angestellten) ja doch wissen, welche Bewandtnis es mit dieser Anzeigetafel hat, und alle anderen auch mit Hilfe jener Gebrauchsanweisung kaum verstehen werden, was sie zu tun haben. Warum also macht sich diese vermeintliche Kurzsprache so breit? Kaum aus bösem Willen, sondern eher aus Unbeholfenheit und Ehrgeiz, nicht aus Niedertracht, sondern aus mangelnder Erfahrung, aus dem Bedürfnis, sich effizient und eindrucksvoll, also bewusst schriftlich zu äußern. Als fein und gewählt, als Ausdruck der Schriftsprache gelten nun aber schwierige Substantive und blasse Prädikate – wobei man bedenken muss, dass ein Prädikat oft mehr ist als nur ein Verb, dass es in Fügungen auftritt, die lebendiger sein können als das Verb allein.

Blass sind all diese Verben: »eingeben«, »sich befinden« und auch »leben«. Wie unaufmerksam man mit der deutschen Sprache umgeht, lässt sich zuerst am Prädikat ermessen. Oft ist das Verb zaghaft, steif, ungelenk und farblos, oft heißt es »haben«, »machen«, »stellen«, »setzen«, »tun«, »geben« oder »bringen«. Und auch die zusammengesetzten Verben sind nicht kräftiger: »stattfinden«, »vorsehen«, »hinweisen« oder die Fügungen mit »nehmen« oder »gehen«.

Das Prädikat ist die Aussage, des Prädikats wegen sagt man etwas: Das Prädikat ist das Neue in der Welt. Das Thema, der Satzgegenstand ist immer schon da und existiert auch weiter, ohne dass man etwas sagte. Ein nichtssagendes Prädikat wählt daher jemand, der nichts zu sagen hat oder nichts sagen will – und dennoch redet.

Man kann die Unbeholfenheit im Schriftdeutschen offenbar auch als Mittel des Stils benutzen: »Auf engem Raum wurde meine Kindheit beendet«, heißt es bei Günter Grass, zu Beginn des im Jahr 2006 erschienenen, autobiographischen Werkes »Vom Häuten der Zwiebel«, »als dort, wo ich aufwuchs, an verschiedenen Stellen zeitgleich der Krieg ausbrach.« Wie so oft in seinen Werken zieht Günter Grass eine Orts- oder Zeitbestimmung an den Anfang und verleiht dem Satz dadurch eine Spannung, die etwas Ungewöhnliches erwarten lässt – was dann nicht kommt. Wie so oft bei Günter Grass wird erlitten und nicht getan, und es ist unklar, wer redet, hier: das ehemalige Kind oder ein Beobachter des Kindes. Und immer ist da dieser Duktus des Schraubens und Bastelns, als ob einer, dem das Schreiben fremd ist, versucht, sich im Schriftlichen zu bewähren.

Auch Günter Grass' Satz besteht, wie der erste Satz in Franz Kafkas »Verwandlung«, aus einem Hauptsatz und einem – temporalen – Nebensatz von ungefähr gleicher Länge. Aber es ist, als hätten sich Bürokratie und Pathos verbündet, um dem einfachen Bau alle Leichtigkeit und Eleganz zu nehmen: Das Ich rückt nach vorne, als leidendes; das Passiv errichtet ihm einen papiernen Altar, dann verwandelt sich »der Krieg« in ein Subjekt, als wäre er nicht gemacht und gewollt worden – und als werde darin nicht gehandelt. Und schließlich bricht er nicht an mehreren Stellen »gleichzeitig«, sondern »zeitgleich« aus, mit einem der modischen, scheinbar feinen Einwortsätze, hinter denen sich ein Nebensatz verbirgt. Warum hätte es nicht heißen können: »Als die Wehrmacht auch dort angriff, wo ich wohnte, war meine Kindheit beendet«? So hart, so trivial – und so anmaßend in der Gleichsetzung von Person und Weltgeschichte? Indes: »sogar die Uhrzeit wollte unvergesslich sein«, fügt Günter Grass der Beschreibung seiner angeblichen Schicksalsstunde hinzu. Wollte sie wirklich? Die Uhrzeit? Günter Grass tut, als könnte sich ein einzelner, nämlich er, zum Gruppenbild ordnen, zur Not sogar mit Hilfe der Uhrzeit. Doch nichts ist hier Beschreibung, nichts wirkt sinnlich, alles ist Urteil und Verlangen nach Bedeutung. Deshalb wirkt es so unbeholfen wie: »Geben Sie Ihr gewünschtes Zielstockwerk ein.«

7. Gotthold Ephraim Lessing lässt Bäume rauschen: Sprache, Nation und Kultur

Die Entwicklung des Deutschen zur großen europäischen Kultursprache im achtzehnten Jahrhundert hat etwas Wunderbares. Gewiss, die Emanzipation zur Schriftsprache beginnt rund zweihundert Jahre früher – aber dass der Aufstieg gelingt und wie er gelingt, ist dann etwas anderes, und es war unwahrscheinlich. Das Deutsche wird innerhalb von einer Generation, höchstens zwei Generationen zur Kultursprache, ohne dass es in den deutschsprachigen Ländern ein politisches Zentrum gäbe, in einer Weltregion, in der die Folgen des Dreißigjährigen Krieges, der wirtschaftliche, demographische und politische Verfall großer Gebiete, noch immer spürbar sind. Und mitten darin entsteht, schnell und an vielen Orten, ein Bedürfnis nach einer allgemein verbindlichen, schriftlich festgehaltenen Sprache, die es mit den mächtigen Sprachen jener Zeit, also mit dem Lateinischen, dem Französischen und, mit Einschränkungen und erst im achtzehnten Jahrhundert, auch mit dem Englischen aufnehmen kann (das Italienische zählt hier wenig, und es hinterlässt im deutschen Wörterbuch nur wenige Spuren, am ehesten in Ausdrücken für die Baukunst, die Musik und das Theater). Das heißt: die deutsche Sprache wird in einer großen poetischen Anstrengung geschaffen, in einem utopischen Entwurf – außerhalb der politischen Instanzen, in einer kulturellen Anstrengung, die große Teile der Bevölkerung erfasst, aber jenseits aller politischen Instanzen stattfindet. Kein Hof ist daran beteiligt. Bis in die Zeit des Deutschen Reiches hinein, bis in die letzten Jahre des neunzehnten Jahrhunderts wachte keine staatliche Instanz, keine Akademie, keine Kultusministerkonferenz und erst recht kein akademisches Institut über den rechten Gebrauch der deutschen Sprache.

Zwar gab es im siebzehnten Jahrhundert die deutschen Sprachgesellschaften – vor allem die »Fruchtbringende Gesellschaft« – mit ihrem Reinigungsstreben. Sie brachten, in ihrem Bemühen, die Sprache dem lateinischen und französischen Wortschatz zu entwinden, ein Bewusstsein der gemeinsamen Sprache und viele Verdeutschungen hervor: »Abhandlung« für »Traktat«, »Gesichtskreis« für »Horizont«, »Trauerspiel«, »Schauspiel«, »Briefwechsel«, »Dichtkunst«, »Wörterbuch«, »Rechtschreibung«, »Höfling«, »Lehrsatz«, »kunstsinnig«, »Gemeinwesen«, »Beschaffenheit«, »Gegenstand«, »Leidenschaft«, »Mundart« oder »selbständig«. Aber es entstanden keine Meisterwerke in diesen Gesellschaften, und auch wenn der Barockdichter Martin Opitz im Jahr 1624 im Traktat *Von der teutschen Poeterei* die lateinische Dichtungslehre ins Deutsche übertrug, so erscheinen solche Anstrengungen, im nachhinein betrachtet, als etwas schon beinahe Rührendes – es mag notwendig gewesen sein, es war aber doch, bei aller Virtuosität im Umgang mit der Sprache, eher vorläufig. Das Italienische hingegen wurde schon in der frühen Renaissance geschaffen, in den Werken Dantes, Petrarcas und Boccaccios, und sie sind, nachdem die Florentiner Akademie den Sprachgebrauch dieser drei Dichter im frühen siebzehnten Jahrhundert zur Grundlage ihres Wörterbuchs gemacht hatte, noch den Heutigen verständlich.

Das Französische war dem Italienischen zweihundert Jahre nach den Poeten der frühen Renaissance gefolgt, aus dem Verlangen nach einer politischen Einheit heraus, als nämlich der König Paris zu seiner Hauptstadt machte, der Hof sich dort ansiedelte und um ihn herum eine gebildete Gesellschaft entstand. Als Franz I. im Jahr 1539 im Edikt von Villers-Cotterêts für alle öffentlichen Urkunden vorschrieb, diese seien auf Französisch zu verfassen, legte er das Fundament einer französischen Literatursprache, zur selben Zeit, als François Rabelais den Romanzyklus von *Gargantua und Pantagruel* schrieb – wobei sich das Edikt auch als Reaktion darauf verstehen lässt, dass es damals im Kraftfeld des Königtums schon eine entfaltete Verkehrssprache der Literatur gab, zu deren Aufseher und Verwalter hundert Jahre später eine Akademie bestellt wurde: Sie reinigte und stutzte diese Sprache dann im frühen siebzehnten Jahrhundert, es wurden Wörter verboten, das Ideal einer edlen Sprache durchgesetzt, die für das Vulgäre und Obszöne gar keine Ausdrücke mehr besaß; die Sprache verarmte – mit einer mittelalterlichen Orthographie, die sich als nicht reformierbar erwies und heute ein gesprochenes Französisch darstellen muss, dessen Laute sie nur höchst entfernt wiedergibt. Wiederum einige Jahrzehnte später, immer noch in der Renaissance, entstand in William Shakespeares Dramen das Muster einer englischen Kultursprache, und wenn sie auch im späten achtzehnten und im neunzehnten Jahrhundert in Bewegungen, die denen der deutschen Sprache ähneln, erweitert und normiert wurde, so ist doch auch sie seit der Renaissance, seit der Zeit der ersten Königin Elisabeth, die Sprache eines Königtums, eines Hofes und dadurch einer ganzen Nation.

Das Deutsche hingegen, als es denn eine Sprache für alle Stände, alle Regionen, alle Gegenstände und Ereignisse geben sollte, musste ohne Kaiser und König zurechtkommen. Zwar hatte die Reform eine Grundlage in der protestantischen Predigt-, Lese-, Sing- und Streitkultur (was man auch daran bemerkt, wie eng sich die deutsche Literatur des ausgehenden achtzehnten Jahrhunderts mit dem hohen Ton der Predigten verbindet). Aber es herrschte kein zentralisierendes Prinzip, stattdessen allerhand Di- und Triglossie. Regional und mündlich: die Dialekte; verwaltungstechnisch: die Kanzleisprache, die grammatisch am Lateinischen gebildete deutsche Formelsprache der Händler und Verwalter mit ihren tief ineinander verschachtelten Sätzen; kaufmännisch (plus Gaukler, Schauspieler, Quacksalber): Mischformen aus Dialekten, ständisch: das Französische, die Sprache des Adels, die dem Latein im siebzehnten Jahrhundert als Verkehrssprache der Gebildeten und der Herrschenden gefolgt war und noch bis ins neunzehnte hinein an den großen, vor allem aber an den vielen kleinen deutschen Höfen gesprochen wurde. »O, was ist die deutsch Sprak für ein arm Sprak! Für ein plump Sprak«, lässt Lessing in *Minna von Barnhelm* einen importierten Edelmann ausrufen (das Fräulein antwortet ihm, sehr ironisch:

»Mein Herr, in Frankreich würde ich es zu sprechen suchen «) – und dabei hat diese Karikatur eines französischen Höflings, wenn es um die Vergangenheit der deutschen Sprache geht, gar nicht nur unrecht. Denn wenn der deutsche Adel französisch redete, sprach das Volk Dialekte, die nie zum Medium einer Schriftkultur geworden waren. Indessen muss es zu jener Zeit viele Menschen gegeben haben, die zwei oder drei dieser Sprachvarianten lebten, ohne dass sie dies als Mangel empfunden hätten – es gab schlicht niemanden, der ein Interesse an einer einheitlichen Sprache gehabt hätte, wie ein König es sich zu eigen gemacht hätte, von der dafür erforderlichen Macht ganz zu schweigen. Die Bedeutung der Literatur aber wurde dadurch nur größer, zumal sie überregional und zwischen den vielen souveränen deutschen Staaten funktionierte.

Im achtzehnten Jahrhundert hat sich in ganz Europa das Bewusstsein verfestigt, nicht nur Latein und Griechisch, nicht nur Französisch – und Englisch für die Engländer, und Italienisch für die Italiener und die Gebildeten –, sondern eine jede Sprache sei Werkzeug und Ausdruck des Geistes. Im protestantischen Deutschland fiel diese Überzeugung auf einen besonders fruchtbaren Boden (der lateinische Katholizismus hatte ja die Sakralisierung der Volkssprachen verhindert). Damit ist auch plötzlich der Wille da, der Welt ein angemessenes Dasein in der deutschen Sprache zu verleihen: in Gestalt einer dritten Sprache, zwischen einer geregelten, an einer Vorstellung von Überzeitlichkeit ausgerichteten Hochsprache und der lebendigen, veränderlichen, immer nur in kleinen Räumen geltenden Volkssprache, einer Sprache, wie Dante sie als »via media« des Italienischen schuf. »Die Muttersprache zugleich reinigen und bereichern, ist das Geschäft der besten Köpfe«, ruft Goethe. Und dieses Bedürfnis ergreift, in einer einzigen, weit ausholenden Bewegung, fast alle Gelehrten und Dichter in den protestantischen deutschsprachigen Ländern. Gemeinsam und mit einer großen pädagogischen Begeisterung beginnen sie, in Werken, Briefen und Gesprächen, einen teilweise neuen, vollständigen, alle Bereiche des Wissens umfassenden deutschen Wortschatz zu schaffen – und eine eigene, melodische, sich allmählich von den lateinischen Vorbildern befreiende Syntax. Dass sich diese wenigen Menschen, die Dichter Klopstock, Gottsched, Lessing, Wieland, Goethe, Schiller, die Gelehrten Winckelmann, Adelung, Campe, Herder, mit ihrem Vorhaben durchsetzen konnten, mit oder ohne Vorbilder wie das Wörterbuch der florentinischen Akademie oder Samuel Johnsons *Dictionary of the English Language* aus dem Jahr 1755, gehört zu den Wundern der Sprachgeschichte. Aber: »Drei, vier Bäume bringen schon ein gewaltiges Rauschen zustande«, sagt Brigitte Kronauer.

Ohne Pedanterie und Rechthaberei war dieses Wunder nicht zu haben, und schon damals überschätzte man die Bedeutung des Wortschatzes für die Sprache, zum Nachteil von Varianten, Überschneidungen und Wiederholungen. Adelungs Sprachmeisterei, die Schärfe seines oft pedantischen und nicht immer verständlichen Urteils (Friedrich Schiller sprach vom »Orakel«), war wohl nicht zu vermeiden: Es sind Setzungen, um die es hier geht, und sie sind ohne Anmaßung, ohne (im glücklichen Fall) milden Wahn und ohne Selbstgerechtigkeit nicht zu haben. Denn die neuen Wörter werden meistens in Analogien gebildet. Dabei gewinnt häufig das ästhetische Urteil. Gottsched zum Beispiel findet, dass man nicht »das Große« oder »das Schöne« sagen dürfe, weil es schon »die Größe« und »die Schönheit« gebe. Und Adelung verwirft »liebevoll« und »entgegnen«, weil »liebreich« und »erwidern« schon da seien. Denn es passt zusammen, selbst die Sprache regeln zu wollen und alle anderen Versuche, das Gleiche zu tun, zu verwerfen. Und doch gehört diese Ausschließlichkeit erkennbar derselben Welt an, in der sich Karl Philipp Moritz bewegt, wenn er seinen zumindest halb autobiographischen Helden Anton Reiser das Studium durch Latein- und Englischunterricht bestreiten lässt – und wenn er in seinen Schriften zur deutschen Sprache voller Mitgefühl von den Kindern und den Taubstummen spricht sowie von denen, die den Unterschied zwischen Dativ und Akkusativ nicht kennen. Und Joachim Heinrich Campe, der Verfasser der Preisschrift *Grundsätze, Regeln und Grenzen der Verdeutschung* aus dem Jahr 1801, mag ein mittelmäßiger Sprachgelehrter gewesen sein. Aber er ist auch der phantasievolle Erfinder von »Zartgefühl« statt »délicatesse«, von »Öffentlichkeit« statt »Publizität« und von »Sternwarte« statt »Observatorium«.

Lessing erzählt im *Laokoon*, dem Traktat über die Unterschiede von Bild- und Sprachkunst, auch davon, wie die Skulptur mit all ihren Ausdrucksmöglichkeiten am Ende in Wörtern aufgeht. Das ist durchaus programmatisch gemeint: Er erfand das »Hirngespinst« und das Wort »weinerlich« und lauter andere, genauso schöne Wörter. Dem Übersetzer von Laurence Sternes Roman *A Sentimental Journey Through France and Italy*, Johann Joachim Christoph Bode, empfahl er im Jahr 1768 das Wort »empfindsam« und schrieb dazu: »Wagen Sie es! Was die Leser fürs erste bei dem Worte noch nicht denken, mögen sie sich nach und nach dabei zu denken gewöhnen.« »Empfindsamkeit« wurde dann zum Programm einer ganzen Epoche. Dem Publizisten, Übersetzer, Redakteur und Leipziger Professor Johann Christoph Gottsched, einem sehr einflussreichen, aber auch sehr umständlichen Mann, sind die starken Verben verdächtig. Er verwirft Wörter wie »wörtlich«, »entfesseln« und »Sammler«. Christian Wolff erfand das Wort »Leidenschaft«. Winckelmann setzte »flau« neben »matt«. Jean Paul prägte die »Jetztzeit«, und wenn sich das Wort bis heute erhalten hat, so mag es auch daran liegen, dass man es sich merkt, weil es so hässlich ist.

Und so ging es hin und her und fort, bis sich am Ende, um das Jahr 1830, der Wortschatz des Deutschen, wie Eduard Engel schätzte, ungefähr verdoppelt hatte – und sollte er sich geirrt haben, so hatte er gewiss dennoch recht, des Eindrucks wegen, den diese Schöpfungen machten. Das *Deutsche Wörterbuch* der Brüder Grimm, ein Werk der Herkunftsgeschichte, einzelnen Wörtern gewidmet (zum ersten Mal in einem Wörterbuch auch den unfeinen), schließt diese Entwicklung ab: Begonnen wurde die Arbeit im Jahr 1838, der erste Band erschien 1854. Das Deutsch, das wir, wenn uns der Umgang mit Sprache gelingt, noch heute benutzen, ist im Wesentlichen dasselbe, das Lessing oder Adelung oder Schiller geschaffen hatten – schneller, leichter vor allem ist es seitdem geworden, viel leichter als Goethes »Mischung aus Steifheit und Eleganz« (ein Wort von Friedrich Nietzsche). Und wenn Wieland zu seiner Zeit als Vorbild an Leichtigkeit und Eleganz galt, lässt sich an ihm, wie Ludwig Reiners sagt, »abmessen, wie sich die deutsche Prosa entwickelt hat, denn heute schreibt die Mehrzahl aller Schriftsteller leichter, gefälliger und schneller im Tempo als er, der damals als unerreichbar galt«.

Diese Sprache besitzt, weil sie in großen Teilen tatsächlich erfunden wird, einen in hohem Maße poetischen Charakter. Sie ist Entwurf, im pathetischen Sinne des Wortes, und die zuweilen phantastische Etymologie der neuen Wörter – ein Kennzeichen der gesamten Erneuerung der deutschen Sprache in den letzten Jahrzehnten des achtzehnten Jahrhunderts – gehört ebenso zu ihr wie die heftige Neigung zum allumfassenden Substantiv. Wenn Karl Marx erklärt, man müsse, wolle man die Hegelsche Dialektik vom Kopf auf die Füße stellen, sie zunächst einmal in Prosa übersetzen, so meint er das wörtlich. Denn der poetische Wortschatz, mit dem die neuen Philosophen denken, vom »Grund« über das »Bewusstsein« bis hin zum »Weltgeist«, ist eine Erfindung der Mystiker, bis hin zum potenzierenden Genitiv im »Wesen des Wesens« oder in der »Negation der Negation«. Zwei Errungenschaften, meint der Germanist Karl-Heinz Göttert, habe die deutsche Mystik hervorgebracht, im Eifer der geistlichen Goldmachung: »die Expressivität und die Intellektualität«. Tatsächlich gehen auf sie die Substantive auf »-heit« und »-keit« zurück, also die Übersetzungen lateinischer Abstrakta, die dennoch einen ganz anderen Charakter als diese haben – für »Wesenheit« gibt es ebenso wenig einen lateinischen Ausdruck wie für »Wesentlichkeit«, und nur mit einem leisen Erschrecken denkt man daran, dass der große Anspruch auf Wahrheit und Notwendigkeit, der ja doch in solchen Ausdrücken immer erhoben wird, so sehr an die Zufälle der Wortbildung in einer einzelnen Sprache gebunden sein soll. Ein Kern ihrer mystischen Herkunft ist in all diesen Wörtern noch enthalten, obwohl man ihn schon lange nicht mehr bemerkt – in der Verzauberung höchst vager, diffuser, luftiger Zustände in Dinge, deren Existenz so greifbar, so gewiss wirklich zu sein scheint wie das Vorhandensein von Eierbechern und Lesebrillen. Was aber ist »Bewusstsein«?

Große Teile des noch heute verwendeten philosophischen Repertoires in deutscher Sprache stammen aus diesem Fundus und erreichen den Idealismus über die frühen Aufklärer, also etwa über Christian Thomasius und Christian Wolff: die »Einheit« und ebenjenes »Bewusstsein«, die »Selbständigkeit« und die »Wahrscheinlichkeit«. Und noch immer scheint dieses Prinzip zu funktionieren: Das erstaunliche junge Wort »Nachhaltigkeit«, eine kühne Eindeutschung der schon im Englischen eher wunderlichen »sustainability«, folgt dem Muster der mystischen Wortbildungen. Demselben Bedürfnis, das Unbegreifliche begreifbar zu machen, gehorchen übrigens die logischen Sub- und Konjunktionen – Christian Wolff ist ein großer Theoretiker der Kausalkette, in der, wie er sagt, »immer ein Glied an dem anderen, und solchergestalt ein jedes mit allen zusammenhängt«, und eher, als dass er damit einen grammatischen Zweck verfolgte, hat er Theologisches im Sinn. Die Folgen sind unübersehbar: Es gibt noch im heutigen Deutsch ungefähr dreimal so viele Konjunktionen wie im Lateinischen, und die meisten von ihnen sind erst mit der idealistischen Philosophie gebräuchlich geworden, ebenso wie die Konjunktionaladverbien »deshalb« und »somit«, »daher« und »dennoch« in ihrer hohen Frequenz eine eher junge Errungenschaft sind, auch wenn sie – wie »damit« und »dabei« – den kausalen Zusammenhang eher suggerieren als offenlegen.

Vom »heiligthum der sprache« redete Jacob Grimm, und er hätte es nie getan, hätte es nicht fast dreihundert Jahre früher Martin Luther gegeben, das Ideal einer wahrhaftigen Sprache der Frommen, und nach ihm die protestantische Predigt. Aus diesem Stoff aber entstand eine neue Kultur. Von der ganzen gebildeten Welt wahrgenommen, im Lichte einer großen Aufmerksamkeit, arbeiteten die deutschen Schriftsteller jener Zeit an einem einzigartigen Gegenstand: an der Säkularisierung, an der Übertragung der intellektuellen Energien von der Religion auf Kunst und Wissenschaft, auf die Autobiographie und den Bildungsroman, auf das Theater und das romantische Gedicht, auf Philosophie und Geschichte. Sie sprachen nicht mehr von Gott, sondern von der Seele und von der Liebe, nicht mehr vom Jenseits, sondern von der Natur und von der Wahrheit, vom Volk und vom Genie, vom Ausdruck und von der Kunst, und sie taten es mit einer Inbrunst und Seeleninwendigkeit, in der bis in kleine Formulierungen hinein noch der Religionsunterricht zu erkennen ist. So beschreibt der Germanist Heinz Schlaffer die Zeit um 1800 als den glücklichen Moment einer deutschen Literatur, die von protestantischen Schriftstellern geschaffen wurde. Gottsched, Lessing, Lichtenberg, Lenz, Jean Paul, August Wilhelm und Friedrich Schlegel – sie alle waren Pfarrerssöhne, ihre Kollegen Klopstock, Goethe, Schiller, Hölderlin durch die protestantische Schule gegangen. Aber wie anders die neuen Wörter jetzt klangen, da die Kirche zur Welt gemacht war! Ein großes Aufatmen war durch sie hindurchgegangen, der »Enthusiasmus, eine aufgeklärte Welt mit aller religiösen Energie, aber ohne religiöse Pflichten zu begreifen«. Zwischen Philosophie, Religion und Kunst balancierend, kam die neue Sprache eben nicht dogmatisch, eben nicht fundamentalistisch, sondern spielerisch und oft leichtsinnig daher – nicht unähnlich einem ihrer wichtigsten Dichter, nämlich Schiller, der über alle, auch die inneren Widersprüche hinwegfegen will, mit einer Begeisterung, die fordert, was nicht oder noch nicht zur Verfügung steht, mit einem Schwung, der über alle Hindernisse stürmen möchte. Fiesko, der Verschwörer von Genua, ist die gelungenste dramatische Gestalt im Frühwerk dieses Dichters. Wie er sich hineinredet in die große Rolle, wie er sich selbst beim Reden zuhört, und wie er dann, überzeugt vom Eindruck, den er auf sich selbst gemacht hat, den Mantel des Fürsten überwirft! Und der Zuschauer lässt sich hinreißen, so wie Fiesko sich von sich selbst hinreißen lässt – und so, wie Fieskos Dichter sich von Fiesko wie von sich selbst hat hinreißen lassen.

Der deutschen Sprache schlug es zum Vorteil aus, dass das Heilige Römische Reich Deutscher Nation keine feste Hauptstadt besaß, dass die Sprache der höfischen Gesellschaft und der Diplomatie über drei, ja vier Jahrhunderte hinweg das Französische war, dass es vier oder fünf deutsche Kanzleisprachen gab, dass die Juristen sich bis ins zwanzigste Jahrhundert hinein als Lateiner verstanden – dass also die deutsche Sprache von all diesen pragmatischen Aufgaben entlastet war und frei wurde für die ästhetische und philosophische Spekulation. Die deutsche Literatur wurde durch diesen Abstand zum Staat geprägt: von Gottfried August Bürger, der, entsetzt über die Staatwerdung Nordamerikas, reumütig nach Hause zurückkehrte, bis hin zu Peter Handke, der noch im frühen einundzwanzigsten Jahrhundert vom deutschen Staat nur spricht, als wäre dieser eine terroristische Organisation.

Redner gab es, ja, und es gibt sie noch. Denn erst durch den öffentlichen Vortrag, in großen Sälen, im Rundfunk oder vor den Fernsehkameras gehalten – von Hugo von Hofmannsthal, Thomas Mann, Günter Grass –, entstand der Typus des verantwortungsvollen Schriftstellers, als Alternative zum professionellen Politiker, und diesen wünschte sich das Publikum. Dichterdiplomaten oder Dichterpolitiker hingegen, Gestalten wie Gabriel García Márquez oder André Malraux, brachte die deutsche Sprache nie hervor, und wenn, sagen wir, Peter Schneider in diese Rolle zu schlüpfen versuchte, als Schriftsteller, der Ausländern Deutschland erklärt, war da immer auch ein Ton von Anmaßung. Demgegenüber traten zahlreiche Literaten auf, von Jean Paul bis Arno Schmidt, die ihre persönlichen poetischen Reiche bis zur Wunderlichkeit ausarbeiteten. Nicht einmal halbstaatliche Dichter scheinen aus dem Deutschen hervorgehen zu können, schriftstellernde Weltmänner, mit ungelehrter Freiheit und Beweglichkeit der Diktion, zu denen etwa die Mischungen von Offizier, Dandy und Schriftsteller gehören, die vor allem das britische Empire begleiteten: John Le Carré, Graham Greene, und auch noch Bruce Chatwin war einer von ihnen.

Das Deutsch jedenfalls, das man für die Dichtung und die Philosophie brauchte, das Deutsch, in dem sich eine ganze

Welt schildern ließ, über Klassen, Regionen und Bildungsunterschiede hinweg, war nicht mehr das, was in den Amtsstuben verwendet, was bei Hof oder auf dem Markt gebraucht, ja nicht einmal das, was von der Kanzel gepredigt wurde. Nein, ein neues, reicheres, leichteres Deutsch musste geschaffen werden, nicht für die Politik, denn die deutschen Länder besaßen damals weder eine tragfähige einheitliche politische Organisation noch eine politische Öffentlichkeit, sondern für die Kultur. Bei Lessing wird dieses Vorhaben zum Programm: Er will eine Sprachnation bilden, auf der und mit der Bühne. Die Größe der Anstrengung ist, von heute aus betrachtet, schwer zu ermessen: Den Reichtum der Übersetzungen ins Deutsche gäbe es ja nicht, wenn nicht auch ein kulturelles Äquivalent da gewesen wäre. Das gigantische Vorhaben, Shakespeare zu übersetzen – es setzt eine deutsche Kultursprache voraus, die es doch noch gar nicht gibt, und wenn gebundene Sprache übertragen werden soll, Gedichte, Epen, dann steigen die Anforderungen ins fast Unermessliche.

Die Dichter und Gelehrten, die sich der neuen Sprache zuwenden, wenden sich damit zugleich gegen sich selbst. Als Lessing den *Laokoon* schrieb, entschied er sich gegen das Französische, denn er hatte diese Möglichkeit erwogen, und damit auch gegen die festen Vorstellungen von »clarté«, die mit dieser Sprache verbunden waren – was da zunächst heißt: die Wortstellung nach dem Muster »Subjekt, Prädikat, Objekt«, die Vermeidung von Wortzusammensetzungen, präzise Wortbedeutungen. Durch dieses Sich-gegen-sichselbst-Wenden erst entwickelt sich das Tiefe und Zukunftsvolle, das die deutsche Sprache mit ihrer Wandlung annimmt. Es entsteht ein Gravitationszentrum, die Sprache treibt das Erlebte über das Gewusste hinaus, und einige Jahrzehnte sind Menschen damit beschäftigt, diesem Zentrum immer mehr Gewicht zu verleihen, es wachsen zu lassen, bis es wie selbstverständlich neben den älteren Kultursprachen steht. Und bis es, in der zweiten Hälfte des neunzehnten Jahrhunderts und sehr zum Leidwesen eines Philologen wie Friedrich Nietzsche, übergeht in die staatliche Verwaltung und dabei seinen Impetus verliert.

Das neue Deutsch entstand in der Literatur, im Gespräch und in der Korrespondenz der Schriftsteller miteinander, auf der Bühne: für eine ganze Gesellschaft. Wer immer zu jener Zeit schrieb, schrieb zumindest nicht schlecht, denn er schrieb aus der Dichtung heraus und in diese hinein. Die Aufmerksamkeit, die zu jener Zeit vor allem dem schriftlichen Ausdruck in der Muttersprache gewidmet wird, der Erweiterung des Wortschatzes, der Abwehr von Fremdwörtern, den Möglichkeiten von Wortfolge und Satzbau, war dabei Ausdruck eines gewaltigen Bedürfnisses nach Verständigung und Verständlichkeit – und das auf der Höhe der anderen Kultursprachen, des Französischen sowie, wichtiger noch, der antiken Vorbilder, also des Lateinischen und des Griechischen. Die Folgen dieses radikalen Kulturwandels durch die Schrift gehen dabei weit über das Lesen- und Schreiben-Können hinaus. Denn was da steht, gedruckt und vervielfältigt, für jedermann verfügbar, ist frei geworden für die Allgemeinheit: Es kann ganz anders bedacht, geprüft und beurteilt werden, als es mit dem gesprochenen Wort je möglich wäre. Und es ist auf Dauer angelegt, auf Bestand und Beständigkeit.

Wenn dann Jean Paul das Deutsche in eine große Privatsprache verwandeln kann, wenn er einen Dialekt, der bis dahin selbst innerhalb des Deutschen nur wenig gilt, nämlich das Vogtländische, in die deutsche Kultursprache hineinträgt, mit unendlichen Verzierungen und Schnörkeln, sprachschöpfend bis hin zum »Weltschmerz«, mit einem Erfolg, den man als sprachprägend bezeichnen muss, dann gelingt das nur, weil die Entwicklung des Deutschen zur Kultursprache eigentlich schon vollzogen ist – die Energie, die sie möglich gemacht hat, schießt gleichsam über sie hinaus und rückwärts. Und das ist etwas ganz anderes als der Dialekt. Denn der funktioniert nie, wenn er gewollt wird.

Eine Einschränkung muss dennoch sein: Das katholische Deutschland war von dieser Anstrengung zur Bildung weitgehend ausgeschlossen. Das lag unter anderem daran, dass die katholische Kirche, vor allem die Jesuiten, bis in die Zeit der Weimarer Klassik hinein dem »Lutherdeutsch« als dem Träger einer ketzerischen Lehre eher misstrauisch gegenüberstanden. »Auf der Landkarte der deutschen Literatur«, sagt Heinz Schlaffer, »bilden Österreich und Bayern, die wichtigsten katholischen Staaten im deutschen Reich, vom 16. bis zum 19. Jahrhundert leere Flächen. Vor Ferdinand Raimund und Franz Grillparzer gibt es keine österreichischen, vor Karl Valentin und Bertolt Brecht keine bayerischen Dichter, die mehr als eine regionale Erscheinung gewesen wären.« Im Süden beteiligen sich nur die protestantischen Schwaben an der großen deutschen Literatur, diese aber umso heftiger. Erst um 1900 blüht die deutsche Dichtkunst im Süden auf. In Prag und Wien entstehen neue Zentren der Literatur, die auch und vor allem von jüdischen Autoren geprägt werden – genauer: einige der erfolgreichsten Autoren des frühen zwanzigsten Jahrhunderts stammen aus diesem Milieu, Franz Werfel etwa oder Gustav Meyrink, Rainer Maria Rilke oder Stefan Zweig, und wenn in ihren Büchern noch einmal ein ebenso feines wie anspruchsvolles, klares und weit ausgreifendes Deutsch geschrieben wird, dann auch, weil sich in ihrer katholischen (und jüdischen) Welt die Erfahrung der Vormoderne mit der Erfahrung der technischen Moderne verbindet. Und um wie viel mehr gilt das für die wirklichen Ränder der deutschsprachigen Ökumene im Osten, also für Galizien oder auch das Baltikum: Hugo von Hofmannsthal, Rainer Maria Rilke,

Alexander Lernet-Holenia, Eduard von Keyserling. »Die Sonne ging unter hinter schweren, dunklen Wolken«, heißt es in *St. Petri Schnee* von Leo Perutz, einem zum ersten Mal im Jahr 1933 in Wien erschienenen Roman, in dem es um die Wiederherstellung einer strenggläubigen, mittelalterlichen Welt durch eine Droge geht, »die leuchteten auf in Violett und Scharlachrot, in Schwefelgelb und kupfernem Grün, sie sahen aus, als stünden sie in Flammen. Nie zuvor hatte ich solche Farben am Firmament gesehen.«

Dieses Leuchten ist eine ernste Angelegenheit, denn es zeugt von der Bedeutung der Literatur und der Sprache für eine in dieser Hinsicht lange zurückgebliebene Gegend. Es ist oft etwas Archaisches in dieser Dichtung, etwas nicht völlig von den technischen Medien und vom Warenverkehr Durchdrungenes. Und wenn dabei jüdische Schriftsteller eine tragende, herausgehobene Rolle spielen, Autoren, denen die aufgeklärte deutsche Kultur als Leitbild ihres dem Recht nach gestatteten, aber aus tausend Gründen verhinderten Beitritts zur bürgerlichen Gesellschaft gilt, dann scheint in ihnen die deutsche Kultur besonders intensiv fortzuleben: Sie halten am tradierten Bildungsbegriff auch dann noch fest, als die Realität längst national und chauvinistisch ist.

8. Thomas Bernhard wechselt die Zeiten: Starke und schwache Wörter

»Schnee fiel auf Dresden,« heißt es zu Beginn des siebten Kapitels in Uwe Tellkamps Roman *Der Turm* aus dem Jahr 2008, »auf die Mondleite, wo Meno in der Nacht, als er vom Spaziergang kam, die Schatten der Bewohner in den erhellten Fenstern sah.« Der Satz ist ein guter Anfang: Ein Bild ist plötzlich da, eine Anschauung, und dass sie so eindringlich ist, liegt auch an der Grammatik. Drei starke Verben enthält dieser Satz, drei Bewegungen, im Präteritum.

Die Unterscheidung zwischen »starken« und »schwachen« Verben stammt von Jacob Grimm. »Stark« sind die älteren und häufig gebrauchten Verben aus dem indoeuropäischen Fundus, während die schwachen Verben eine Errungenschaft der germanischen Sprachen sind und aus anderen Wortklassen abgeleitet werden können. »Schwach« heißt, dass ein Verb im Imperfekt die Endung »-te« erhält – »ich koche« und »ich kochte« –, während ein starkes Verb den Stamm verändert: »ich komme« – »ich kam«.

Die meisten deutschen Verben werden »schwach« gebeugt, und alle, die jetzt noch aus einer anderen Sprache kommen. Es sind immer mehr geworden, und so geht es fort. »Ich frug« ist ebenso verschwunden wie »ich buk«, und erst recht: »der Hund boll«, was heute »der Hund bellte« heißt. Johann Wolfgang Goethe schrieb oft »frug«, und so tat es lange auch Friedrich Schiller, bis er in seinen späten Jahren »fragte« benutzte. Es gibt historische Gründe dafür, dass die »starken« Verben weniger werden oder in die »schwache« Konjugation wechseln, und pragmatische Gründe dafür, dass die »schwachen« Zeitwörter zunehmen. Denn sie entstehen analog, in aller Regelmäßigkeit, und deswegen vermehren sie sich.

Gleichzeitig geht in dieser Entwicklung etwas verloren: Die »starken« Verben besitzen den Reiz des Archaischen und verfügen mindestens im Präteritum und im Konjunktiv II über den Vorzug deutlich unterschiedener Vokalqualitäten, so dass sie auch stilistisch »stärker« wirken. Sie haben den Reiz der »Stärke«, des Wirksameren und Deutlicheren, das sich im starken Verb genauso geltend macht wie im kurzen Substantiv. Starke Verben sind formenreicher als schwache. Sie beleben. Sie sind kurz. »Ein Mann mit Aktentasche trat geradezu stürmisch ein«, schreibt Martin Mosebach, »mit gereizter Verdutztheit sah er sich um.« Zackzack, und es wäre noch schneller gegangen, hätte der Schriftsteller die »Aktentasche« durch einen »Stock« ersetzt und »mit gereizter Verdutztheit« durch »wild«. Denn es sind die einsilbigen Wörter, in denen die größte Wirkung liegt, und deswegen sind sie in der älteren Dichtung so häufig: »Each one-syllable word becomes a heavy, blunt chunk of butter that is melted and baked into the pound cake of the line«, sagt der amerikanische Schriftsteller Nicholson Baker, der mit *The Anthologist* eine betörende Rechtfertigungsrede der gebundenen Sprache verfasste, und er hat recht damit. Und man spürt den Reiz des Stärkeren auch innerhalb einer Konjugation, im Unterschied von Präteritum und Perfekt: »Ich habe gegessen« – das sind sechs Silben, während »ich aß« nur zwei Silben sind. Das Einfachere ist hier also nicht das Ökonomischere, im Gegenteil: Das Einfachere ist mit einem deutlich größeren Aufwand verbunden. Und doch hat die Ökonomie hier keine Chance.

In keinem Bereich der deutschen Grammatik scheint das Erbe des Lateinischen so gegenwärtig zu sein wie beim Umgang mit dem Verb und damit auch bei den Zeitformen: Gegenwart und Vergangenheit, Zukunft und Vorvergangenheit sollen nach lateinischen Mustern gebildet werden, auch wenn die Unterscheidungen nie stabil waren und es vermutlich noch weniger je sein werden. Dafür gibt es historische Gründe, so etwa, dass in den germanischen Sprachen der Formenvorrat bei den Verben eher klein ist – das Futur ist eine Ausdehnung der Gegenwart, die Vorvergangenheit, also das Plusquamperfekt, auch nur längst vergangen. Es gibt im Deutschen nur vier selbständig gebildete, »synthetische« Verbformen: die Gegenwart (»ist«), die Vergangenheit (»war«) und die beiden Konjunktive (»sei«, »wäre«). Alles andere ist abgeleitet. Erst in der Begegnung mit dem Lateinischen bilden sich, als müssten hier Versäumnisse ausgeglichen werden, die zusammengesetzten Formen mit ihren Hilfsverben.

»Man darf im Deutschen«, erklärt Arthur Schopenhauer, der bei diesem Gegenstand ein fürchterlicher Oberlehrer ist, »das Imperfekt und Perfekt nur da setzen, wo man sie im Lateinischen setzen würde; denn der leitende Grundsatz ist in beiden Sprachen derselbe: die noch fortdauernde, unvollendete Handlung zu unterscheiden von der vollendeten, schon ganz in der Vergangenheit liegenden.« Darf man, darf man nicht? Dabei wird die Differenz – die übrigens ganz anders ist als der Unterschied von »simple past« und »past perfect« im Englischen – selten sorgfältig beachtet. Wie könnte dies auch sein, da die Übergänge oft undeutlich sind und der Wechsel sich einer Verschiebung der Perspektive verdankt. Und das gilt nicht nur für das Englische: »Ich war sicher einer der unkompliziertesten Autoren, die Sie jemals gehabt haben«, schreibt Thomas Bernhard an seinen Verleger Siegfried Unseld. Ganz abgesehen davon, dass dieser Satz eine freche Lüge ist, kann man leicht erkennen, warum Thomas Bernhard hier das Tempus wechselt. Nicht weil er ein unkomplizierter Autor war und nicht mehr ist, sondern weil er sich selber als einzelnen, einmaligen Fall, Siegfried Unseld aber als ein Kontinuum von Verlegerschaft wahrnimmt – mit Zeit hat dieser Wechsel also eher wenig, umso mehr aber mit der Perspektive des Erzählens zu tun. Da aber jeder, der Deutsch sprechen gelernt hat, den Unterschied zwischen »war« und »gewesen ist« im Ohr und im Kopf hat, wäre es eigentlich gut, wenn die Schulgrammatik nicht »Tempus« (»Zeit«) nennen würde, was nicht Zeit ist. Thomas Bernhard spielt hier also mit der Doppeldeutigkeit des Formenwechsels, und sein Spiel ist umso reizvoller, als er auch für Siegfried Unseld in eine Sprachregion gehört, in der das Präteritum immer seltener genutzt wird.

Am Schluss von Goethes *Leiden des jungen Werther* heißt es: »Der Alte folgte der Leiche und die Söhne. Albert vermocht's nicht. Man fürchtete für Lottes Leben. Handwerker trugen ihn. Kein Geistlicher hat ihn begleitet.« Die Geschichte steht im Präteritum, und dann wird für den letzten Satz die Zeitform gewechselt, als ob gerade diese Begleitung etwas ganz Anderes, Fertigeres, Abgeschlosseneres wäre als die Geschichte selbst. Das Perfekt wirkt hier wie eine verhallende Glocke: Bis zum vorletzten Satz ist der Erzähler reines Medium, vergangene Ereignisse werden der Reihe nach erzählt. Der letzte Satz hingegen enthält nichts, das in der Erzählung tatsächlich passiert wäre. Der Erzähler trifft eine Feststellung, in der möglicherweise ein ebenso sentimentales wie empörtes Urteil versteckt ist, das in seiner Gegenwart (dem Jetzt des Erzählenden) überhaupt erst stattfindet, nämlich indem es konstatiert wird – wobei sich das »hat« nicht als Vergangenheitsform, sondern als Präsens geltend macht.

Das Deutsche war über Jahrhunderte eine Sprache mit sechs »Tempora« oder Zeitformen (nun, mehr oder weniger, wie noch zu lesen sein wird, und Formen wie »gesagt gehabt hat« und »gesagt gehabt hatte« nicht gerechnet), und im Grunde genommen ist es das noch heute. Die Geltung der lateinischen Zeitordnung ist im Deutschen in den vergangenen Jahrzehnten indessen ein wenig verblasst. Vor allem der Unterschied zwischen Perfekt und Präteritum wird schwächer, was zugunsten des Perfekts ausgeht. Oder genauer: Das Präteritum verschwindet, weil sich das Perfekt an seine Stelle schiebt. Das ist manchmal ein Gewinn, siehe Thomas Bernhard, und manchmal ein Verlust – auch in Süddeutschland, Österreich und der Schweiz, die sich mit dem Präteritum nie haben anfreunden können, weil sie in ihren Dialekten das »e« am Ende der schwachen Verbformen verschlucken, was dann klingt, als sprächen sie immerzu im Präsens. Über das

Schwinden des Präteritums, wenn es sich denn über diese Regionen hinaus und konsequent durchsetzen sollte, ließe sich spekulieren: Es könnte daran liegen, dass sein Zweck an Wichtigkeit verliert. Denn es ist das Tempus des Berichts, es klingt immer irgendwie episch, auch im alltäglichen Gebrauch. Umgekehrt und ganz offensichtlich erscheint das Perfekt als ausschließliche Form der Vergangenheit häufig in Texten, in denen eine persönliche Bindung an die Region zur Schau gestellt wird. Wobei in den südlichen Dialekten offenbar ein neues Erzählsystem entstanden ist: Am Anfang und am Ende einer Geschichte wird Perfekt benutzt, dazwischen das Präsens.

Die Regel lautet: Das Imperfekt ist die Erzählform der Vergangenheit. Sie wird immer dann benutzt, wo ein vergangenes Geschehen oder Verstehen in seinem Entstehen und Vergehen ausgedrückt wird. Daher ihre – und nur ihre – Eignung für das Erzählen. Das Perfekt ist dagegen sozusagen das Präsens der Vergangenheit, die Form, mit welcher der Sprecher das Vergangene in seine eigene Zeit holt. Unklar ist die Unterscheidung also nur, wenn man die Handlungen voneinander trennen will, klar ist sie, wenn man den Aspekt unterscheidet: Die Wahl des Präteritums signalisiert einen Bericht mit einer möglicherweise zeitlichen Distanz des Erzählers, das Perfekt eine Vergangenheit, die in eine präsentische Aussage übernommen wird.

Der Umgang mit Hilfsverben ist ein mühsames Gewerbe. Johann Wolfgang Goethe schreibt am 20. Juni 1813 an Riemer: »Besonders verdrießen mich die unglücklichen Auxiliaren aller Art. Vielleicht gelingt Ihnen hie und da die Umwandlung in die Partizipial-Construction, die ich scheue, weil sie mir nicht geraten will.« Bei Lessing, auch im neunzehnten Jahrhundert, kam es deswegen, den meisten Sprachlehren zum Trotz, häufiger vor, dass diese Hilfsverben weggelassen wurden, wenn das Verständnis des Satzes auch so gewährleistet war. Das ist vor allem bei Nebensätzen der Fall: »Als er dies gesagt, verbeugte er sich und ging davon« konnte es heißen, und sogar *Wie die Alten den Tod gebildet*, wie ein Titel von Lessing lautet. Und wie hässlich, weil pedantisch wirkt es, wenn zwei Hilfsverben – oder ein Hilfsverb und sein Bruder, das formal gleiche Vollverb – unmittelbar aneinanderstoßen: »Mein Bruder, der heute erst gekommen ist, ist schon wieder abgereist.« Wie viel leichter klingt: »Mein Bruder, heute erst gekommen, ist schon wieder abgereist.« Jean Paul mochte die Hilfsverben überhaupt nicht und nannte sie »abscheuliche Rattenschwänze der Sprache«. Aber die Verkürzung weckt im Hörer oder Leser das Gefühl: Hier fehlt doch etwas – aus Formgründen, des Gefühls wegen, hier sei ein Ziel zu erreichen.

Im Futur gibt es ein ähnliches Problem mit dem »Werden«. Genauer – dass im Deutschen das Futur so einen schlechten Stand hat, liegt nicht nur an den Menschen, die in ihrem Sprachgebrauch immer nachlässiger werden und die Verkürzung suchen. Es liegt auch am Futur selbst. Denn eigentlich ist es im Präsens schon enthalten, und ein Adverb ist leicht zur Hand, wenn man es genauer wissen will. Soll es jedoch im Verb ausgedrückt werden, braucht man eine zusammengesetzte Form. Und immer wird diese mit »werden« gebildet. Das »Werden« aber muss sich das Futur teilen: mit dem Passiv, auch mit dem Konjunktiv (»würde«), und auch als Kopula tritt das »Werden« auf. Und weil man deshalb auf Schwierigkeiten stößt, wird das Futur vermieden – was zur Folge hat, dass die verbleibenden Zeitformen ein verändertes Verhältnis zueinander einnehmen. Nur als Form einer Vermutung – »er wird gerade schlafen« oder auch, noch komplizierter: »er wird zu seinen Eltern gefahren sein« – ist das Futur noch halbwegs unangefochten. Aber da trägt es keine Spur mehr von seiner futurischen Bedeutung. An die Stelle des grammatischen Futur ist ein Präsens getreten, dem ein »morgen« hinzugefügt wird, um es erkennbar zu machen – oder das gleich nur über den Zusammenhang als Zukunft erschlossen werden kann.

Auch in die Literatur zieht immer mehr Präsens ein. Es wird offenbar zur häufigsten Sprache des Erzählens: »Er zündet eine Zigarette an, zieht die Hosenbeine hoch und setzt sich auf die Bettkante«, sagt das Präsens in Judith Hermanns *Sommerhaus, später*, »es ist sieben Uhr fünfundvierzig«. Und bei Thomas Glavinic heißt es, in seinem Roman *Das bin doch ich*, ganz auf der Höhe der Zeit: »Zwei Stunden später bin ich betrunken. Ständig schmeißt jemand eine Runde, und man muss mittrinken, ob man will oder nicht. Ich will eigentlich. Mich stört nicht einmal, dass Tanja ihr Glas umschüttet und jemandem ein Viertelliter Wein in den Schuh hineinrinnt. Es ist der rechte. Ich versuche das unangenehme Gefühl am Fuß zu ignorieren.« Das historische Präsens kommt aus der Reportage, aus der Umarmung der Gegenwart, aus dem populären Glauben an den erfüllten Augenblick, aus der Hoffnung, es erzähltechnisch mit der Gegenwärtigkeit der audiovisuellen Medien aufnehmen zu können: So durfte die erlebte Geschichte, bislang ein Mittel der Zuspitzung und außerordentlichen Erregung, ihr dramaturgisches Reservat verlassen und zur Erzählform schlechthin aufsteigen. Gesellt sich noch ein Ich dazu, lässt sich die Blickrichtung umkehren, und der Kult des Erlebten verwandelt sich in den Kult des Erlebenden – also in Kitsch. Das liest sich auf die Dauer anstrengend, fast so anstrengend wie ein durch lange Passagen gehaltenes Perfekt.

In seiner Allgegenwart aber vernichtet das historische Präsens sich selbst: Wenn immer nur Gegenwart da sein soll, verliert sie das Belebende, sie wirkt dann wie ein Redner, der jeden Satz herausbrüllt. Zudem tritt im Präsens der Erzähler zurück, wenn er nicht gleich ganz fortfällt, der Mittler, der zwischen Leser und Vergangenheit tritt und diese erst erschließt. Und weil das Präsens schließlich zu einem Surrealismus der Darstellung verführt, worauf es dann in der Dichtung zugeht wie im Film, in dem zuweilen schon das Abrollen der Bilder allein die Verbindung zwischen dem Unverbundenen herstellen soll, geht es dem Leser bald auf die Nerven. Ein Schriftsteller muss schon sehr gut sein, genau, prägnant und um eine präzise Verbindung von Gestalten und Ereignissen bemüht, um im historischen Präsens zu bestehen: »Und auf der anderen Seite ist es unversehens Nacht«, heißt es in Georg Kleins *Roman unserer Kindheit*. »Die Kinder sitzen auf der Mauer. Gerade eben, beim Hinaufklettern auf den Grat aus nacktem Backstein, sind ihre Beine noch sommerlich braun gewesen. Aschgrau baumeln sie nun über dem finsteren Grund des Gartens.« Aber wer hier der Erzähler ist (eine gespensterhafte Gestalt), das fragt sich der Leser, und es erschließt sich ihm erst allmählich und dann über die Zeitfolgen hinweg.

Die Zukunft ist die ungewisseste aller Zeiten und wahrscheinlich auch die bürgerlichste, weil sie nach vorn, auf lauter Projekte hin orientiert ist. Während der Jäger und Sammler, wenn man sich dessen Leben vorstellen wollte, sich eigentlich ganz auf die Gegenwart beziehen müsste, denn wo fände er sonst seine Hasen und seine Pilze, und der Feudalismus sich ganz auf die Vergangenheit, auf die Familie und die Erbfolge zu beziehen hätte. Dass die Zukunft so ungewiss ist, bricht aber dem Futur die Knochen: Der Ruf »komme gleich« klingt ja viel plausibler als die Auskunft »ich werde kommen«. Aber es ist nicht gut, auf das Futur zu verzichten, denn es gehen ja Unterscheidungen verloren, wenn das Futur einzig durch Adverbien gebildet wird, die man dem Präsens hinzufügt.

Das Plusquamperfekt schließlich wurde nie viel benutzt und ist in der alltäglichen Sprache fast verschwunden, außer vielleicht im Berliner Dialekt, und dann gleich doppelt und doch nur zum Schein: »Eben hatte es doch noch so ausgesehen gehabt, als ob die Sonne herauskommen würde.« Vielleicht dient diese umständliche Form einer Art Hyperkorrektur, vielleicht soll die Sprache richtiger als richtig sein, vielleicht ist die Form eine Vereinfachung wie das allgegenwärtige »würde«. Wer sich einer solch umständlichen Konstruktion bediene, müsse ein sanftmütiger Mensch sein, vermutet der Schriftsteller Max Goldt, und vielleicht hat diese Vergangenheitsform tatsächlich mehr mit milder Übertreibung als mit Zeitenfolge tun. Denn ansonsten befinden sich die Tempora auf dem Rückzug. Über die Zeiten und ihre Folge, die grammatisch so sauber unterschieden werden sollten, wölbt sich eine immer größer und breiter werdende Gegenwart. Sie ist wie der Film, der jede Vergangenheit und auch noch so manche Zukunft vor die Sinne führt, als wäre der Zuschauer unmittelbar von ihr umfangen. Sie ist wie das Internet, das ein unerschöpfliches Gedächtnis besitzt, aber keine Erinnerung kennt. Verloren geht der Erzähler in der Konkurrenz mit den audiovisuellen Medien – es wird alles zur Gegenwart, und damit gerät es in die Nähe der Zauberei. Dann kommt man auch auf der Autobahn ins Mittelalter.

Vom Üben

9. Ein Dichter schreibt, wie er will:
Brief und Bühne

Es ist erstaunlich, wie wenige Menschen es braucht, um in einer historisch günstigen Situation eine neue Sprache durchzusetzen. Martin Luther hatte keine Kollegen, als er zu Beginn des sechzehnten Jahrhunderts die Bibel übersetzte, und wenn es auch Anhänger und Drucker gab, die sein Deutsch unter das Volk brachten, so machte er seine Sprache doch mit sich allein aus – eine Sprache, die ein möglichst großes Publikum erreichen sollte. Die Spracherneuerer des späten achtzehnten Jahrhunderts zählten nur ein paar Dutzend. Im Gespräch, im Briefwechsel und in ihren literarischen Werken entstand innerhalb von nicht mehr als drei, vier Jahrzehnten ein Deutsch, das der gesprochenen Sprache nachgebildet war und sich in Gestalt von Dichtung, und darin vor allem: durch das Schauspiel, in allen deutschen Landschaften verbreitete.

Spracherneuerer haben ein Gegenüber, und sie müssen es haben: viele Menschen, die das Bedürfnis nach einer (neuen, anderen) Sprache teilen, ohne es deswegen zu formulieren, Menschen auch, die entsprechende individuelle Anstrengungen wahrnehmen und schätzen, auch wenn diese einander widersprechen. Nur unter einer solchen Voraussetzung konnte die Sprache des *Werther* so erfolgreich werden – man musste sie nicht teilen wollen, um sie zu verstehen, aber sie ging in ein Neues ein, das man wollte. Denn eine Konvention, auch des Neuen, ist zwar notwendig. Aber sie ist nicht wesentlich, und auch deswegen spotten Lessing oder Wieland, wenn sie Adelungs angestrengten Versuchen, das Neue zu formieren, folgen oder widerstehen.

Nicht nur im Deutschen war es so, dass eine Handvoll Schriftsteller eine neue Sprache schaffen konnte. Nach dem Beispiel des Deutschen und inspiriert von Johann Gottfried Herder, gab es eine ganze Reihe von ähnlichen Unternehmungen im neunzehnten Jahrhundert, Unternehmungen auch, die viel weitergingen, da fast verschwundene Sprachen belebt werden sollten – das Estnische und das Lettische etwa, Sprachen, von denen man ohne große Übertreibung sagen könnte, sie seien im Geiste Herders aus dem Volkslied neu geschaffen worden. In Lettland soll es noch heute eine kleine Kommission geben, die damit beschäftigt ist, Wörter zu erfinden, um die Sprache zu vervollständigen. Wenn man sich demgegenüber an die Auseinandersetzungen um die Rechtschreibreform von 1996 erinnert, die über Jahre hinaus nicht nur mehrere Kommissionen und Akademien, sondern einen großen Teil der deutschen Gesellschaft beschäftigte – und die, nach gewaltigen Kosten und bürokratischen Anstrengungen, neben sehr viel Unsicherheit im Umgang mit der Orthographie kaum mehr hervorbrachte, als dass das »daß« nun meistens »dass« geschrieben wird: Welche Anstrengung, und wie klein und fragwürdig das Ergebnis.

Die Augenblicke, in denen die Sprache einen großen Schritt nach vorne tut und ihre Ökumene neu begründet, gleichen einander: Das Auseinander von geschriebener und gesprochener Sprache wird in einer gemeinsamen Anstrengung verkleinert. Es soll geschrieben wie gesprochen werden, und erst wenn die geschriebene und die gesprochene Sprache einander naherücken, stellt sich die neue Ökumene tatsächlich ein. Das war bei Martin Luther so, und das Gleiche geschah gegen Ende des absolutistischen Zeitalters in Deutschland. Deshalb war das Theater so entscheidend für die Ökumene des Deutschen – denn es war, neben dem Brief, der wichtigste Ort, um dem Volk die neue Sprache nahezubringen. Das Theater entfaltet seine Wirkung im Ineinander von Bühne und Zuschauerraum, von Schauspieler und Publikum, und die höchste Wirkung erreicht es, wenn der Zuschauer den Eindruck hat, es sei sein Schicksal, das da auf der Bühne verhandelt wird – eine Wirkung, zu der sich das deutsche Theater auch erst mit dem bürgerlichen Trauerspiel und mit dem Theater des Sturm und Drang vorarbeitet, mit Lessings *Emilia Galotti* (1772) oder Goethes *Götz von Berlichingen* (1773), und dann mit umso größerem Erfolg. Und Friedrich Schillers *Wallenstein*, im Jahr 2007 von Peter Stein mit Klaus Maria Brandauer in Berlin getreu der Vorlage inszeniert, war daher alles andere als eine anachronistische Veranstaltung, sondern vielmehr ein lebendiges Plädoyer für die Bühne, für die Kultursprache, in einem Augenblick vorgetragen, in dem diese zur Fremdsprache innerhalb der eigenen Sprache zu werden droht.

Der erste große Erfolg der deutschen Literatur, Johann Wolfgang Goethes *Werther*, ist ein Briefroman. Zwar wurden in den siebziger Jahren des achtzehnten Jahrhunderts in allen europäischen Ländern Briefromane geschrieben, und Goethe importierte in diesem Werk nur eine im Ausland schon etablierte Form. Aber er gestaltete das fiktiv Authentische des Briefromans in einer neuen, nicht den rhetorischen Vorbildern des Französischen oder Englischen entlehnten Sprache, die ihre Muster im Mündlichen fand und dabei, anders als das Französische und das Englische, keine Schwierigkeiten mit der Abgrenzung von der Umgangssprache hatte. »Schreibe nur wie du reden würdest, und so würdest du einen guten Brief schreiben«, riet der junge Goethe bekanntermaßen seiner Schwester – und die Blätter mit mundartlich verfassten literarischen Skizzen aus seinem Frankfurter Schreibtisch, die durch die Sorgfalt seiner Mutter erhalten sind, bezeugen, wie ernst es ihm mit dieser Empfehlung war. Das moderne Deutsch ist eine Kultursprache von niederer Herkunft, eine Schöpfung aus der Volkssprache, scheinbar ohne Tradition und historisches Formbewusstsein, und es ging nicht anders. Denn die neue Sprache, die neue Dichtung sollte eben alles andere sein als Fortsetzung und Beständigkeit: Ausdruck innerster Erfahrung, Erweckung der Seele, tiefste Erbauung. Und so wurde der *Werther*, das erste große Dokument einer solchen Innerlichkeit, abgefasst in einem Deutsch, das so keiner je gesprochen, geschweige denn geschrieben hätte, nicht nur zum Modell für Tausende und Abertausende von Briefen jener Zeit, sondern auch zum Auftakt einer neuen Dichtung. Dabei war dieser Kult des Wirklichen und Wahren, der völligen Aufrichtigkeit eines einzelnen Menschen, an eine Weltbewegung angeschlossen, er verband sich mit der Aufklärung und diese mit ihm, und der *Werther* wurde zum ersten Werk einer deutschen Literatur, die auch im Ausland wahrgenommen wurde: Darin trat ein neuer Messias auf, der ein Evangelium der Natur, der Liebe und der Kunst zu verkünden hatte, und als er starb, von eigener Hand, stiftete er eine Gemeinde.

Die Literatur – und bald darauf: die Universität – bildete nun das Zentrum, das Deutschland bis dahin politisch und sozial gefehlt hatte. Adam Müllers *Zwölf Reden über die Beredsamkeit und deren Verfall in Deutschland*, zuerst im Jahr 1812 veröffentlicht, wurden nicht als öffentlich vorgetragene, sondern als geschriebene und gedruckte populär. An die Stelle der Einheit von Ort und Kommunikation, wie sie die Regierungsorte zentralistisch verfasster Staaten zu Hauptstädten macht, traten die Vorlesung und die Übersetzung, der Besuch und das Gespräch, vor allem aber das Buch und eine Lektüre, die in vielen Sprachen zu Hause war und an einer, nämlich der eigenen Sprache arbeitete. Sie übernahmen in

Deutschland die Aufgabe, die anderswo dem Hof, der adligen Erziehung, der guten Gesellschaft oder der großstädtischen Zivilisation zugefallen war: die Integration einer durch Beruf und Wohnort getrennten kulturellen Elite in einem Bildungsbegriff, der sich zuallererst als Gewinn an intellektueller Freiheit darstellte. So wurde nicht nur eine Urbanität des Geistes möglich, wie es sie in Deutschland vorher nie gegeben hatte, sondern es zog auch eine Jugendlichkeit, eine Frische, ein Verlangen nach Neuem und Besserem in die Sprache ein, die über lange Zeit, also über mehrere Jahrzehnte hinweg, andere als eigene Grenzen nicht kannte. Das hatte selbstverständlich erhebliche Unsicherheiten im Umgang mit Grammatik und Rechtschreibung zur Folge. Die Klassiker der deutschen Literatur schrieben nach heutigen Maßstäben reichlich uneinheitlich, aber wie hätte es anders sein sollen, da ihnen so wenig vorausgegangen war? Sie benutzten »lehren« mit Dativ, bei Goethe war »Erkenntnis« sächlich, und das ganze achtzehnte Jahrhundert sprach von »die Fräulein«. Erst später, als die erneuerte Sprache in Verwaltung und Wissenschaft durchdrang, setzten sich Normen durch, und wenn sie in der Schule gelernt wurden, dienten sie immer auch der Einübung des Gehorsams.

Den gleichzeitig entstehenden Versuchen, einen deutschen Wortschatz und eine einheitliche Ausdrucksweise zu schaffen – allen voran Johann Christoph Adelungs *Über den deutschen Stil* – wohnt daher ebensoviel Gelehrtes wie Anmaßendes, Notwendiges wie Beliebiges inne: Adelung, so Karl-Heinz Göttert, glaubte nicht »an die Möglichkeit einer rationalen Normierung (von oben), sondern anerkannte die Macht des Gewordenen, ja Naturwüchsigen. Er selbst hat dies als die Pflicht des Sprachlehrers formuliert.«

Das weiß Wieland, wenn er über Adelung schreibt: »Meine Frau muß es bezeugen, wie oft ich täglich diesen Hund nach-

81

schlage, aus Angst, ein undeutsches Wort zu schreiben!« Und Johann Wolfgang Goethe weiß es auch, wenn er an Friedrich Schiller die Nachricht schickt: »Den Adelung erbitte ich mir, wenn Sie ihn nicht mehr brauchen, ich habe allerhand Fragen an dies Orakel zu tun.« Zu dieser Zeit liegt seine Genieperiode allerdings hinter ihm, und das Interesse gilt nun einem neuen Standard. Und tatsächlich, Normierung und Willkür bedingen einander auch in diesem Fall und schließen den Irrtum ein. Mit großer Geste verwirft Adelung die »Menschlichkeit«, die »Vervollkommnung«, den »Ingrimm«, die »Langeweile«. In Gotthold Ephraim Lessings Werken kritisiert er die Wörter »mutterseelenallein«, »Wirrwarr« und »schmeißen«. Er verbietet das Pronomen »es« nach Präpositionen – »durch es«, »für es« – und setzt sich damit nicht durch, auch wenn die Wendung, weil umständlich, eher ungewöhnlich bleibt. Er verlangt, dass die Endung »m« bei mehreren hintereinandergestellten Adjektiven im Dativ nur einmal erscheint. Kein Wunder, wenn sich Gotthold Ephraim Lessing gegen solche Pedanterien auflehnt: »Ich ersuche Euch höflich, all Euern Gevattern von mir zu sagen, dass ich unter den Schriftstellern Deutschlands längst mündig geworden zu sein glaube, und sie mich mit solchen Schulpossen ferner ungehudelt lassen sollen. Wie ich schreibe, will ich nun einmal schreiben! Will ich nun einmal!« Aber nicht jeder schreibt wie Gotthold Ephraim Lessing. Und so verschwindet das Problem erst Jahrzehnte später, als nämlich der Unterricht in deutscher Sprache und Literatur in den Schulen zum Pflichtfach wird. Die große Wandlung des Deutschen ist zu dieser Zeit schon abgeschlossen – sie ist um das Jahr 1800 vorüber, und was dann kommt, wird, wie zum Beispiel die Auseinandersetzung um das Fugen-»s«, an der sich um 1820 auch Jean Paul beteiligt, auf Kleinigkeiten vergeudet.

Wenn sich die Sprachreformer auch stritten und wenn die

Schriftsteller für sich das Genie reklamierten und keine Rücksichten nehmen wollten – ein jeder von ihnen kannte die Bildung, aus der er ausbrechen wollte, sehr genau. Denn nur aus dem innigen Umgang mit dem Alten geht das Neue hervor, und wer das Alte nicht beherrscht, bevor er das Neue hervorbringen will, wird das Alte wiederholen, auf die eine oder andere Art, ohne zu etwas anderem oder gar Besserem vorzudringen.

10. Georges-Arthur Goldschmidt sieht das Meer: Präpositionen und Präfixe

Wenn jemand in Frankreich Karriere macht, über das provinzielle Mittelmaß hinaus, dann sagt man über ihn, es sei ihm gelungen, nach Paris »aufzusteigen«, »il est monté à Paris«, so als wäre die Metropole ein Berg, von dem man herunterschauen könne. Ganz oben auf diesem Berg, im neunzehnten und zwanzigsten Arrondissement, gibt es noch einen Hügel, die Anhöhe von Belleville. Dort, in einem der buntesten Viertel dieser Stadt, lebt Georges-Arthur Goldschmidt, einst Deutschlehrer an einem Gymnasium, dann auch Übersetzer und schließlich Schriftsteller. Manchmal, wenn man ihn einlädt, kommt Goldschmidt, nun schon weit über achtzig Jahre alt, in einem extralangen, offenen Mantel von seinem Hügel heruntergeweht, um sich dann, kaum dass er die Niederungen des zweiten Arrondissements erreicht hat, freudestrahlend am Tisch eines Lokals namens »Le Grand Colbert« niederzulassen. Der »große Colbert« – das war der Mann, der den Franzosen gegen Ende des siebzehnten Jahrhunderts versprochen hatte, ihre Nation zu einer großen Seemacht zu machen. Es wurde dann nicht viel daraus, aber egal: »Die

Sprache des Menschen ist wie die See«, schrieb Goldschmidt gleich zu Beginn eines erfolgreichen und, man kann es nicht anders sagen, ein wenig wunderlichen Buches. *Als Freud das Meer sah* heißt dieser schmale, auf Deutsch im Jahr 1999 erschienene Band. Er handelt von der deutschen und von der französischen Sprache sowie vom Verhältnis zwischen beiden.

Denn ein Seefahrer will Goldschmidt sein, wenn er sich in die Wortbildung aufmacht. »Die Sprachen sind wie das Meer, weit und grenzenlos, alle Küsten sind verschieden, überall ist das Wasser anders und bleibt sich doch gleich.« Zu den anderen Wassern gehören die Vorsilben. Über ihren Status in der Sprache gibt es viele Ansichten, und die Namen, die dabei auftauchen (»Partikel«, »Präpositionen«, »Adverbien«, »Verbzusätze«) wollen alle etwas Richtiges bezeichnen, helfen aber dem Sprachbenutzer noch weniger als dem Grammatiker. Dass es trennbare und untrennbare Vorsilben und dann auch solche gibt, die manchmal trennbar und manchmal untrennbar sind, stellt indessen für Muttersprachler kein Problem dar, weil sie in diesem Bereich so gut wie immer einig sind und kaum Abweichungen vorkommen, nicht einmal im lässigen Alltagsgerede. Besonders die Trennbarkeit scheint transparent zu sein, weil die trennbaren Vorsilben betont und die untrennbaren unbetont sind. Alle Produkte dieses Wortbildungstyps sind lexikalisiert, das heißt: Sie sind Wörter mit eigenem Bedeutungsinhalt im Gedächtnis. Für den Sprachbenutzer sind die beiden Verben in »wir haben das Hindernis umfahren« und »wir haben das Hindernis umgefahren« zwei völlig verschiedene Wörter, deren Ähnlichkeit erst in dieser Gegenüberstellung bewusst wird und dann oft auch als Witz funktioniert.

Die Vielförmigkeit und Vielseitigkeit der Vorsilben – wie das »ab-« in »absetzen« oder das »wider-« in »widersprechen« – sind eine Eigenschaft, die Goldschmidt an der deutschen Sprache schätzt, weil die dazugehörigen Verben in ihrer ganzen Vielfalt so verständlich, so durchsichtig bleiben. Denn die räumliche Anschauung, die in den Präpositionen enthalten ist, bleibt gewahrt. Man erkennt sie immer noch, anders als Vorsilben wie »con-« oder »de-« im Französischen, wie in »construire« oder »désigner«, die in ihrer eigenen Bedeutung dunkel, weil zu Konventionen erstarrt bleiben, während sie für die Lateiner, die diese Vorsilben einst schufen, so evident gewesen sein müssen, wie es ihre deutschen Entsprechungen für Muttersprachler heute noch sind.

Man kann im Deutschen alle Verben verändern, durch Präpositionen oder Präfixe, die das Herstellen von neuen Wörtern je nach Umständen und Augenblick erlauben. Welche Vielfalt, welche Beweglichkeit bieten »be-« und »ent-« oder »emp-«, »er-« und »ge-«, »miss-« und »un-«, »ver-« und »zer-«. Ein paar Buchstaben nur, und schon verwandelt sich »beladen« in »entladen«, »verteilen« in »erteilen«, »empfinden« in »abfinden«. Es wechseln die Richtungen, die Zustände, jeder Sinn kann sich in sein Gegenteil verkehren. Und was kann man nicht alles mit »stellen« machen – »sich etwas vorstellen«, »zustellen«, »abstellen«, »anstellen«, »bestellen«, »nachstellen«. Da auch Substantive von Verben abgeleitet werden, weitet sich das Verfahren auch dort aus und multipliziert die Zahl der Möglichkeiten, wie zum Beispiel bei dem »Fall«: »Zufall« und »Abfall«, »Anfall« und »Verfall«, »Unfall« und »Überfall«, »Durchfall« und »Einfall«. Das Präfix spricht einen Kommentar zu den Wörtern, bildet unausgesprochene Sätze innerhalb eines ausgesprochenen. Verben seien »mit allen möglichen Partikeln kombinierbar«, sagt Goldschmidt, und »untereinander sämtlich verbunden durch dieses Wort, aus dem sie hervorgegangen sind und das ihnen allen dieselbe Schattierung, dieselbe Klangfarbe verleiht«.

Dass so viele Wörter aus so wenigen Stämmen hervorgehen, schaffe, so meint er auch, einen inneren Zusammenhalt der deutschen Sprache, die man als ideelle Eigenschaft des Deutschen auch jenseits all seiner Sätze und Wörter erkenne. Die Verben seien wie das Wasser, das durch die Vorsilben eine andere Gestalt, eine andere Färbung annehme. Und tatsächlich sorgen die Präfixe für eine innere Dynamik der Sprache, für ein Hin- und Her-, Auf- und Niederstreben der Verben, weshalb zuerst der Pietismus an ihnen großen Gefallen fand. Und wenn die Werbung für Eiscreme von »Reinknispern« spricht (und Eckhard Henscheid sich darüber empört), meint auch sie ein magisches Erlebnis. Mit Nachsilben geht das übrigens kaum. Mit ihnen lassen sich, wie mit »-lich«, »-weise« oder »-mäßig«, zwar Adverbien bilden, Wörter also, die etwas über die Art und Weise einer Handlung sagen. Und mit dem Suffix »-ig« verwandeln sich Substantive in Adjektive – »witzig«, »lustig« und auch »traurig«. Aber diese Register sind klein gegenüber dem Reichtum, aus dem man bei den Vorsilben schöpfen kann.

Das kann ökonomisch sein. Aber was kann das Verb »abschreiben« nicht alles bedeuten, von »kopieren« über »reduzieren« bis hin zu »vergessen«. So vieles ist in diesem Homonym aufgehoben. Ein schmales Register lässt sich mit einfachen Mittel erweitern, in einer unendlichen Zahl von Abschattungen. Robert Gernhardt hat aus diesem Spiel ein Gedicht gemacht und es »Setzen, Stellen, Legen u. a.« genannt. Es ist im Deutschunterricht für Ausländer sehr beliebt geworden und dokumentiert zweierlei: die völlige Souveränität, mit der ein Muttersprachler mit den deutschen Vorsilben umgeht, meistens wenigstens, und die große Verwirrung, die man damit bei allen anderen anrichten kann.

»Was hast du denn da angestellt
mit dem, was ich da aufgestellt?
Du hast dich nicht nur drangestellt
du hast dich auch noch draufgestellt.

Der Deckel war schon draufgemacht
ich dachte, nun sei's eingemacht
du hast es wieder aufgemacht
dich draufgestellt und reingemacht.

Ich hatte alles drangesetzt
ich hatte mich so eingesetzt
doch kaum war alles angesetzt
da hast du dich schon reingesetzt.

Was heißt das, ich sei aufgebracht?
Wer hat das Zeug denn reingebracht?
Ich selber hab es raufgebracht -
und was hat mir das eingebracht?

Wie schön war alles eingelegt!
Wie hatte ich mich krummgelegt!
Einmal hast du mich reingelegt.
Nochmal – und du wirst umgelegt.«

Es ist etwas Eigenes mit den Präpositionen. Sie sind Ausdruck
für räumliche, zeitliche, ursächliche, bewirkte Verhältnisse.
Sie fordern also vom Leser, sich eine Beziehung sinnlich oder
gedanklich vorzustellen. Um zu erläutern, was es mit ihnen
auf sich hat, reicht sogar die Sprache nicht aus. Man müsste
zeichnen, oder besser noch: man müsste zeigen, also gestisch
oder gar haptisch vorführen, um dem »vor«, dem »neben«
und dem »hinter«, dem »auf« und dem »unter« einen Aus-

druck zu verleihen, und wenn es sich um zeitliche Bestimmungen handelt, dann wird man wieder auf die räumlichen zurückverwiesen. Denn diese kann man sich vorstellen, jene nicht. Es liegt eine eigene Sicherheit in den präpositionalen Bestimmungen, und sie geht über sprachliche Genauigkeit hinaus.

So unscharf, so willkürlich die Präpositionen sein mögen, so sehr fassen sie doch die Welt, geben ihr einen Rahmen und einen Zusammenhang. Deswegen dehnen sie sich auch gern aus, zu mehreren präpositionalen Bestimmungen, versammeln sich am Anfang eines Satzes oder mitten darin, werden lang und bauen aufeinander auf: »Bei der Ankündigung eines Vortrags über Lyrik und Gesellschaft wird viele von Ihnen Unbehagen ergreifen«, lautet ein womöglich absichtlich ungeschickter Satz des Philosophen Theodor W. Adorno. Aus verwandten Gründen sind Präpositionen beliebt, um Ausdrücke zu steigern, die so oft benutzt worden sind, dass sie verschlissen wirken. Dann wird aus dem »Gewinn« der »Zugewinn«, aus »verkaufen« wird »durchverkaufen«.

Präpositionen sind für Ausländer schwierig. Und das ist nicht nur so, weil der Gebrauch der Präpositionen oft bloß idiomatisch geregelt ist. Sondern auch, weil der Muttersprachler sie kaum wahrnimmt und begriffslos vor ihnen steht, wenn er sie erklären soll. Präpositionen sind das Letzte, was einer lernt, wenn er eine Fremdsprache schon ausgezeichnet beherrscht.

Im Übrigen sollte man ökonomisch mit ihnen umgehen. Die Wendung »auf die an ihn vom Publikum gestellte Frage« ist ein Verhältnis zu viel. Es ist, als schaukelte der Satz, und dem Leser wird schwindlig. Und eine Formulierung wie »die Eleganz von aus Italien stammenden Sportwagen« ist, der doppelten Präposition wegen, auch nicht gerade ein gelungenes Gebilde, sondern die Folge einer pedantischen Amts- und

Wissenschaftssprache, die immer den jeweils erreichten Stand eines Diskurses als ganzes Thema in eine neue Aussage integrieren will.

Vielleicht lernt man die Präpositionen als Ausländer nie so gründlich, dass man sich nicht mehr irrte. Und wie auch? Wie sollte man, anders als durch muttersprachliche Übung, also durch ein Äußerstes an Routine, wissen, ob sie im ursprünglichen oder im übertragenen Sinne zu verstehen sind, oder in beiden? In manche Präpositionen ist so viel Bedeutung hineingegangen, dass man damit nicht mehr umgehen kann. Zum Beispiel: »absetzen«. Da liegt dann so viel Bedeutung auf der Vorsilbe, dass sie alle Eindeutigkeit verliert, vor allem bei häufiger Verwendung. Was »vorsagen« ist, lässt sich leicht verstehen, »aussagen« ist da schon schwieriger. Aber was hat es mit »versagen« auf sich? Und welche sonderbare Rolle spielt das Präfix »be-«, das ein Verb unbedingt in ein transitives verwandelt – also ein Akkusativobjekt erfordert, ein direktes Objekt: Man »dient« jemandem, aber »bedient« jemanden. An die Folgen denken, die Folgen bedenken, einem Rat folgen, den Rat befolgen. Der Dativ scheint dabei immer Ausdruck größerer Nähe zu sein, während es im Akkusativ instrumentell hergeht. Aber weiß man das genau? Eher nicht, und so bleiben die Ausländer allein mit ihren Problemen, während ein kleiner Muttersprachler weiß, was es bedeutet, wenn die »Bremsen versagen«, und ein großer gelernt hat, dass es etwas anderes ist, wenn er sich »eine Bemerkung versagt«.

»Im Deutschen wird man durch die Sprache«, sagt Goldschmidt. »Sie kommt einem ganz natürlich. Man kann sie täglich nach Belieben neu zusammensetzen oder neu erfinden, das Deutsche spricht sich leicht, fast ein wenig zu leicht. Es ist wie ein Meer, dessen Tiefen noch nie ermessen wurden und dessen Oberfläche nur sich selbst preisgibt; bei schönem Wetter ist es von dunkel widerscheinendem Grün, undurchsichtig, aber von unerforschlichen Abstürzen kündend. Die Wellenkämme zerstieben im Wind zu weißem Schaum, spiegeln sich für einen Augenblick im Himmel und werden, niederfallend, von den Wassermassen verschlungen.« Im Restaurant »Le Grand Colbert« werden Heringe, Schwarzbrot und Schalentiere aufgetragen. Im Deutschen werde die Sprache geschaffen, erklärt der alte Übersetzer, aus bekannten Elementen und immer neu. Deswegen sei sie so verständlich. Im Französischen hingegen werde die Geschichte der eigenen Sprache weitergetragen, in immer neue Generationen. Deswegen werde sie akademisch. Georges-Arthur Goldschmidt lebt in beiden Sprachen, er darf sie darum vergleichen. Aber selbst jedem, der sich in nur einer Sprache heimisch fühlt, wird sie alles bereitstellen, was er braucht. Und Marcel Proust führt seine Leser in die Wogen und Wellenkämme der französischen Sprache auch ohne Vorsilben, und mancher Deutsche schreibt amtlich und akademisch, obwohl seine Sprache über die überschäumenden Möglichkeiten der Wortbildung verfügt.

Es war noch gar nicht vom Präfix »ur-« die Rede, einer Vorsilbe, die nicht mehr durchsichtig ist und hinter der doch das Urtier, der Auerochse, steckt. Unbetont wurde das Präfix abgeschwächt zu »er-«, und als solches erzeugt es ein unerhörtes Gewimmel von Verben. Das »ur-« kann vor jedes Substantiv oder Adjektiv gesetzt werden und bezeichnet den allerersten Anfang. Ein solches »ur-« gibt es in keiner anderen Sprache der Welt (doch: in den nordgermanischen Sprachen, im Schwedischen zum Beispiel, wo, vielleicht weil in diesem Land in den Darstellenden Künsten so viele Premieren veranstaltet werden, jede erste Aufführung »en urpremiär« genannt wird). Anfänge, auch erste und allererste, kennen die anderen Sprachen trotzdem. Da mögen sie den »Urlaub« noch so sehr bestaunen.

11. Graf Dracula kennt die Welt:
Die Ökumene einer Kultursprache

Als der junge Lehrer und Prediger Johann Gottfried Herder im Jahr 1769 Riga verließ, reiste er von der äußersten Peripherie des deutschen Sprachraums, aus dem Baltikum, wo das Deutsche nicht die Sprache eines Volkes, sondern einer Klasse war, in die Mitte Europas – tatsächlich stammte er aus Mohrungen, einer Kleinstadt in Ostpreußen, wo sein Vater Kantor war. Über Paris, das Zentrum einer Nationalsprache, die damals eine Weltsprache war, gelangte er nach Deutschland. Noch während der Reise verfasste er ein »Journal«, das er selbst nie hatte veröffentlichen wollen, in dem er aber zum ersten Mal seine Lehre von den Unterschieden in der Kultur skizzierte. Von Livland, Russland und Deutschland ist darin die Rede, von den Ländern, die er auf seiner Reise passierte. Und hätte er nur Deutsch gesprochen – bis zu seiner Ankunft in Nantes hätte er sich überall in seiner Muttersprache verständigen können. Denn die deutschen Staaten – oder der deutsche Staat – und die deutsche Sprache fielen nicht zusammen, und sie sind nie zusammengefallen. Deutsch ist die Sprache nicht einer Nation, sondern eines Raums, dessen Grenzen fließen. Man könnte ihn einen »Kulturraum« nennen, wenn »Kulturraum« nichts anderes hieße, als dass die Menschen in dieser Gegend miteinander Deutsch sprechen, in allen Varianten.

Über diese Ökumene kann man sich nicht genug wundern. Sie war entstanden, ohne dass es einen Staat gegeben hätte, der ihr Kraft und Reichweite verlieh. Das Deutsche entwickelte sich kulturell, aus kulturellen Interessen heraus. Gewiss, es gab Situationen, in denen die deutsche Sprache durch militärische Siege vorangetrieben wurde, so etwa, als Böhmen nach der Schlacht am Weißen Berg im November 1620 unter die Herrschaft Kaiser Ferdinands II. geriet und fortan nicht nur wieder katholisch, sondern auch absolutistisch regiert wurde – was zwar nicht bedeutete, dass auch die Herrschaft nun Deutsch sprach, wodurch aber das Tschechische so verdrängt wurde, dass es im neunzehnten Jahrhundert neu erfunden werden musste und dem Deutschen Platz ließ. Selbst in historischen Situationen, in denen sich das Deutsche hätte teilen lassen können, also vor allem im politischen Nachvollzug der Reformation, in der Teilung nach protestantischen und katholischen Ländern, ist dies nicht geschehen. Das Deutsche bleibt die west-mitteleuropäische Sprache, für die es keine Grenzen gibt, die selbst durchlässig ist und auf Durchlässiges reagiert und die dennoch deutlich definiert ist.

Die Sprachschöpfer des späten achtzehnten Jahrhunderts, von Adelung und Campe bis Goethe, hätten ihre Wirkung vermutlich nie erreicht, wären da nicht die Niederlagen von Jena und Auerstedt oder von Leipzig gewesen. Aber so gab es diese Ökumene, weit ausgreifend, aber durchlässig, definiert, doch oft genug ohne Gewalt im Rücken. Über Jahrhunderte hatte sich, von keiner politischen Macht garantiert, von keiner militärischen Gewalt gesichert, ein Kontinent der deutschen Sprache herausgebildet, ein Kontinent, der durch nichts so zusammengehalten wurde wie eben durch den Wunsch, sich auf Deutsch zu verständigen – und als die *Minna von Barnhelm* erschien, also im Jahr 1767, gab es zwischen Hamburg und Wien, zwischen Zürich und Königsberg wenige Orte, an denen man nicht fast jedes Wort verstanden hätte.

Hätte es spätestens im achtzehnten Jahrhundert ein starkes mitteleuropäisches Reich gegeben – wie wäre die Geschichte der deutschen Sprache verlaufen? Wäre es ihr gegangen wie dem Französischen, das seit dem siebzehnten Jahrhundert normiert ist, wozu ein reduzierter Wortschatz gehört und eine archaisierende, fast noch mittelalterliche Orthographie, die bei ihrem Anblick den Klang der Sprache nicht einmal erraten lässt? Hätten die Deutschen dann noch das Bedürfnis gehabt, sich nach anderen Kulturen auszurichten? Vielleicht hat die deutsche Sprache auch davon profitiert, dass gewisse Funktionen einer Nationalsprache lange Zeit anderen Sprachen übertragen waren – dem Lateinischen, dem Französischen, so dass ihr Innerstes frei wurde für die ästhetische und theoretische Spekulation. Vielleicht hatte ihre erzwungene Befreiung von politischen und repräsentativen Zwecken für einen Entlastungsdruck gesorgt, der geradewegs in Kunst und Wissenschaft mündete. Oder umgekehrt: Was wäre aus dem Deutschen geworden, hätten sich die lutherischen Landschaften im Norden im siebzehnten Jahrhundert abgespalten, so wie sich die Niederlande getrennt hatten? Und was eigentlich hat der Schweiz gefehlt, um sich sprachlich von den deutschen Ländern zu trennen? War sie von vornherein zu mehrsprachig und für eine Sprachgründung konfessionell zu uneins?

Die Ökumene der deutschen Sprache erstreckte sich bis nach dem Zweiten Weltkrieg bis weit in den europäischen Osten und Südosten, über Esztergom, wo in Etzels Burg die Nibelungen untergegangen sein sollen, die vom Rhein hierhergezogen waren, bis hinaus in die Vojvodina und ins Burzenland. Über den Grafen Dracula, der in Siebenbürgen – oder, was dasselbe ist – in Transsilvanien gelebt haben soll, heißt es in Bram Stokers Roman aus dem Jahr 1897, er spreche außergewöhnlich gutes Deutsch. Das ist kein Wunder, denn er ist ein gebildeter Mann, und in seiner Heimat hatten sich schon im zwölften Jahrhundert deutsche Siedler niedergelassen. Und nicht nur nach Südosten erstreckt sich die Ökumene der deutschen Sprache, sondern mindestens ebenso weit nach Norden: Sie wurde an den Universitäten der skandinavischen Länder ebenso gesprochen wie in den Amtsstuben des nördlichen Livland, und zur Ausbildung von protestantischen Pfarrern gehörte das Deutsche wie das Griechische und das Hebräische. Weit nach Nordosten reichte die Ökumene auch – und als die baltischen Länder und die polnisch-litauische Staatengemeinschaft im Russischen Reich aufgingen, im späten achtzehnten und frühen neunzehnten Jahrhundert, wurde unter der neuen Herrschaft noch lange weiter Deutsch geschrieben und gesprochen. Im Vorwort zum *Deutschen Wörterbuch*, im März 1854, schreibt Jacob Grimm: »Deutsche geliebte landsleute, welches reichs, welches glaubens ihr seiet, tretet ein in die euch allen aufgethane halle eurer angestammten, uralten sprache lernet und heiliget sie und haltet an ihr, eure volkes kraft und dauer hängt an ihr. Noch reicht sie über den Rhein in das Elsasz bis nach Lothringen, über die eider tief nach Schleswigholstein, am Ostseegestade hin nach Riga und Reval, jenseits der Karpathen in Siebenburgens altdakische gebiet.« So erfolgreich war die Kulturpolitik der deutschen Sprache, dass sie nachgeahmt wurde, vor allem von Nationalisten in Osteuropa, von Tschechen, Ungarn und Slowaken, so sehr, dass die Verfasser der maßgeblichen Wörterbücher der polnischen Sprache vermutlich besser Deutsch als Polnisch konnten.

Eine Kultursprache zeichnet sich zuallererst dadurch aus, dass sich alles in ihr sagen lässt. Aber erst Ende des achtzehnten Jahrhunderts ist der Wille da, unter fast allen Gelehrten und Dichtern der deutschen Länder, der ganzen Welt ein Dasein in der deutschen Sprache zu verleihen, ein vollständiges, alle Bereiche des Wissens umfassendes deutsches Wörterbuch zu schaffen, eine eigene, melodische, sich allmählich von den lateinischen Vorbildern befreiende Syntax. Es wäre ihnen nicht gelungen, hätten sie nicht auch einen einzigartigen Gegenstand gehabt, für den sich damals die ganze Welt interessierte: zuerst den Streit der Religionen, dann die Säkularisierung der protestantischen Theologie in der Empfindsamkeit und in der idealistischen Philosophie.

Das neue Deutsch ist nicht zuerst philosophisch, und es ist nicht unmittelbar philosophisch. Es ist zunächst die Sprache Lessings, die Sprache Minna von Barnhelms. Sie spricht zwar für die Vernunft. Aber sie tut es aus einem Gefühl heraus und eines Gefühls wegen. Nur so kann sie den Ehrbegriff des Majors von Tellheim sprengen, nur so kommt sie an den Geliebten heran, nur so gerät die alte Gesellschaft aus den Fugen. Und es ist die Sprache von Johann Wolfgang Goethes *Werther*: Er erhebt, als einer der ersten in der Geschichte, den Anspruch auf ein privates Glück. Aber im selben Augenblick, in dem er den Anspruch formuliert, verwandelt sich das private Glück in eine gesellschaftliche Mission. Es entwickelt sich, was man eine Kultur des Gefühls nennen muss – und bis auf den heutigen Tag will man nicht gern wissen, wie die Empfindsamkeit aus der Säkularisierung der protestantischen Theologie hervorgeht, was die Beichte mit ihr zu tun hat, der Zwang also, sich selber auszulegen, und wie der Zwang zur Beichte wächst, wenn man sie, wie es der Protestantismus tut, als feste Institution abschafft.

Die Erneuerung der deutschen Sprache, die ungefähr um das Jahr 1760 beginnt und im Wesentlichen um 1830 abgeschlossen ist, gründet auf Empfindsamkeit. Ihr verdankt sie ihre poetische Kraft, ihr verdankt sie die Erfindungen, und sie ist es, die in ihrem Verlangen nach Wahrhaftigkeit, nach dem unverstellten Ausdruck darauf drängt, die vielen Fremdwörter, die aus dem Lateinischen und mehr noch aus dem Französischen in die deutsche Sprache eingewandert waren, zu ersetzen. Der *Werther* enthält nicht ein Dutzend davon, obwohl auch der kleine Hof, an dem er Dienst tat, von ihnen völlig durchsetzt gewesen sein dürfte. Und gleichzeitig war dieser Kult des Wirklichen und Wahren an eine Weltbewegung angeschlossen, verband sich mit der Aufklärung und diese mit ihm – und so ging es voran, bis nach der Reichsgründung eine nationale Bürokratie die Sache in ihre Hände nahm.

Hat man je darüber nachgedacht, dass die wichtigsten deutschen Dichter stets Gestalten der Staatsferne waren und es immer noch sind? Wo wäre der Staat gewesen, für den Johann Wolfgang Goethe geschrieben hätte? Oder Jean Paul? Oder Wilhelm Raabe? In diesen Schriftstellern, in diesen Figuren der Staatsferne, spiegelt sich bis heute die Geschichte der deutschen Sprache in ihren besten Momenten. Gewiss, es gibt den Kameralisten Heinrich von Kleist, der die Kanzleisprache unter das Diktat der Literatur geraten lässt, ebenso wie den Versicherungsjuristen Franz Kafka, der über die Verhütung von Unfällen an Holzhobelmaschinen nachdenkt, und noch viele andere Dichter im öffentlichen und halböffentlichen Dienst. Aber Heinrich von Kleists Karriere als Beamter scheitert, bevor sie wirklich beginnt. Noch Peter Handke und W. G. Sebald, auch sie Figuren von ambulanter Sesshaftigkeit, bewegen sich in einer literarischen Welt, in der politische Grenzen das Unangemessene schlechthin darstellen – man denke nur an die quälend absurde, nicht zufällig die Geschichte vom Jäger Gracchus wiederholende Episode vom verschwundenen Pass, die W. G. Sebald in seinem Roman *Schwindel. Gefühle* erzählt. Staatsferne heißt im Übrigen nicht Gesellschaftsferne. Genauer: fern ist vor allem der starke deutsche Staat. Zwischen ihm und der Literatur scheint es keinen dauerhaften Austausch zu geben.

Wo immer hingegen sich ein deutscher Schriftsteller als Staatsdichter imaginiert, wird er von der Geschichte bestraft, und zwar mit erstaunlicher Geschwindigkeit – Ernst von Wildenbruch, Adolf Bartels, Hermann Kant. Thomas Mann, für den *Duden* noch immer die höchste Autorität unter allen

Lieferanten von Beispielsätzen, schrieb nie für Deutschland, sondern stets für ein anderes, besseres, jenseitiges Gemeinwesen. Thomas Mann ist nicht der Staat, sondern Deutschland als Nation minus Staat, das andere, bessere Deutschland. Noch heute sind die Deutschen offenbar nicht in der Lage, die Präsidentschaften ihrer eigenen Akademien für Sprache und Dichtung mit Schriftstellern zu besetzen – es herrschen dort die Professoren, manchmal auch Ungarn und sogar Schweizer. Aber es regiert dort nicht ein deutscher Dichter.

Der Kontinent der deutschen Sprache erreichte seine größte Ausdehnung spätestens um die Mitte des neunzehnten Jahrhunderts, deutlich vor der Bildung des Nationalstaats. Dabei war die deutsche Sprache damals so schwierig wie heute, ja womöglich noch schwieriger. In dieser erkennbar literarisch geprägten Sprache scheint eine selige Sicherheit gelegen zu haben, etwas, das man gern dem Territorium als Ideal zuschreibt, der Heimat, der Herkunft, der primären geographischen und sozialen Orientierung, das aber allein in der Sprache zu finden ist. Von dieser Sicherheit spricht Herder, ein »pfingstlicher Denker«, wenn er in seiner *Abhandlung über den Ursprung der Sprache* aus dem Jahr 1772 die Sprache bei den »Gefühlstönen« beginnen lässt. Diese Schrift ist, wie Jürgen Trabant erklärt, »auch ein Dokument der intellektuellen Auseinandersetzung Herders mit dem aufgeklärten französischen Zentrum Europas, d.h. eines Streits zwischen einem als Neuer Katholizismus wahrgenommenen Universalismus und der eigenen kulturell vielfältigen, anderssprachigen, ›protestantischen‹ Erfahrung«. Sie begann mit einer Reise von Riga nach Paris.

Es ist nicht mehr viel übrig von der Ökumene der deutschen Sprache, und das liegt nicht unmittelbar an den beiden Weltkriegen und schon gar nicht an den damit verbundenen Schuldfragen, sondern an einer Verlagerung der politischen, wirtschaftlichen und kulturellen Gewichte. Die Bindungskraft des Deutschen kann sich schon seit Jahrzehnten nicht mehr mit der Attraktion des Englischen messen, sondern entspricht der Geltung der dahinterstehenden Nation: mittelgroß, mittelmächtig und vielleicht auch nur mittelschön, und dass es noch die Österreicher gibt, die dieselbe Sprache verwenden, und vielleicht (sofern sie nicht unter sich sind und wenn sie schreiben) auch ein paar Millionen Schweizer, ändert nichts an diesen Verhältnissen. Zudem lernen die Europäer untereinander ihre Sprachen immer seltener, weil jenseits von allem das Englische zur Verfügung steht. Bescheidener muss man die deutsche Sprache daher heute betrachten, in ihrer Geltung nach außen, und auch der Stolz nach innen ist gemindert. Was nichts daran ändert, dass dies die Sprache der Deutschen ist. Sie haben keine andere – und schon gar keine andere, in der sie sich besser oder schöner ausdrücken könnten.

12. Peter Handke streift durch den Wald: Partizip und Zeitform

Für das spätere Werk Peter Handkes ist der Wald von Chaville, einer Vorstadt im Westen von Paris, zu einer Heimat geworden. Er umschließt den Ort in einem Bogen von dreihundert Grad, so dass die Siedlung wie eine von Bäumen umschlossene Bucht wirkt. Der Wald ist aber nicht romantisch. Er wird industriell bewirtschaftet, aber offenbar nachlässig gepflegt: Nach dem Sturm »Lothar« im Jahr 1999 ist hier nicht mehr recht aufgeräumt worden. Gekippte Bäume, Hunderte alte Eichen, liegen immer noch am Boden. Und verlässt man die Wege um nur ein paar Meter, stößt man auf Bombenkrater, gesprengte Bunker, in denen manchmal Ob dachlose wohnen, verfallene Unterstände für deutsche Panzer aus dem Zweiten Weltkrieg. *Mein Jahr in der Niemandsbucht*, der erste der beiden dicken Romane Handkes aus dem Jahr 1994, handelt vom Laufen zwischen diesen Bäumen: »Als meine und unsere künftige Lebenslandschaft, und das inzwischen für immer, kamen einzig wieder die hiesigen, nach allen Weltrichtungen offenen Hügelvorstädte in Frage, mit ihren unverputzten lehmfarbenen Sandsteinhäusern, lang- oder kurzfingrig vorgeschoben in die das Bild bestimmenden Wälderdünen, und ihrer aufhorchen lassenden Stille«. So erzählt er von der Suche nach einem Haus in dieser Gegend. Und als er es dann gefunden hatte, heißt es: »Ich ging und ging während der letzten Wintertage im kalten Wind durch die Wälder hier, und bedachte, ob nicht eher ich es bin, der jenen andern entfallen, von ihnen verloren gegeben ist.« Nicht nur um das, was einem beim Laufen widerfährt, geht es in diesem Roman, sondern auch um das Leben und Schreiben in diesem gebrauchten Wald, und das ganze Buch hat in der Wirklichkeit dieses Waldes eine so genaue Entsprechung, wie es sich die literarische Kritik gar nicht vorstellen wollte.

Das Wort »Partizip« kommt vom lateinischen Adjektiv »particeps«, »teilhaftig«. Tatsächlich hat das Partizip teil an den Eigenschaften des Verbs und an den Eigenschaften des Adjektivs. Es wird dekliniert wie ein Adjektiv, kann aber ergänzt werden wie ein Verb. Zwei Partizipien gibt es im Deutschen: Das Partizip Präsens, das eine Handlung ausdrückt, so wie »gehend« oder »arbeitend« oder »schlafend«, und das Partizip Perfekt, in dem etwas abgeschlossen, vollendet ist: »gegangen«, »gearbeitet, »geschlafen«. Diese Partizipien bilden eines der schwierigsten Kapitel der deutschen Grammatik, weil sie ihre Verwendung so sehr begrenzt, während das Englische oder Französische ihnen viel mehr Freiheit gewährt. Und das Lateinische: Auf Soldatengräbern sieht man manchmal die Inschrift: »victi invictis victuri« – auf Deutsch: »den Unbesiegten die Besiegten, die einst siegen werden« –, und wie umständlich, wie verschachtelt ist die Übersetzung einer Formel, die im Lateinischen ganz leicht von der Hand zu gehen scheint. Denn das Partizip findet in der geschlossenen Wortstellung des Deutschen nur schlecht einen Platz, es fügt sich nicht in die Klammern, die das Deutsche so gerne bildet. Das Partizip, besonders das Partizip Präsens, kann kaum frei stehen. Es muss eingebunden werden. Und so schränkt das Deutsche das Partizip, wenn es denn nicht in einer zusammengesetzten Verbform auftritt, meist auf seine Funktion als Adjektiv ein und spricht allenfalls von einem »entzückenden Einfall«.

Die meisten Wälder in der Nähe von großen Städten sehen aus wie der Wald um die Niemandsbucht: der Taunus, der Sachsenwald, sogar der Perlacher Forst, wenn der nicht gar so flach wäre. Ein solcher Domänenwald ist geometrisch gegliedert, geteilt in Rechtecke, manchmal in Sterne, er ist ebenso zivilisiert wie weitläufig. Solche Wälder hören auf, ohne dass sie eigentlich an eine Grenze stießen, irgendwo, irgendwie – ganz anders sind die zumindest scheinbar natürlichen Wälder, in denen es meist bergauf und bergab geht, die oben aufhören, weil der Berg seine Spitze erreicht hat, und unten auch, weil da ein Fluss, ein See, eine Stadt ist. Doch es ist der offensichtlich gebrauchte Wald, der den Landschaften der mittelalterlichen Epik heute am ehesten entspricht. Ein großer Wald zwingt den Betrachter dazu, ihn gleichsam in seiner ganzen Breite zu sehen und nicht mit dem romantischen Blick, der auf den erfüllten Augenblick fixiert ist. Man weiß nicht, wohin die Wege führen, man sieht den Horizont nicht, tritt auf eine Lichtung, nur um wieder vorzudringen ins Dunkle. Der Wald ist ein Medium der Ungleichzeitigkeit, der Unübersichtlichkeit, der Unzeitigkeit – und des Partizips.

Denn es gibt hier keine zentrale Perspektive. Auf der einen Lichtung haust ein Drache, auf der anderen wartet eine Prinzessin auf ihre Befreiung, und beide – so ganz für sich allein lebend – wissen nichts voneinander, denn der Wald ist viel zu tief, und der Sänger schreibt das alles in epischem Gleichmut auf.

Dass sich am Partizip kein Tempus, keine Zeitstufe im engeren Sinne markieren lässt, ist sein großer Vorteil. Peter Handke benutzt gerne Partizipien, das des Präsens wie das des Perfekts: die »unverputzten« Häuser sind »vorgeschoben«, die Wälder sind »das Bild bestimmend«, die Stille ist »aufhorchen lassend«. Und wenn man sich weiter durch sein Werk liest, stößt man in großer Häufigkeit auf »andrängende Gedanken«, »zurückgelassene Bücher« und »beruhigende Reden«. Das kann man für Latinismen oder Gallizismen halten, doch es ist mehr als das, nämlich ein eigenes, reiches Register der Sprache, das im Deutschen kaum genutzt wird. Wie mühsam gewonnen, aber wie schön ist doch eine Formulierung wie: »Den Himmel betrachtend, lag er dahingestreckt auf der Wiese.« Ein solcher Satz ist knapp, schlank und leicht, und gleichsam schon schwebend ist das absolute Partizip »dahingestreckt«. Und er ist eine kleine intellektuelle Herausforderung: Denn in einer solchen Formulierung ist die Gliederung des Satzes nicht ausgebildet, und darin liegt eine eigene Freiheit. Wie das Partizip sich zum Rest des Satzes verhält, welche Art von Bestimmung es dem Prädikat hinzufügt, muss der Leser (oder Hörer) selbst ermitteln. Und Peter Handke nimmt die Freiheit ernst, entwickelt sie weiter, so dass man sich das Partizip auch noch denken muss: »Hans kehrte schon, den Schlüssel geradeso in der Hand, wie er mit ihm weggegangen war, ins Wohnzimmer zurück.« Eine solche Konstruktion, zu der man sich das »haltend« hinzudenken muss, nennt man einen hängenden oder absoluten Akkusativ.

Freier wird man mit der deutschen Grammatik nicht umgehen können.

Franz Kafka kann auch solche Sätze bilden: »Mit brechenden Augen sah noch K., wie die Herren, nahe vor seinem Gesicht Wange an Wange aneinandergelehnt, die Entscheidung beobachteten.« Das sind die letzten Sekunden im Leben von K. im *Proceß*. Bei Bertolt Brecht, im Gedicht »An die Nachgeborenen«, zwischen 1934 und 1938 entstanden, heißt es: »öfter als die Schuhe die Länder wechselnd«. Und bei Uwe Tellkamp kehrt diese Tradition, in der das humanistische Gymnasium und der Lateinunterricht fortzuleben scheinen, wieder, ohne dass sie jemand wirklich noch erkennt: »Suchend, der Strom schien sich zu straffen in der beginnenden Nacht« – zweimal ein Partizip Präsens in einem halben Satz, so fängt der Roman *Der Turm* aus dem Jahr 2008 an.

Das Französische, aber auch das Englische sind im Vergleich freier, zum Vorteil der jeweiligen Sprache: Denn wo das Deutsche einen Nebensatz bilden muss, können sie die Dinge mit einem Partizip in der Schwebe lassen – und das ist auch ein Kompliment an den Leser, der sich den Zusammenhang denken muss (ein wenig wie im Lateinischen). Das Französische lässt in seinen »absoluten« Partizipialkonstruktionen die Beziehungen eher ahnen, als dass sie tatsächlich ausgesprochen würden. Ähnlich funktioniert der englische verkürzte Relativsatz. Im Englischen kann man sagen: »This been done he turned to other projects.« Wie umständlich derselbe Satz auf Deutsch klingt: »Nachdem er dies getan hatte, wandte er sich …« Aus fast gewichtslosen, wie durchsichtigen Partizipial- und Infinitivkonstruktionen zieht das Englische einen großen Vorteil, und selten ist es der populären Musik mit deutschen Texten gelungen, eine angemessene Form zu finden für die stehenden Formeln des Blues »driving down the highway in a brand new Cadillac« oder »going up the country« oder »missing you« oder »going down, down, down«. Das Englische kann gleiten, wo das Deutsche zu Fuß gehen muss – und nicht nur das, wo es den Fuß über ein jedes Komma heben muss, als wäre dieses eine erhabene Schwelle, und darüber bald ins Stolpern gerät. Und wie heißt es im Französischen? »Les amis rassemblés, la fête commença« – »als sich die Freunde versammelt hatten, fing das Fest an«. Im Französischen ist noch eine Ahnung von Stühlerücken und Fußscharren da, von allmählich gerinnender Ordnung, während das Deutsche einen Tagesplan beschreibt.

Gleichmütig scheint der Wald, der die Niemandsbucht umgibt, die Nutzung durch den Menschen über sich ergehen zu lassen. Er wirkt gebraucht, vernutzt bis in die Tiefe, so gut wie untauglich für jede Vorstellung von weltlicher Erlösung. Der Wald ist keine schlechte Heimat für das Partizip Präsens, weil das Partizip Präsens eine Bewegung anhält – es ermöglicht ein stilles Auftreten. Und während das Verb eine Bewegung in eine Serie gleichförmiger Handlungen zerlegt, entsteht durch das Partizip Präsens die Vorstellung eines großen Raums, in dem sich viele Dinge gleichzeitig ereignen.

13. Heiner Müller zieht in den Krieg: Lernen und Üben

Alles, was wir von der Welt wissen, ist geschrieben. Aber nicht alles, was geschrieben wird, ist auch gedacht. Doch ist das Nachdenken über die Sprache, genauer: das Schreiben mit Bedacht, die Voraussetzung für eine gute Sprache. Sie darf nicht Gewohnheit werden, und schon gar keine schlechte. Ohne die Literaten hätte sich das Deutsche nicht Ende des achtzehnten Jahrhunderts in eine Kultursprache verwandeln können – denn die Dichtung und die Philosophie waren hier das einzige Medium der Auseinandersetzung mit der Welt. Sich die Welt gedanklich und künstlerisch anzueignen und über die Möglichkeiten ihres sprachlichen Ausdrucks nachzudenken, war dabei eines. Oder, akademischer ausgedrückt: Das Medium, in dem reflektiert wurde, war zugleich das Medium, über das reflektiert wurde. Sprache entwickelt sich dadurch, dass man über sie nachdenkt und an ihr arbeitet. Das gilt nicht nur, wenn es darum geht, etwas Neues zu schaffen, sondern auch, wenn etwas Altes erhalten und neu in die Öffentlichkeit getragen werden soll. Sorgfältig formuliert, ist jeder Gedanke neu, weil sogar der älteste und gewöhnlichste Gedanke frisch und unverbraucht wirkt, wenn er nur noch einmal neu in Worte gefasst wird. Und man kann die Sache drehen und wenden, wie man will: Mit literarischer Sprache geht nicht nur Aufmerksamkeit, sondern auch Besänftigung einher, eine zivile Offenheit, die es nur in der Literatur gibt, und das gilt sogar für militante Autoren wie Heiner Müller – für das Schroffe und Brüchige ihrer Sprache: »Das Publikum versteht nur Krieg. Und da gibt es eine schwache Hoffnung, dass man das Publikum genügend angreift, so dass es sich wehrt. Das ist die einzige Hoffnung.« Bei Bildern, bewegten zumal, ist es dagegen viel leichter, sie schlicht zu affirmieren. Sie sind einfach da, überwältigend, und der Geist des Zuschauers zieht sich bei ihrem Anblick zurück, wird kleinlaut und widerstandslos.

Literatur heißt aber nicht nur, und bei weitem nicht nur: die Werke großer Schriftsteller lesen. Denn literarisches Schreiben lässt sich nur in beschränktem Maße begrifflich lernen. Der große Rest ist Üben. Christian Fürchtegott Gellert, um die Mitte des achtzehnten Jahrhunderts der erfolgreichste Schriftsteller deutscher Sprache, war in jedem Haushalt durch seine Musterbriefe gegenwärtig, und wenn einem heute seine Munterkeit schnell auf die Nerven geht, so waren doch seine Zeitgenossen davon sehr ergriffen. Johann Wolfgang Goethes *Werther* war nicht nur eines der meistgelesenen, sondern auch eines der meistkopierten Werke seiner Zeit. Und bis in die Mitte des zwanzigsten Jahrhunderts, bis zur *Stilkunst* von Ludwig Reiners, gibt es die Hausbücher für den guten Umgang mit der deutschen Sprache mit ihren langen Aufzählungen von musterhaften Formulierungen. In der Regel stammen sie aus Werken, die sich in der Rezeption dauerhaft bewährt haben: Martin Luther, die großen Dichter, am Ende vor allem Thomas Mann, ein paar Gelehrte, aber nicht mehr Günter Grass oder Heinrich Böll oder Martin Walser. Nach dem Zweiten Weltkrieg hat nur noch Robert Gernhardt, als Lehrer des deutschen Humors, Nachahmer in größerer Zahl beflügelt. Das Nachmachen wirkt beflissen, pedantisch. Aber es steckt mehr darin: die Anerkennung maßstabsetzender Größe, ein ästhetisches Urteil, das nicht von der Skepsis des geschichtlichen Bewusstseins unterwandert ist. Wobei ein solcher Katalog, ein solches Verzeichnis von passenden Stellen, aus prinzipiellen Gründen eine heftige Neigung zur Unhandlichkeit haben muss. Denn die Masse muss in dieser halb begriffslosen Erfahrungskunde für den Begriff einstehen, auch wenn alle Struktur durch die Vielzahl des Details erdrückt werden sollte.

Die Literatur ist aber schon lange nicht mehr die Lehrmeisterin der Sprache – man brauchte sie für eine Phase der Entwicklung, und dann ging die gestalterische Kraft über auf die Zeitung, wovon Karl Kraus empört Zeugnis gibt, und heute ist vermutlich das Fernsehen die stärkste Kraft in der Gestaltung der Sprache oder vielleicht auch schon der Blog. Es sind neue Medien neben die geschriebene Sprache getreten, und sie sind nicht mehr, wie die Literatur, auf wiederholten Gebrauch ausgelegt: Vor etwas mehr als hundert Jahren das Grammophon, der Rundfunk und der Film. Dann, nach dem Zweiten Weltkrieg, das Fernsehen. Schließlich die digitalen Medien. Sie alle können das Gesprochene als solches konservieren. Sie brauchen die Schrift nicht mehr. Und der Film funktioniert gar, wie das Gedächtnis selbst arbeitet, in der Einheit von gesprochenem Wort und Bild. Die Konsequenz aus der Verbreitung der audiovisuellen Medien ist nun nicht, dass weniger Menschen lesen und schreiben könnten – oder dass sie es weniger könnten. Im Gegenteil: alle lesen, alle schreiben, und die Tastatur des Computers präsentiert das Alphabet wie die Tastatur einer Schreibmaschine. Doch sind, offensichtlich bei der Schrift, vermutlich aber auch bei der Rede, durch die Auflösung der Bindung an die Literatur die Anforderungen an die Lebendigkeit, die Knappheit und die Durchsichtigkeit des Ausdrucks sehr ermäßigt worden.

Nicht erst im Umgang mit elektronischen Medien hat sich das Bewusstsein durchgesetzt, es sei nicht mehr so wichtig, wie man etwas sage oder schreibe, Hauptsache, man werde verstanden. Informieren soll die Sprache, und fraglich wird in dieser Zwecksetzung die Vorstellung von Haltbarkeit, die mit jeder Arbeit am sprachlichen Ausdruck einhergeht: die Idee, dass etwas, das da steht, auch noch in zwei Wochen oder in drei Monaten oder in hundert Jahren soll gelesen werden können. Gewiss, auch die elektronischen Medien gewähren Haltbarkeit. Tatsächlich verschwindet ja fast nichts von dem, was sie einmal in sich aufnahmen. Beinahe alles, was sich je auf einer Festplatte befunden hatte und dann gelöscht wurde, lässt sich rekonstruieren, und vermutlich sind noch die idiotischsten, sinnlos dahingestammelten E-Mails, obwohl mehrmals gelöscht, noch auf irgendeinem Server festgehalten. Aber die Beständigkeit der Schrift ist in den digitalen Medien von anderer Art. Der Geist ist ebenso wenig durch sie hindurchgegangen wie durch die Fotokopie, die zwar nur scheinbar, dafür aber umso gründlicher das Exzerpt ersetzte. Und wie ist es erst beim Scannen oder bei »copy and paste«, wenn die Sprache aus dem einen elektronischen Dokument in das andere fließt, in unkontrollierten Mengen, und dazwischen keinen Augenblick in einem Kopf verweilt, wo sie sich ordnen und eine Perspektive gewinnen könnte?

Aber es hilft nichts, sich sprachpflegerisch auf die Vergangenheit zu berufen. Die Geschichte begründet keine Gemeinsamkeiten. Überhaupt entfaltet der Hinweis auf die Vergangenheit seine größte Kraft immer dann – und nur dann –, wenn man sich die Köpfe einzuschlagen gedenkt. Gemeinsamkeiten entstehen erst durch ein gemeinsames Projekt. Das gilt auch für die Sprache. Zudem muss die geschriebene Sprache heute mit Voraussetzungen zurechtkommen, denen in der Literaturgeschichte nichts entspricht: Der Periodenbau Heinrich von Kleists, die Satzklammer, das Partizip Präsens bei Peter Handke vertragen sich schlecht mit einem nur wenig formalisierten Schreiben, wie es die digitalen Medien provozieren. Auch wurde im selben Maße, wie sich die technischen Medien durchsetzten, das literarische Schreiben auf eine Kultur, um nicht zu sagen: auf eine Askese verpflichtet, die, es kann nicht anders sein, zunehmend kunstgewerbliche Züge trägt. Es gibt schon lange keine Literatur mehr, die eine ganze Gesellschaft mit Mustern des schriftlichen Ausdrucks beliefern könnte. Mit der Literatur als dem wichtigsten Medium der Sprachentwicklung scheint aber der Wunsch dahingegangen zu sein, dass jeder diese Sprache auch verstehen möge – das Bewusstsein, dass, wer liest, auch mitdenkt, das Gesagte in sich nachvollzieht, seinen eigenen Geist und Verstand mit dem Geschriebenen verknüpft. Dennoch ist die geschriebene Sprache nach wie vor, und fast ausschließlich, das Medium für schwierige Auseinandersetzungen.

Exkurs I

14. Elfriede Jelinek geht durch Treibsand: Wahrheit und Sprache

Über eine lange Zeit, über den größten Teil des zwanzigsten Jahrhunderts hinweg, wollte die Literatur, zumindest in ihren fortgeschrittenen Fraktionen, nicht mehr das Muster und die Schule der Kultursprache sein. »Das Vertrauensverhältnis zwischen Ich und Sprache und Ding ist schwer erschüttert«, sagt Ingeborg Bachmann eingedenk der Erzählung *Ein Brief* von Hugo von Hofmannsthal aus dem Jahr 1902, in dem ein Lord Chandos sehr beredt davon berichtet, wie ihm die Sprache abhandenkam. Und weil viele Dichter so dachten – oder vielmehr: die Dichter, auf die es ankam, nämlich die Schriftsteller der ästhetischen Moderne, der Avantgarde, die Repräsentanten des literarischen Fortschritts –, führte der Weg nun in die Abstraktion, in die Simulation und in die Virtualität. Muster für den Sprachgebrauch entstanden deswegen nur noch wenige, umso mehr aber exemplarische Welt- und Ichvernichtungen. »Meine literatur wird heiß werden müssen wie eine explosion wie in einem rauchpilz wird das sein«, versprach Elfriede Jelinek im Jahr 1970, »wie napalm.« Und so schreibt sie noch heute. Nicht, dass ihre Dichtung wirklich gebrannt hätte. Aber es herrscht darin das Ideal einer unbedingt wahrhaftigen und deswegen beschädigten Sprache, die ihren Lesern deutlich zeigen soll, dass sie beschädigt ist – weil Elfriede Jelinek nur darin die Wahrheit über ein durch und durch beschädigtes Leben sagen zu können meint (die Schriftstellerin Marlene Streeruwitz, ein paar Jahre jünger als Elfriede Jelinek, kehrt diesen Gedanken um: Ihr gilt der ganze, also unbeschädigte Satz als verlässlicher Ausdruck der Unwahrheit).

Die Idee der unbedingt wahrhaftigen Sprache hat in der westlichen Kultur eine lange Geschichte. An ihrem Anfang stehen die adamische Sprache, die dann in Babel zerstört wird, und deren bedingte Wiederherstellung im Pfingsterlebnis der Apostel – während Platon im Kratylos zu glauben scheint, dass die beste Sprache eine Erkenntnis ohne Sprache sei. Eine ganze Tradition geht auf diese Vorstellungen zurück, der Glaube ans Latein als einer universalen Sprache im Mittelalter ebenso wie Dantes Traum von einer poetischen Weltsprache, die Universalgrammatik der Herren von Port-Royal ebenso wie Herders Idee vom »inneren, nicht-vokalen Charakter der Sprache«. Im zwanzigsten Jahrhundert wurde das Verlangen nach einer wahren Sprache dann radikalisiert, in Gestalt der analytischen Philosophie und ihrer zahllosen Versuche, eine reine, von allen Mehrdeutigkeiten unabhängige und der Mathematik ähnelnde Sprache zu schaffen auf der einen Seite, in Form einer grundsätzlich fragmentarischen Sprache in der Dichtkunst auf der anderen Seite, wobei hinter allen Satz- und Worttrümmern stets eine höhere Wahrheit angenommen wurde. Der Sprache aber war damit nicht gedient, im Gegenteil. Denn in solchen Wahrheitsansprüchen wird die Sprache ein Mittel zum Zweck. Und sie verliert notwendig an Öffentlichkeit, an Geltung, weil sie nicht mehr als Medium behandelt wird, nicht mehr auf Verständigung gründen soll – und nur so kann eine Tradition entstehen –, sondern der Veranschaulichung eines immer schon zuvor über sie gefällten Urteils dient: dass die gewöhnliche Sprache nämlich gar nicht wahr sein kann (worin dann eine eigene Wahrheit der Sprache liegt).

Die letzte Reinigungsphantasie ist die Hinwendung zum Nichts. Davon handelte der Vortrag, den Elfriede Jelinek, nachdem ihr der Nobelpreis für Literatur zuerkannt worden war, im Dezember 2004 in Stockholm – nicht hielt, denn sie hatte die Rede ja, einer angeblichen Furcht vor Menschenansammlungen wegen, auf Video aufgenommen. Sie habe die österreichische Gesellschaft »entlarvt«, hatte die Schwedische Akademie in ihrer Begründung behauptet. Das klingt nach Aufklärung. Aber das Wort trifft für Elfriede Jelinek nicht zu. Was sie in *Michael. Ein Jugendbuch für die Infantilgesellschaft* (1972) mit der Populärkultur anstellt, was sie in der *Klavierspielerin* (1983) mit dem Verhältnis zwischen Mutter und Tochter und Liebhaber, in *Lust* (1989) mit dem Geschlechtsleben oder in *Die Kinder der Toten* (1995) mit der österreichischen Geschichte macht, gehört nicht zur Aufklärung, sondern bildet ein spätes, schwächeres Glied in einer langen und – in Gestalt der Wiener Schule – auch sehr österreichischen Literaturgeschichte einer Auseinandersetzung mit der Sprache als Medium von Macht, Herrschaft und Ordnung.

Von der Sprache handelte auch der Vortrag, oder genauer: von der angeblichen Unmöglichkeit, sich in der Sprache einzurichten, mit ihr zurechtzukommen, sie zu Zwecken der Verständigung, des Ausdrucks, der Gemeinschaft einzusetzen: »Mir sagt meine Sprache nichts, wie soll sie dann anderen etwas sagen?« Nun, wird man sagen, das ist so originell nicht – das hatten schon andere versucht, Philosophen, Sprachwissenschaftler gar, und keinem von ihnen ist es gelungen, über den Grundwiderspruch einer solchen Aktion hinwegzukommen: Denn offenbar setzt die Untauglichkeit der Sprache zur Kommunikation immer wieder eine gewaltige, nicht enden wollende Beredsamkeit in Gang. Oder anders gesagt: Mit den Mitteln der Sprache versucht der Sprachzweifler seine Zuhörer oder Leser davon zu überzeugen, dass mit den Mitteln der Sprache nichts zu erreichen sei. Diese Art von selbstreferentieller Skepsis neigt nicht zufällig zur verschärften Koketterie. Oder zum Wahn.

Wie es sich damit bei Elfriede Jelinek verhielt – darüber will man nicht richten. Es gab einige hübsche Bilder in ihrem Vortrag, ja, er beginnt sogar mit einem gelungenen Vergleich: »Was geschieht mit denen, die die Wirklichkeit gar nicht wirklich kennen? Die ist ja so was von zerzaust. Kein Kamm, der sie glätten könnte. Die Dichter fahren hindurch und versammeln ihre Haare verzweifelt zu einer Frisur, von der sie dann in den Nächten prompt heimgesucht werden. Etwas stimmt nicht mehr mit dem Aussehen.« Doch das schöne Bild der poetischen Frisur bleibt nicht lange bestehen. Bald schon verliert sich der Reiz und weicht einer gleichförmigen Sprache, in der eine Metapher in die nächste kippt, um ein gewaltig dröhnendes Klagelied entstehen zu lassen, in dem kein Leidensgrund auszumachen ist. »Das Leere ist der Weg. Ich bin sogar abseits der Leere. Ich habe den Weg verlassen.« Oder auch: »Ich bin übernächtig davon, meiner Sprache nachzuschauen wie ein Leuchtturm aufs Meer, der jemandem heimleuchten soll und daher selbst erhellt worden ist, der im sich Drehen immer etwas anderes aus dem Dunkel herausschält, das aber ohnehin da ist, ob man es nun erhellt oder nicht.«

Wenn diese Sentimentalität dann übermächtig wird, wenn die Sprache sich, im selben Vortrag, in einen Hund verwandelt, der nach seiner Herrin schnappt, in eine Mutter, die ihr Kind verlässt, oder in ein Kind, das seiner Mutter entwächst und riesengroß wird, dann bemerkt der Leser, dass es sich innerhalb dieser sogenannten Sprachkritik zuweilen sehr gemütlich leben lässt: Sie kostet nichts, kann aber jederzeit und überall als unendliche Forderung eingesetzt werden. Sie zerlegt jeden Menschen, jeden Gedanken, jede Vorstellung, jedes Ereignis in mehr oder minder homonyme Splitter, sie schreddert alles, ganz gleich, ob es sich dabei um Auschwitz oder Bill Clintons Mutter handelt.

Und so wird man den Verdacht nicht los, dass diese sogenannte Sprachkritik im Wesentlichen aus einem sehr gut geölten perpetuum mobile zur Verfertigung nicht von Reden, Dramen oder Romanen, sondern von Textflächen besteht. Im Inneren dieser Maschine, die Elfriede Jelinek mit offenkundig großer Souveränität und Virtuosität bedient, arbeiten lauter kleine Rädchen, die nach dem Prinzip des Kalauers funktionieren: »Es ist Treibsand, aber er treibt nichts an«, »ich bin der Vater meiner Muttersprache«, »der Worte sind genug gewechselt, der Wechselkurs ist unheimlich schlecht«, »ich mache diese Sprachflamme jetzt mechanisch aus, ich schalte auf Sparflamme« und – Kalauer aller dichterischen Kalauer – »was aber bleibet, stiften nicht die Dichter. Was bleibt, ist fort.« Es ist, als triebe eine fatale Witzelsucht diese Maschine an, ein manischer Zwang, keine Silbe stehenzulassen, ohne zugleich nach ihrer Verwertbarkeit für einen fremden Sinn zu suchen. Bei Elfriede Jelinek generieren die Kalauer sich selbst, sie werden benutzt, um den letzten Rest von Wirklichkeit, von Erfahrung und mit ihr die Phantasie aus jedem beliebigen Text zu entfernen. »Im Abseits«, so der Titel des Vortrags, also grundsätzlich jenseits aller Zeitgenossenschaft, hätte sich Elfriede Jelinek sowieso befunden, und so addiert sich die schiere Masse der Kalauer in all ihrer Kurzatmigkeit zu einer ebenso gigantischen wie theatralischen und offenbar grundlosen Klage. Die Sprache ist ihr Mittel, sie dient der Zurschaustellung von Leid und Scheitern – und bleibt beschädigt zurück.

Vom Nennen

15. Martin Luther bekämpft den Teufel:
Predigt und Gemeinsprache

Einen Mann gibt es, von dem man weiß, dass er allein, als erster, ein Deutsch schrieb, das alle Deutschen verstanden: Als Martin Luther die Bibel übersetzte, im Herbst 1521 das Neue Testament, im Jahr darauf einen Teil des Alten Testaments und zwölf Jahre später den Rest, ging er, gegen die übermächtige lateinische Überlieferung, zu den hebräischen und griechischen Quellen zurück und schuf eine Sprache, die fast jedem verständlich war. Wie das geschah und warum das geschah, diese gewaltige Drehung von der Anbetung eines unbegreiflichen, vielleicht sogar bösen Gottes hin zu einer im einzelnen Menschen gegründeten Religion – und zu dessen Sprache –, das ähnelt sehr einer anderen Drehung der Perspektive, nämlich der Wendung zum Heliozentrismus: Denn so, wie Nikolaus Kopernikus um das Jahr 1509 das ptolemäische Weltbild umkehrte und plötzlich eine einfache Lösung für unendlich große Probleme fand, las Martin Luther die Bibel neu, von einer anderen, bislang nicht wahrgenommenen Seite. Und hatte nicht auch Till Eulenspiegel, auch er ein Mann des frühen sechzehnten Jahrhunderts, die an ihn gerichteten Botschaften plötzlich verstanden, indem er sie wörtlich nahm und so einen wahrhaft volkstümlichen Helden entstehen ließ. Wenn Goethe in einem Brief an Adolph Oswald Blumenthal im Mai 1819 schrieb: »So sind denn die Deutschen erst ein Volk durch Luthern geworden«, so bezieht sich die Anerkennung weniger auf das Sprachschöpferische als vielmehr darauf, dass Martin Luther der deutschen Sprache einen solchen Wert verlieh.

So groß war Martin Luthers Leistung, dass sie erst heute allmählich veraltet – und noch als überholte Leistung Bestand hat. Im Sendschreiben an die Ratsherren der deutschen Städte aus dem Jahr 1524 ist nachzulesen, worum es damals ging: um die Sprache, nein, um die Sprachen als Medium der höchsten Wahrheit, als Träger des Evangeliums: »Die Sprachen sind die Scheiden, darin dies Messer des Geistes steckt. Sie sind der Schrein, darinnen man dies Kleinod trägt. Sie sind das Gefäß, darin man diesen Trank fasset. Sie sind die Kemnat, darin diese Speise liegt.« Nicht von der Sprache ist die Rede, und das wäre damals das Lateinische gewesen, sondern von den Sprachen. Und das hieß: die deutsche Sprache eingeschlossen. Inbegriffen auch war das Bemühen um eine gleichsam natürliche Bildlichkeit, um den sprichwörtlichen Ausdruck, um das derbe Wort und die Übertreibung, um Zorn, Begeisterung und Verachtung zu spiegeln, um eine sinnliche Phantasie, die das Konkrete, Einzelne immer dem Allgemeinen vorzieht und seine Wirkung im Detail sucht. Im lateinischen Evangelium ist von Blumen die Rede, die an Größe zunehmen und keine Arbeit verrichten (Matthäus 6,18/30). Martin Luther macht daraus Blumen, die wachsen und nicht spinnen. »Was Luther leistete«, erklärt Karl-Heinz Göttert, »und was von uns heute so schwer zu ermessen ist, liegt im Entschluss, die Bibel gewissermaßen zu einem Werk mit Inhalt zu machen.« Luther ersetzt Verehrung durch Verstehen, er geht in die Anschauung, wo vorher nur umrissen wurde. Er redet seine Zuhörer, seine Leser an. »Die unsterbliche Größe Luthers des Spracherneuerers, Luthers des ersten Prosaklassikers neudeutscher Literatur, ist begründet in dem Wagemut des Genius, mit der Feder zu reden, statt bloß mit ihr zu schreiben«, schreibt Wilhelm Scherer, einer der ersten großen Germanisten, in seiner *Geschichte der deutschen Literatur*. Zu Recht, und einzigartig blieb Martin Luther. So gab es zwar oberdeutsche Ausgaben der Bibel, veröffentlicht in Straßburg, Basel, Augsburg, aber ihre Bedeutung ging nie über das Regionale hinaus. Nie vermochten sie, eine Gemeinde jenseits ihres ursprünglichen Verbreitungsgebiets zu binden: »In keiner anderen Sprachgemeinschaft wird die Bibel eine solche Präsenz haben wie durch Luther in der deutschen Sprachgemeinschaft«, vermutet Jürgen Trabant.

Martin Luthers Bibel war volkstümlich, auf den Sinn mehr als auf eine wortgetreue Wiedergabe ausgerichtet – und so erfolgreich, dass damals, als das Lesenkönnen noch selten war, bis zu einem Drittel der Deutschen dieses Buch besessen haben muss. Millionen von Flugschriften, auch sie von Martin Luther verfasst, hatten den Leuten den Weg zu diesem Werk gewiesen. Zwar hatte es schon lange eine deutsche Sprache gegeben, die zumindest alle ein wenig Gebildeten verstanden, über die Dialekte hinweg – seit fast tausend Jahren. Schon im Hochmittelalter, also im zwölften Jahrhundert, war in Mitteleuropa in Gestalt des Minnesangs zum ersten Mal eine gemeinsame deutsche Literatursprache, zur Nachahmung der altprovenzalischen Lyrik und der altfranzösischen Epik, entstanden. Und im späten Mittelalter waren die Kanzleisprachen als Idiom von Händlern und Kameralisten hinzugekommen. Auch hatte es schon vor Martin Luther Übersetzungen der Bibel gegeben, aber ihr Deutsch war formell und umständlich geblieben, eng dem Lateinischen verhaftet: »Denn man muss nicht die Buchstaben in der lateinischen Sprache fragen, wie man soll deutsch reden, sondern man muss die Mutter im hause, die Kinder auf der Gassen, den gemeinen Mann auf dem Markt drumb fragen und denselbigen auf das Maul sehen, wie sie reden, und darnach dolmetschen, so verstehen sie es denn und merken, dass man deutsch mit ihnen redet!« Eine Hochsprache, für alle Teile der Gesellschaft und über die Dialekte hinweg, schuf erst Martin Luther.

»Deutsch« war eine Sprache und ein Sprachgebiet ohne einen geistigen Mittelpunkt gewesen. Das änderte sich mit diesem Buch: Martin Luthers Übersetzung der Bibel ist bis ins späte achtzehnte Jahrhundert das einzige klassische, das heißt: weithin gelesene und auch im Ausland wahrgenommene Werk der deutschen Sprache. In der französischen Literatur gab es Pierre de Ronsard, Rabelais, Michel de Montaigne, in der italienischen Ariost und Torquato Tasso, in der englischen William Shakespeare. Unter den deutschen Dichtungen dieser Jahrhunderte wurde zwar Sebastian Brants *Narrenschiff* aus dem Jahr 1494 zu einem Erfolg auch in den Nachbarländern, und das lag weniger an seiner poetischen Qualität als vielmehr an seinen Illustrationen: den Holzschnitten des jungen Albrecht Dürer. Mit der Übersetzung der Bibel aber entstand ein Werk, wie es bislang keines gegeben hatte: ein Muster für den Umgang mit der deutschen Sprache, ein Werk, das allgemein wahrgenommen wurde und plötzlich neben Dante, Petrarca und Boccaccio stand, ohne je als literarische Arbeit gedacht worden zu sein. Das klassische Werk, das einzig blieb in der Geschichte der deutschen Sprache, der einzige Klassiker, den es in der Geschichte der deutschen Sprache wirklich gibt. Martin Luthers Bibel war das Buch, das nicht an die ständische Ordnung, nicht an Schichten und Klassen gebunden war und überall studiert wurde, wo man Deutsch in irgendeiner Form las.

Der Anspruch, dem Volk »aufs Maul« zu schauen, und mehr noch: die Einlösung dieses Anspruchs verlieh der Übersetzung im nachhinein den Glanz einer gesellschaftlichen Befreiung und den Ruf, die deutsche Schriftsprache eigentlich erst begründet zu haben. So war es aber nicht gewesen. Denn

Martin Luther schrieb nicht Deutsch, um den gemeinen Mann zu erheben. Vielmehr hatte er allem Zauber den Krieg angesagt, einschließlich den Ritualen der Kirche, »wahrhaftig des Endchrists und Teufels Gemeinschaft«, um einen neuen Glauben in völliger Selbstlosigkeit entstehen zu lassen. Die Bibel war seine Waffe gegen Papst und Kirche. Überzeugt davon, in der Endzeit zu leben, unter losgelassenen Dämonen, rüstete Martin Luther daher zum großen Kampf, wenn er zwischen Priestern und Laien, zwischen Heiligem und Gewöhnlichem nicht mehr unterscheiden will. »Keine Wallfahrt, Messe, Reliquie ist mehr etwas Besseres als die tägliche Arbeit, und der Christenmensch wird frei vom Zwang, für solche Dinge Mühe, Zeit und Geld zu verschwenden. Umgekehrt aber wird jede banale Verrichtung ... zur Bewährungsprobe gegen die dämonische Bedrohung.« Selbstverständlich war in diesem Vorhaben eine Emanzipation des einzelnen angelegt – aber nicht, um ihn für sich selbst verantwortlich werden zu lassen, sondern um ihn von aller Selbstsucht zu befreien. Ein Mittel zu diesem Zweck, das vorzügliche Mittel dafür, war eine neue deutsche Sprache.

Bis weit ins neunzehnte Jahrhundert hinein war die Predigt – im achtzehnten Jahrhundert kommt das Theater hinzu – in den deutschsprachigen Ländern die Form der öffentlichen Rede schlechthin: In diesem Teil der Welt gab es keine Parlamente, in denen sich die Zukunft von Volk und Staat hätte entscheiden können, und was immer juristisch verhandelt werden musste, wurde hinter geschlossenen Türen ausgetragen und nicht im öffentlichen Streit der Parteien. Das hatte Folgen: Denn die politische und die juristische Rede rechnet mit dem Widerspruch, sie stellt sich ein auf das Hin und Her der Gegenrede. Die Predigt – und das Theater – hingegen kennt keine Entgegnung. Deklamierend kommt sie herunter von der Kanzel oder von der Bühne, und das Beste, was ihr als Antwort widerfahren kann, ist Erregung, Begeisterung, Bewegung von Seele oder Gemüt. Wenn sich Friedrich Gottlieb Klopstock gegen Ende des achtzehnten Jahrhunderts als heiliger Dichter verstand, mochte er zwar an eine Wiederkehr des antiken »poeta vates« denken, des Dichters als Seher und Prophet. Tatsächlich aber stand da auch ein protestantischer Pfarrer auf seiner Kanzel. Das muss kein Schaden sein, und wenn es in Deutschland noch heute keine große Kultur der öffentlichen Rede gibt, wenn nur selten einer mit großem rhetorischen Elan auftritt, so heißt dies nicht, dass es unbedingt die große Rede und die große rhetorische Tradition hätte geben müssen oder dass diese gar geholfen hätten, und gar zum Guten. Denn eine solche Kultur kann ja nur dort aufleben, wo es tatsächlich etwas zum Streiten gibt. »Für die großformatigen Sätze bedeutungsschweren Inhalts«, sagt der Schriftsteller Rainald Goetz über Angela Merkel, »findet sie keine Melodie. Folgen drei von ihnen hintereinander, kann sie selber nicht mehr folgen geistig, versteht nicht, was sie sagt, und gerät in eine pastös pastorale Redeweise, die durch ein automatisiert manieristisches, merkelspezifisches Ab und zu wenig Auf am Satzende entsteht.« Auf der anderen Seite ist es vermutlich genau das, was den Leuten an dieser Sphinx ohne Geheimnis gefällt – dass sie offenbar nicht besser zu reden versteht, als man selbst vortragen könnte (auch wenn es diese Gleichheit nicht gibt). Wenn Rainald Goetz einen kleinen Schlenker in die unbeholfene gesprochene Sprache macht und die Wortfolge bei »geistig folgen« umdreht, dann stolpert er absichtlich und präzise. Aber mit keinem Wort gibt er zu erkennen, dass er sich eine bessere Rednerin zur Kanzlerin wünschte.

Über Jahrhunderte blieb Martin Luthers Bibel das Buch der Deutschen, der Gegenstand des intensivsten Studiums, in den protestantischen Elementar- und Lateinschulen das Buch vor allen anderen, mit einem reichen Fundus an Geschichten, Charakteren und Lehren. So groß war seine Bedeutung, dass die Kunst, als sie sich im späten achtzehnten Jahrhundert anschickte, das Erbe der Religion zu übernehmen, in einen gewaltigen Raum eintreten konnte, der durch den täglichen Umgang mit der Bibel geschaffen worden war. Die außerordentliche Hochschätzung von Sprache und Literatur in Deutschland war vorbereitet gewesen durch den Protestantismus, durch die Geltung von Bibellektüre und Predigt. Sie musste nur übergehen in die Verehrung der klassischen Dichter, in den Kult um John Milton, William Shakespeare oder Ossian. Noch im neunzehnten Jahrhundert war diese enge Bindung der Literatur an den Protestantismus gegenwärtig, in der Verknüpfung der Dichtung mit Mündlichkeit und mit Predigt, in den Darstellungen des Einmaligen, Unbegreiflichen, Unerhörten – wie etwa bei Johann Peter Hebel.

16. Heinrich von Kleist lässt andere reden: Das »sei« und das »wäre«

Dass es diese Passage in der deutschen Literatur gibt, wissen viele. Sie ist eine der berühmtesten. Gehört haben sie weitaus weniger Menschen, und das ist schade. Denn man müsste sie laut gelesen hören, der vielen Pausen und Unterbrechungen wegen: »Der Graf setzte sich, indem er die Hand der Dame fahren ließ, nieder, und sagte, daß er, durch die Umstände gezwungen, sich sehr kurz fassen müsse; daß er, tödlich durch die Brust geschossen, nach P... gebracht worden wäre; daß er mehrere Monate daselbst an seinem Leben verzweifelt hätte; daß während dessen die Frau Marquise sein einziger Gedanke gewesen wäre; daß er die Lust und den Schmerz nicht beschreiben könnte, die sich in dieser Vorstellung umarmt hätten; daß er endlich, nach seiner Wiederherstellung, wieder zur Armee gegangen wäre; daß er daselbst die lebhafteste Unruhe empfunden hätte; daß er mehrere Male die Feder ergriffen, um in einem Briefe, an den Herrn Obristen und die Frau Marquise, seinem Herzen Luft zu machen; daß er plötzlich mit Depeschen nach Neapel geschickt worden wäre; daß er nicht wisse, ob er nicht von dort weiter nach Konstantinopel werde abgeordert werden; daß er vielleicht gar nach St. Petersburg werde gehen müssen; daß ihm inzwischen unmöglich wäre, länger zu leben, ohne über eine notwendige Forderung seiner Seele ins Reine zu sein; daß er dem Drang bei seiner Durchreise durch M…, einige Schritte zu diesem Zweck zu tun, nicht habe widerstehen können; kurz, daß er den Wunsch hege, mit der Hand der Frau Marquise beglückt zu werden, und daß er auf das ehrfurchtsvollste, inständigste und dringendste bitte, sich ihm hierüber gütig zu erklären.« Fast vollständig im Konjunktiv steht dieser Satz, in dem Graf F., ein russischer Obristleutnant, bei den Eltern der von ihm vergewaltigten Marquise von O. vorspricht. Siebenmal wird darin ein Verb im Konjunktiv I benutzt, neunmal ein Verb im Konjunktiv II, und fünfzehnmal sogar wird die einen Objektsatz einführende Konjunktion »daß« verwendet. Und doch fände ein streng gesinnter Deutschlehrer hier einiges auszusetzen: Denn die Formen des Konjunktivs, der Konjunktiv I und der Konjunktiv II, gehen hier durcheinander: Er »habe« nicht widerstehen können, erklärt der Graf zum Beispiel, und dann sagt er aber auch, er »hätte« die lebhafteste Unruhe empfunden.

Der Konjunktiv gehört zu den fruchtbarsten und auch schönsten Einrichtungen der deutschen Sprache – schön im ästhetischen, im künstlerischen Sinne. Er verkörpert die Ungewissheit, die Unbestimmtheit, die Unwirklichkeit des Bevorstehenden, des Werdens, der Vermutung, des Zweifels und der Vortäuschung, der Distanz und der Vorsicht. Er lässt eine Welt neben der vorhandenen entstehen, eine gegenüber der eigenen Gegenwart in die Gegenwart eines anderen verschobene Welt im Konjunktiv I, eine eher hypothetische Welt im philosophischen wie im grammatischen Sinne im Konjunktiv II. Und wie leicht der Konjunktiv I doch fließt in der indirekten Rede: »Salvatore hatte inzwischen ein Buch beiseite gelegt und die Brille wieder richtig aufgesetzt«, schreibt W. G. Sebald. »Er könne, entschuldigte er sich, es nicht lassen, in der ersten Feierabendstunde, wenn er endlich der Tageshast entkommen sei, ein Buch sich vorzunehmen.« Der Konjunktiv selbst ist eine kleine Entrückung aus der Tageshast, und diese Entrückung erlaubt, dem, was es auf der anderen Seite des Indikativs zu erfahren oder auch nur zu erzählen gibt, Raum zu geben, es sich entfalten zu lassen, unter eigenen Voraussetzungen.

Das alles ist nicht einfach. Es wird nicht einfacher, wenn die Grammatikbücher aus der Schule hinzugezogen werden, denn diese stellen den Konjunktiv, der ursprünglichen Wortbedeutung entsprechend, als etwas Abhängiges, nämlich »Verbindendes« vor. Das aber ist nur sehr bedingt der Fall. Um das zu verstehen, muss man zurückgehen auf die vier einfachen Formen des deutschen Verbs. Denn mehr gibt es ja nicht: »ist« und »war«, »sei« und »wäre«. »Ist« und »war« sind wirkliche »Tempora« oder Zeiten. Denn »ist« ist heute, und »war« ist gestern. »Sei« und »wäre« hingegen sind keine Tempora, sondern Modi – Aussageweisen, Verhältnisausdrücke, Perspektiven –, und sie gehören in die Gegenwart, wenn sie nicht geradezu zeitlos sind, also auf eine zeitliche Festlegung schlicht verzichten: Deswegen kann man davon sprechen, etwas »sei gar nicht wahr« (heute, jetzt), und man kann sich wünschen, »dass es wahr wäre« (heute, jetzt oder überhaupt), und beide Formen haben mit der Zeit nichts zu tun.

Erst im Neuhochdeutschen, also etwa ab Mitte des siebzehnten Jahrhunderts, hat sich der Konjunktiv zu einem eigenen System entwickelt: »Sei« gilt darin, grob vereinfacht, als der Modus der fremden Rede, »wäre« hingegen als der Modus der Hypothese. Einen solchen Modus scheint es in anderen Sprachen nicht zu geben, obwohl sie alle mit anderen Mitteln die fremde Rede ausdrücken können. Im Deutschen hingegen kann dieser Unterschied durch die grammatische Form ausgedrückt werden. Über die Gründe lässt sich spekulieren: also über das neuzeitliche Bedürfnis, mit Hilfe einer eigens geschaffenen Form ausdrücken zu können, was andere sagen. Mit einer Reserve, einem Zweifel gegenüber dem, was der andere sagt, hat das nur bedingt etwas zu tun. Denn dass man besonderen Wert auf diese Unterscheidung legen kann, wenn man als Sprecher glaubt, dass die fremde Rede bezweifelt werden muss, gehört zu den Anwendungsmöglichkeiten des Konjunktivs, nicht zum Modus.

Ein solcher Konjunktiv I, wenn man ihn denn nun so nennen will, ist also eine selbständige stilistische Ressource, in der große Möglichkeiten stecken. Wenn ein solcher Konjunktiv richtig ins Erzählen kommt, ist er der oft nur vermeintlichen Echtheit der direkten Rede weit überlegen, dann bleibt die Rede als bequemer, aber plumper Naturalismus zurück. Der Konjunktiv braucht keine schwerfälligen Nebensätze, er übt Respekt vor der fremden Rede, über die sich der Nebensatz ja stülpt, als könne er Fremdes ohne Umstände in Eigenes verwandeln. Er kann raffiniertes Ausdrucksmittel der Nuancierung von eigener und fremder Rede sein. Und auch der sogenannte Konjunktiv II kann sehr souverän auftreten: »Ich hätte mich nicht bewerben sollen!« – »Hörte doch endlich der Winter auf!« Dieser Konjunktiv erbt die Bedeutung, die er schon im Mittelhochdeutschen besaß. Sein Inhalt ist immer eine Vorstellung oder eine Hypothese, also weniger ein Modus des Geschehens als vielmehr der Modus einer Vorstellung des Geschehens. »Was hülfe es dem Menschen, wenn er die ganze Welt gewönne und nähme doch Schaden an seiner Seele?«, fragt Jesus (Matthäus 16,26) und hat damit das Wesen des deutschen Konjunktiv II genau erfasst (wobei alle inhaltlichen Bestimmungen wie real und irreal, möglich und unmöglich immer nur als Folge oder im Zusammenhang richtig sein können).

Die Schwierigkeiten, die viele Muttersprachler mit dem Konjunktiv im Allgemeinen und der Unterscheidung zwischen Konjunktiv I und Konjunktiv II zu haben scheinen, sind damit indessen nicht gelöst. Und sie werden nicht geringer dadurch, dass ältere Konjunktivformen fortleben, so vor allem der mittelhochdeutsche Optativ, der Modus des Wünschens – »geheiligt werde dein Name«, »er lebe hoch hoch hoch«. Auch kann der Konjunktiv vermieden werden, durch den Gebrauch einer Konjunktion – »er sagte, dass« – oder auch durch schlichten Indikativ: »Er sagt, sie hat gelogen.« Damit sind der Schwierigkeiten aber noch nicht genug: Wie oft gleicht der Konjunktiv I dem Indikativ, so dass man ausweichen muss auf den Konjunktiv II, und dann gibt es auch noch Verben wie »schwimmen«, die gleich zwei Konjunktive II haben (»schwämme«, »schwömme«). Gründe, um unsicher zu werden, gibt es hier mehr als reichlich. Und ist es nicht überhaupt so, dass die stärker gestaltete Form des Konjunktiv II irgendwie als edler, feiner, gewählter als die blassere Form des Konjunktiv I gilt? Jeder sagt »das wäre schade«, aber viele sagen in ihrem Leben nie »er sei« oder »er komme«, auch wenn sie dergleichen immer wieder hören und lesen.

Es ist diese Unsicherheit im Umgang mit dem Konjunktiv, die den komplizierten Bau mit »würde« hervortreibt. Dabei ist das »würde«, als Hilfsverb benutzt, selten schön. »Wenn« – als Ausdruck der Möglichkeit – müsste den Konjunktiv II nach sich ziehen – »wüsste«. Wie viel angenehmer klingt: »Wenn ich wüsste, …« verglichen mit: »wenn ich wissen würde« –, und die Wendung »hätte er nur etwas anderes getan« läuft viel leichter und eleganter als: »würde er das getan haben«. Und ganz mühsam wird es, wenn zwei »würde« aufeinanderstoßen. Oder anders gesagt: Wenn es richtig schwerfällig würde, würden zwei »würde« aneinanderstoßen. Doch genau dieses geschieht, unzählige Male, jeden Tag, in der geschriebenen Sprache und in der gesprochenen sowieso. Nur in einer Gestalt hält sich der Konjunktiv in der Umgangssprache, und zwar im bedingten Hauptsatz, auf ganz und gar unangefochtene Weise: »Ich wäre ja blöd, wenn …« Ja, und so ist das auch.

17. August Wilhelm Schlegel fordert Kosmopoliten: Die Kraft der Anverwandlung

Zur Geschichte der deutschen Sprache gehört, in ihrem langen Verlauf vom frühen Mittelalter bis zum neunzehnten Jahrhundert, immer wieder etwas Unwahrscheinliches. Erstaunlich vor allem ist, dass sie, ohne dass sie von einer staatlichen Macht gestützt worden wäre, nicht nur die Zeiten überstand, sondern auch einen immer größer werdenden Teil der europäischen Bevölkerung band. Dieses wiederum wäre nicht geschehen, besäße sie nicht in hohem Maße die Fähigkeit, sich selbst zu gestalten, sich selbst zu normieren, dabei aber den größten Respekt vor dem von außen Hinzukommenden walten zu lassen, einen Respekt, der immer wieder Züge der Begeisterung, ja mehr als das, der immer wieder Züge der Bekehrung aufweist, und diese Bereitschaft ist noch heute gegenwärtig, dem Englischen gegenüber.

Die deutsche Schriftsprache beginnt mit einem Wörterbuch. Der *Abrogans*, in der Stiftsbibliothek von St. Gallen zu sehen, ist ein Nachschlagewerk, das alte und schwer verständliche lateinische Wörter durch lateinische Synonyme erklärt und diesen ihre althochdeutschen Entsprechungen hinzufügt. Wenn hier also die geistig führenden Männer des achten Jahrhunderts es vordringlich fanden, jedes dieser Wörter mit einem althochdeutschen Pendant zu versehen, dann dürfen wir sie wohl nicht für Narren halten. Sondern wir müssen zugeben, dass sie als erste das getan, was die Kenner des Deutschen in der Geschichte immer wieder unternommen haben: das Fremde erkennen, schätzen, übernehmen, ihm aber seine Kenntlichkeit lassen, ja oft genug daran Seiten entdecken, die vorher nur latent vorhanden waren.

Das Altfranzösische und Altprovenzalische hatten die Modelle für die deutsche höfische Literatur geliefert, und nach diesem Vorbild bildete die deutsche Literatursprache ihre Prinzipien um und schuf eine eigene poetische Prosodie mit regelmäßigen Hebungen und Senkungen. Bis ins achtzehnte Jahrhundert konnte sie keinen Vers mehr ohne einen Endreim bilden. Und als das zu jener Zeit moderne Bedürfnis nach Zerstörung der Schranken, der geistigen wie der sozialen, übermäßig wurde, da war es die vermeintliche Imitation des Griechischen, die dem Deutschen das Konzept des freien Verses bescherte, wie es mit Klopstock die Gebildeten der ganzen Nation ergriff. Wenig später wuchs, im Widerspiel mit der gesprochenen Umgangssprache, William Shakespeare zum dritten deutschen Klassiker heran. Dessen Blankverse wurden dann binnen kürzester Zeit so deutsch, dass Friedrich Schiller sie benutzen konnte, um die Alexandriner der *Phädra* von Racine zu übersetzen.

Es ist nicht selbstverständlich, dass sich eine Sprache auch kulturell definieren lässt. Im Deutschen – und dieser Prozess wiederholt sich – geschieht dies, weil sich diese Sprache immer wieder auch aus Konversionen in Kultur heraus entwickelt, und aus solchen Motiven heraus geschieht dann die Anpassung ans Lateinische oder die ans Christentum oder die Entwicklung zur Kultursprache im achtzehnten Jahrhundert, die nicht denkbar gewesen wäre ohne einen großen Glauben an die Griechen, an die Übersetzung Homers und die ganze Adaptation der Antike, die dann originale Effekte in der deutschen Prosodie hervorbrachte. August Wilhelm Schlegel hat gute Gründe, wenn er schreibt: »Wir sind, darf ich wohl behaupten, die Kosmopoliten der Europäischen Cultur: wir fragen gar wenig darnach, in welchem Lande zuerst eine neue Wahrheit ans Licht gefördert worden ist; wir werden durch keine Parteilichkeit oder Beschränktheit gemindert, jeden irgendwo gemachten Fortschritt in der Wissenschaft sofort anzuerkennen und zu benutzen.« Auch das gehört zu einer Kultursprache: die Fähigkeit, andere Elemente aufzusaugen, auf Ausländer und Immigranten zu reagieren, andere Sprachen zu verstehen, und wenn sie das nicht tut, wird sie schwach, gelähmt, starr.

Diese Fähigkeit zur Adaptation ist noch heute erkennbar darin, wie man einem angelsächsischen Vokabular Raum in der deutschen Sprache lässt. Sie zögert, Fremdwörter wirklich einzudeutschen, was dann mitunter sonderbare, bizarre Mischgewächse wie »er hat das Programm gedownloadet« zur Folge hat – andere europäische Sprachen sind da rücksichtsloser. Das war schon mit dem Griechischen so, wenngleich sich Johann Heinrich Voß, der Übersetzer der *Odyssee* (1781), mit der Idee, die angemessene Wiedergabe des griechischen »eta« sei nicht das deutsche »e«, sondern das »ä«, nicht durchsetzte – sonst hieße es heute »Athänä« und »Jäsus«. Aber noch immer wird, in vielen Fällen, das griechische »phi« beibehalten, als »ph« – im Italienischen ist es schon vor Jahrhunderten verschwunden. Der Respekt vor dem Anderen geht im Deutschen sogar so weit, dass die anspruchsvolleren Autoren sogar die urtümlichen Beugungen übernehmen: Denn wie heißt der Plural zu »Kanon«? »Kanons«, »Kanone« – das klingt schlimm, aber das richtige »Kanones« ist doch auch sehr gespreizt. Vielleicht sollte man sich hier ganz der Regelung enthalten, so wie man in Schweden »foajé« für »Foyer« schreibt oder »hajpa« für »hypen« und trotzdem weiß, was gemeint ist.

Aber anstatt die Stärke zu erkennen, die eine Sprache besitzen muss, die das Fremde aufnimmt, ohne es zu unterwerfen, den Enthusiasmus des Lernens, der in jeder dieser Aneignungen steckt, scheint es unter den Sprachverwaltern heute ausgemachte Sache zu sein, die Reinheit der deutschen Sprache bewahren zu wollen, das Ausländische für einen Irrtum und den Respekt vor der fremden Schreibweise, vor der fremden Flexion für Beflissenheit, ja für Unterwürfigkeit zu halten. Rein jedoch ist nur, was sich nicht mehr verändert und also nicht mehr wirkt. Keine natürliche Sprache braucht wirklich Hilfe von außen, auch das Deutsche nicht. Aber keine Sprache ist nur Sprache, und keine ist nur autonom. Das Deutsche, wenn man es einmal so metaphorisch zur Person machen darf, hat sich, wenn andere Kultursprachen Errungenschaften zeigten, die ihm fremd waren, immer bescheiden als unterlegen erklärt. Es ist daran gewachsen wie keine andere Sprache. Dem Französischen ist das nie gelungen: Wenn französische Dichter des siebzehnten und achtzehnten Jahrhunderts aus dem Griechischen übersetzten, dann übersetzten sie zur Unkenntlichkeit – wie Racine –, während es deutschen Schriftstellern zweihundert Jahre später möglich war, William Shakespeare durch dessen Übersetzung zum dritten deutschen Klassiker werden zu lassen.

Wenn die deutsche Sprache bis weit ins neunzehnte Jahrhundert hinein die Kraft besaß, sich über weite Teile Europas auszudehnen, dann hat das gewiss auch etwas mit der Hanse zu tun, mit dem Ritterorden, mit der deutschen Ostsiedlung. Aber es liegt auch daran, dass sie diese Fähigkeit zur Aneignung besaß. Umgekehrt verschwand diese Kraft nicht nur, weil es die Weltkriege, den Nationalsozialismus und den Holocaust gab, sondern auch, weil sich ein souveräner deutscher Staat durchsetzte, der in diese Freiwilligkeit, in diese ledige Bereitschaft zum Lernen eingriff, indem er die Norm und die Regel an die Stelle des Nachdenkens über die Sprache setzte. Dieses endet mit dem *Duden*, dessen erste Fassung, nämlich das *Vollständige orthographische Wörterbuch der deutschen Sprache*, im Jahr 1880 veröffentlicht wurde, kurz nach Gründung des deutschen Staates – »wenn schon die deutschen Länder noch vielfach an ihren Mundarten oder den mundartlich gefärbten Varianten der Hochsprache festhielten«, wie der Sprachwissenschaftler Harald Weinrich meint, so wurde durch dieses Werk doch zumindest eine einheitliche Schriftnorm hergestellt. Kurze Zeit später, und aus ähnlichen Gründen, begann der Kampf gegen den französischen Einfluss auf die Sprache, die »Verwelschung«. Dann war es aus mit der außerordentlichen Anziehungskraft des Deutschen, und jeder beklagt es, und keiner will einen Grund wissen, den Friedrich Nietzsche so beschrieb: »Es zahlt sich theuer, zur Macht zu kommen: die Macht verdummt.«

18. Jakob Böhme schafft sich ein Nichts: Substantiv und Substantive

Es ist im Deutschen leicht, sehr leicht, das Verb stillzustellen. Man muss gar nicht lange nachdenken – im Nu ist über das Zeitwort der Bann der Substantivierung verhängt. Dann sieht man nichts mehr, weil einem das Sehen genommen ist. Dann wird nicht mehr geschwiegen, sondern es herrscht das Schweigen. Dann schreibt man nicht mehr, weil es mit dem Schreiben ein Ende hat. So leicht ist es im Deutschen, ein Substantiv zu bilden: Man muss nur den ersten Buchstaben groß schreiben, und schon ist eines da: das »Bilden« und das »Werden«, das »Schaffen« und das »Gehen«, das »Begreifen« und das »Scheitern«. »Hier fühlte ich mich im Zentrum des Geschehens«, heißt es bei Peter Handke. »Was geschah, war freilich nur der Geruch des von schwarzem Öl glänzenden Bretterbodens in der Baracke, das Sausen in dem Eisenofen dort, das Knallen der Türflügel, das Schwappen der Plakate draußen an den Ständern, das Schüttern eines startenden, das Knistern und Knacksen eines abgestellten Busses, das Wehen von Staub, Blättern, Schnee und Zeitungen durch die windige Straße.« So lassen sich ganze Sätze in ein Wort packen: »das Zuspätkommen«, »das Zusammenwohnen« und das »Nebeneinanderherreden«. Das ist nicht immer schön, aber oft sehr prägnant und zuweilen sogar ebenso poetisch wie akademisch, zum Beispiel, wenn der Berliner Kulturwissenschaftler Joseph Vogl eine Wolke beschreibt: »Es ist nicht eine Wolke, die sich ballt, sie ist vielmehr, das Sich-Ballen oder Sich-Ballende.« Nur, was geht da voran – entstehen die Substantive, weil es den großen Buchstaben am Anfang eines Wortes schon gibt, oder wird der große Buchstabe erfunden, weil sich da so viele Substantive herumtreiben, die man als solche kennzeichnen muss, wenn man nicht den Überblick verlieren will?

Dass einzelne Wörter großgeschrieben werden, ist eine Erfindung des dreizehnten – für das Lateinische – und des vierzehnten Jahrhunderts – für deutschsprachige Texte – und entsteht aus dem Bedürfnis nach einem besonderen schriftlichen Ausdruck für gewisse Wörter, meist Anfänge oder Namen. Im Mittelhochdeutschen wurde durchgängig kleingeschrieben – oder genauer: Von heute aus betrachtet, schrieb das Mittelalter klein, denn tatsächlich gilt, dass, wo nicht großgeschrieben wird, auch nicht kleingeschrieben werden kann. Beliebt wird die Großschreibung erst im Barock, im ornamentalen Umgang mit der Schrift, wobei sich die Neigung zum erhabenen Ausdruck auf die Substantive richtet, weil diese im nicht übertragenen Sinne als »Hauptwörter« empfunden werden – als ausgezeichnete Elemente einer strengen Hierarchie. Und gewiss wurde diese Symbolik einer hierarchischen Ordnung immer wieder herausgefordert, von den Brüdern Grimm, deren Kleinschreibung einem Ideal des Mittelhochdeutschen folgte, bis zur »gemäßigten Kleinschreibung«, die in den frühen siebziger Jahren die pädagogischen Phantasien von einer gerechteren Gesellschaft beflügelten. Die Großschreibung ist indessen eine Erleichterung beim Lesen, und auch das liegt an der Flexibilität des Satzbaus im Deutschen: Wie leicht sich etwa die Adjektive den Substantiven zuordnen lassen, und immer ist deutlich, um was es sich handelt – darin liegt die grammatische Aufgabe der Großschreibung.

Im Substantiv liegt etwas Verführerisches: die Hoffnung, was man in Form eines Hauptwortes benennen könne, sei schon Teil einer Welt, die man für sich selbst erschlossen habe. Deswegen gehen alle Anstrengungen, eine deutsche Kultursprache zu schaffen, bevorzugt ins einzelne Wort, ins Nomen oder ins Substantiv, in den »Gegenstand« – das Wort ist übrigens eine Schöpfung des frühen siebzehnten Jahrhunderts, der Fruchtbringenden Gesellschaft. Bei den großen deutschen Wortschöpfern des achtzehnten Jahrhunderts ist es nicht anders, auch ihnen ist das Substantiv wichtiger als etwa das Adjektiv, und so betrachten sie die Sprache gleichsam botanisierend: Sie schaffen eine Spezies nach der anderen, mit den Mitteln der sprachlichen Klassifikation. Und nicht nur das: Substantive sind nicht ans Hier und Jetzt gebunden; sie können als Gedächtnis zurück in die Vergangenheit, als Erwartung voraus in die Zukunft eilen – sie können der weiteren Erfahrung vorgreifen, gleichsam als abstrakte mentale Behälter, in denen sich konkrete Empfindungen und Wahrnehmungen ablagern und die doch durch noch so viel Ablagerung nie ganz ausgefüllt werden. Im Überschuss des Abstrakten gegenüber dem Konkreten greifen Substantive auch auf die Zukunft hinaus. Deswegen sind sie unter Juristen so beliebt, und man sollte ihre poetische Kraft auch darin nicht unterschätzen. Denn gehört nicht die Rechtsprechung, getragen durch Juristen von Goethe über Kleist und E. T. A. Hoffmann bis zu Franz Kafka und Alexander Kluge, zu den großen sprachschöpferischen Kräften der deutschen Prosa, und zwar durchaus auch im Guten und Nützlichen?

Bei den Philosophen des deutschen Idealismus, bei den Theoretikern der »Vernunft«, des »Grundes« und des »Weltgeistes« erscheint dieses Begehren noch einmal gesteigert: Was sie zum Substantiv treibt, ist das Interesse am Resultat. Und so entschieden Georg Wilhelm Friedrich Hegel darauf besteht, seine Philosophie sei die Bewegung des Gedankens, so sehr offenbaren seine Sätze, wie das Bewegen darin zu einem Stillstand kommt – durch die Substantive, durch die Verwandlung von »bewegen« in »Bewegung«. Solche Substantive lassen das in seiner Philosophie niedergelegte Wissen als festen Besitz erscheinen, sie ziehen aus einer Entwicklung das Ergebnis ab, an ihnen hängen Wahrheit und System – bis hin zu Ausdrücken wie »Urstand« oder »Nichts-Ichts«, dem Wort für das Nichts und die Verneinung des Nichts, die der Görlitzer Schuhmacher und Mystiker Jakob Böhme im frühen siebzehnten Jahrhundert erfand, worauf Hegel bedauerte, dass wir so manchen »treffenden Ausdruck nicht gebrauchen dürfen«. Und sie tun es wirklich: weil im Aufhalten der Bewegung die Hoffnung verborgen ist, man möchte tatsächlich etwas begreifen, in die Hand bekommen, so dass man es halten und bergen kann. Das Besitzergreifende, ja ein gleichsam imperialer Zug, gehört ebenso zu diesem Denken wie die langen, in ihren Bezügen wenig übersichtlichen Sätze.

Denn die vielen deutschen Abstrakta auf »-ung«, »-heit« und »-keit« kommen oft in Begleitung von schwachen Verben daher: »auf den Begriff bringen«, »eine Gelegenheit wahrnehmen«, »eine Handlung ausführen«, »von etwas Gebrauch machen«, »ein Geständnis ablegen«. Einfach ist es, im Deutschen zu theoretisieren – die Bewegung geht sofort vom Besonderen ins Allgemeine. Und welche Möglichkeiten es gibt: Wenn man ein »Netz« hat, kann man »vernetzen«, und wenn man dieses wiederum in ein Hauptwort verwandelt, entsteht die »Vernetzung« und damit die blinde Bewunderung für den Umstand, dass dieser oder jener Mensch außer seinen Eltern, seinem Lebensgefährten und Kindern noch ein paar andere Menschen kennt.

Dabei sind Substantive mit »-ung« prinzipiell zweideutig. Denn einerseits wird ein Ereignis beschrieben, andererseits das Resultat. Schon »das Bewegen« ist leichter und eleganter als »die Bewegung«. Zwar sind Verben nicht grundsätzlich besser als Substantive, und substantivierte Infinitive sind nicht grundsätzlich besser als Wörter, die auf »-ung« enden. Es kann nützlich und schön sein, den Inhalt eines Verbs zu einem eigenen Gegenstand des Nachdenkens oder der Rede zu machen. Das »Bewegen« ist etwas anderes als die »Bewegung«, schlecht ist es nur, wenn der ungeschickte Schreiber Phrasen produziert, bei denen darüber nicht mehr nachgedacht wird. Denn zu viele Substantive schwächen ja den Satz. Außerdem werden sie, wenn sie gehäuft auftreten, syntaktisch-unklar; sie sind dann nicht mehr hinreichend zugewiesen.

Beliebt sind die Substantive in der Wissenschaft. Das müsse

so sein, könnte man mit Georg Wilhelm Friedrich Hegel sagen, denn wer wissenschaftlich schreibe, wolle zum Buchstabieren nötigen und den Eindruck erwecken, es gebe gar keine andere mögliche Formulierung für einen Sachverhalt. Erst die Schwierigkeit erzwingt, so gesehen, die Gründlichkeit, weswegen ein Philosoph, der auf sich hält, gar nicht schwierig genug sein kann. Zudem ist Hegel, wie in der Einleitung der *Phänomenologie des Geistes* niedergelegt, ohnehin der Ansicht, dass jeder seiner Sätze mindestens zweimal gelesen werden müsse, weil der Leser erst in der Wiederholung des grammatischen Satzes der dialektischen Bewegung des philologischen Satzes teilhaftig werde. Aber es geht hier nicht um die Hemmung des Lesens allein, und es geht auch nicht nur um die Eigenheiten einer spekulativen Aussage. Es geht, eigentlich, um die Anstrengung zur »Wissenschaftlichkeit« im buchstäblichen Sinne – und auch diese ist, als zum Substantiv geronnenes Verb, dem mit dem Suffix »-schaft« die Bedeutung seines Hergestelltseins hinzugefügt wird, die mit dem zweiten Suffix »-lich« in ein Adjektiv verwandelt ist, das mit dem dritten Suffix »-keit« vom Adjektiv zu einem abstrakten Substantiv erhoben wird, ein schönes Hegelsches Wort.

Es ist nun nicht zu übersehen, in Hunderten von Kommentaren, dass die philosophischen Zeitgenossen die Sprache des deutschen Idealismus als etwas völlig Neues empfanden. Dieses Neue ist schon bei Immanuel Kant gegenwärtig, auch wenn dieser, in unserer eigenen Wahrnehmung, sprachlich zu einer älteren Welt zu gehören und die Grenze zur Philosophie unserer Gegenwart nach ihm zu liegen scheint. Denn Kant ist noch in der lateinischen Welt der Gelehrten zur Schule gegangen. Er erlebt, und auch an sich selber, wie sich das Deutsche zu einer großen Sprache emanzipiert. Doch erst bei Fichte wird offenbar, wie sehr die Philosophie nun in der Form seiner Sprache die Nähe zur Erfahrung, zur alltäglichen Verständigung unter den Menschen sucht. Das gilt selbstverständlich auch und vor allem für den letzten großen Philosophen unter den Idealisten, eben für Georg Wilhelm Friedrich Hegel. Für die Neuigkeit dieser philosophischen Sprache haben wir heute keine Ohren mehr. Dafür, dass das Neue des Inhalts nicht zu trennen ist vom Neuen der Form, dafür, dass im Leben selbst hier eine, wie Dieter Henrich meint, »zuvor verstellte Dimension für die Theorie aufgehen soll«, dass dieser Sprache also ein spezifischer Enthusiasmus zugrunde liegt, sind unsere Sinne abgestumpft – so dass, in der Folge, sich das forciert Ergebnishafte dieser Lehren, eben die in einem Substantiv aufgehobene Chiffre, auch interpretatorisch als das Dauernde behauptet.

Es entsteht hier also das Paradox, dass im selben Maße, wie eine reine Sprache der Philosophie entstehen soll, mit einem gigantischen syntaktischen und lexikalischen Aufwand, auch deren Interpretationsbedürftigkeit wächst – eben durch das Sprachschöpferische dieser Philosophie. Immer hat man das Problem, die Doppeldeutigkeit – wörtliche und metaphorische Bedeutung – auseinanderzuhalten, das Verb »begreifen« also immer zumindest im Sinne von »hinlangen« wie von »verstehen« verstehen zu müssen. Dieses Spiel der etymologischen Anspielungen lädt dazu ein, es ins Unendliche fortzusetzen. Wenn sich Hegels Anhänger, um ein eher kurioses Beispiel zu nehmen, selbst als »Hegelinge« bezeichnen, halb spöttisch, halb kokett, so zeigt sich in diesem Wort nicht nur die Wirkung der romantischen Sprachforschung unter besonderer Berücksichtigung der schwäbischen Mundart und der Erschließung der Volksepen auch in ihrem Wortschatz, sondern auch ein Effekt der Hegelschen Sprache selber. Das Zweideutige hat hier System, und wie schnell gesellen sich die »Lehrlinge« und die »Sprösslinge« zu den »Hegelingen«, um von den »Engerlingen« gar nicht erst anzufangen.

Und dann erst das Kompositum, wird nun jemand aus dem Publikum rufen; findet sich hier nicht noch eine der Möglichkeiten, für jeden und alle, im Deutschen sprachschöpferisch zu wirken? Ist es nicht bekanntermaßen so, dass keine europäische Sprache mit solcher Begeisterung einzelne Substantive zu neuen Wörtern verknüpft wie das Deutsche und dass es immer mehr Komposita gibt? »Im Nibelungenlied stehen nur 86 zusammengesetzte Hauptwörter«, zählt Eduard Engel. »Grimms Wörterbuch enthält 730 Zusammensetzungen mit Land, über 600 mit Hand, 510 mit Geist, 434 mit Mensch, 287 mit Liebe – die von anderen um mehr als 600 bereichert wurden –, 144 mit Bier, sicher unvollständig.« Und es sind schöne Wörter darunter: Bei Klopstock taucht das »Hohngelächter« zum ersten Mal auf. Lessing benutzt es dann in der *Emilia Galotti* wieder. Goethe kennt im ersten Teil des *Faust* den »Unglücksmann« und den »Wonnegraus«. Der Dichter Robert Walser erfindet die Wörter »das Nachtvogelhaftscheue« und »das Angstmeierliche« – und setzt so eine Eindruckskunst fort, die auf den sprachlichen Impressionismus des späten neunzehnten Jahrhunderts zurückgeht, auf den Lyriker Detlev von Liliencron etwa, der »flügelschwere Krähenschwärme« und »dünndämmrige Morgenhimmel« erfindet. Auch Thomas Bernhards »Weinstöpselfabrikant« hat einen skurrilen Reiz, der eng mit seiner Haltung zur Welt verbunden ist, und der »Pumphosenspießer« ist auch nicht schlecht. Denn das Fluchen und Schimpfen kennt keine Satzbögen; es ist nicht fähig zu einer ausgearbeiteten Syntax: Alles muss hinaus, jetzt, sofort. Und so kommt es zu Thomas Bernhards Tiraden in Einzelwörtern, die eigentlich alle kondensierte Sätze sind.

Aber die besondere Liebe der Deutschen zu den zusammengesetzten Substantiven ist eine Legende. Genauer: in anderen Sprachen werden solche Zusammensetzungen genauso geliebt. Sie sehen nur nicht so aus. Oder wie ist das mit Wortmonstren wie »World Heritage Committee Members«? Im Englischen gehen die Komposita offenbar noch schneller von der Hand, und da die englischen Wörter meistens unveränderlich sind, also nicht dekliniert werden, bietet die Sprache den Zusammensetzungen noch weniger Widerstand. Aber das Englische schreibt jedes Wort mit Abstand und sagt damit dem Leser noch nicht einmal, wo das Kompositum anfängt und wo es aufhört. Die Legende von der Einzigartigkeit der deutschen Komposita beruht also auf einem Missverständnis, das die Orthographie stiftet. Dabei kann ein Kompositum sehr sinnvoll sein, denn es präsentiert das »Wort« im linguistischen Sinn (im gesprochenen Deutsch wird das Wort durch die Betonung geklärt, mit dem Akzent auf dem Bestimmungswort) als die gedankliche Einheit, die es ist. Und die Fuge zwischen den Teilen wird oft durch ein »-s« oder ein »-n« bezeichnet.

Die unendlichen Möglichkeiten, Zusammensetzungen zu bilden, verführen dazu, im Guten wie im Schlechten, vielfältige Wendungen in nur einem Wort zusammenzufassen. Denn alles, was Substantiv ist oder wird, lässt sich frei verbinden, paaren und im Sinn verkehren: Die »Holztür« ist aus Holz, der »Holzbohrer« ist es nicht, und »Holzschutz« ist schon gleich gar eine ganz andere Sache. Meist tritt das Wichtigere zuerst auf, das, was man zuerst sieht. Aber es muss nicht so sein: Richtiger wäre es zu sagen, dass das Grundwort durch ein Bestimmungswort »bestimmt«, das heißt: in seiner Bedeutung eingeschränkt wird. Doch wie immer im Lexikon ist die Bandbreite erheblich. Ein »Ledermantel« ist ein Mantel aus Leder, aber ein »Regenmantel« ist kein Mantel aus Regen, die »Rinderwurst« ist vom Rind, die »Kinderwurst« nicht vom Kind. Komposita werden häufig bei Tieren und Pflanzen gebildet, weil die deutsche Sprache für Flora und Fauna nur über wenige Grundwörter verfügt und also aus bekannten Elementen etwas Neues machen muss: den »Weißbrauenspecht« und den »Stirnlappenbasilisken«. Diese Art, sich mit Flora und Fauna zu beschäftigen, beseelt noch Brigitte Kronauer, eine der großen Sprachkünstlerinnen unserer Zeit, wenn sie sich an ihre botanisierende Kindheit erinnert: »Jedenfalls habe ich zwischen fünf und dreizehn Jahren jedes überwucherte Restparadiesgärtchen, jede Neuansiedlung eines noch so winzigen Trümmeridylls, oft war es das sogenannte und stets verlauste ›Trümmerlieschen‹ (= schmalblättriges Weideröschen), zwischen den zusammengebrochenen Häusern unserer damaligen Umgebung aufgespürt und in heimlichen Nachmittagssitzungen, in hastigen Verweilpausen vor und nach der Schule zu meinem unumschränkten Eigentum erklärt.«

Der Humor von Christian Morgenstern, einem der lustigsten deutschen Schriftsteller, hängt an Wörtern wie: »Vierviertelschwein« und »Auftakteule«, »Kamelente« und »Nachtschelm«. Bei manchen Wörtern werden die Fügungen verwischt, so etwa beim »Waschlappen«. Der »Elchtest« war eine bleibend gelungene Erfindung, aus der man lernen kann, dass die allgemeine Geltung von Komposita, die dann irgendwann durch einen Eintrag im Wörterbuch bestätigt wird, einzig und allein durch den Gebrauch geschaffen wird. Und historisch werden die Zusammensetzungen immer kühner: der »Karikaturenstreit« mag ja noch angehen, aber was ist mit dem »Schurkenstaat« oder dem »Arschgeweih«? Und mit dem »Klimakiller«? Es ist immer Klima, aber es herrscht ein großer Unterschied zwischen einem Klima, das dem Menschen zuträglich ist, und einem, das man lieber meiden möchte. Ein gekilltes Klima aber gibt es ebenso wenig wie ein Klima, das killt.

Unübersichtlicher noch wird es, wenn nicht nur zwei

Wörter, sondern ganze Wortgruppen ineinanderwachsen wie in der »Deutschgarantieklasse« oder der »Grünanlagensatzung«. Schnell bilden sich bizarre, sich windende Tausendfüßler. Spätestens bei dreiteiligen Zusammensetzungen sind die Bezüge unklar, wenn damit ohne Geschmack und ohne Bewusstsein für die Sprache hantiert wird. Solche Komposita gelingen nur dann, wenn sie auf das Lexikon zurückgreifen. Was ein »Kreistierarzt« ist, wird man also noch wissen. Aber es lässt sich mit einem Bindestrich einfacher verstehen: »Kreis-Tierarzt«. Im »Weltkulturerbe« steckt aber schon ein ganzer Satz, und wenn man nicht mit den Angelegenheiten der Unesco vertraut ist, weiß man nicht, wie er gebaut ist – ist es das Erbe der Weltkultur, um das es dabei geht? Oder soll die ganze Welt der Erbe einer Kultur sein? Die »Datenvorratsspeicherung« ist noch schwieriger. Denn es steckt zumindest ein halber Pleonasmus, eine Verdopplung darin, nämlich »Vorrat« und »Speicher«. Mit dem »Weltkulturerbe« und der »Datenvorratsspeicherung« ist es daher wie mit dem »Zielstockwerk«: Sie sind formelhaft abkürzende Hauptwörter. In ihnen wird eine forcierte Regionalisierung der deutschen Sprache betrieben, wobei unter »Regionalisierung« nicht Landschaften zu verstehen sind, sondern soziale, bürokratische oder politische Biotope. Zudem neigen solche Komposita dazu, für sich selbst zu stark zu werden, in falsche Hände zu geraten, sich zu schnell auszubreiten und dann jeden Nutzen zu zerstören, den sie vielleicht besaßen, als sie neu waren: der »Paradigmawechsel« ist ein solches Wort und auch die »Wirtschaftskrise«.

Die Leidenschaft für das Substantiv ist damit noch keineswegs an ihr Ende gelangt. Mit dem Präsentationsprogramm »Powerpoint« und seinen Verwandten ist das Substantiv eine Verbindung mit Graphik und Fotografie eingegangen, die alle Schrift statuarischer macht, als sie eigentlich ist – sichtbar daran, dass es eben hauptsächlich »Nominalisierungen und andere Formen komprimierter Satzstrukturen« sind, die da auf die Leinwand projiziert werden (so wie sie früher auf die Tafel geschrieben wurden, aber das geschah ja noch meistens zum Zweck des Unterrichts). Bedeuten und Verweisen, Repräsentieren und Präsentieren laufen in solchen Darbietungen ineinander: »So ist es«, sagt jede Folie, wenn sie auf die Leinwand projiziert ist, herausgelöst aus Raum und Zeit, mit Nachdruck und Bedeutung aufgeladen, und die Substantive, die auf der Folie zu lesen sind, repräsentieren sich gleichsam erst einmal selbst, bevor sie Sinn und Bedeutung annehmen. Und dabei weiß jeder Betrachter, dass das Wort, das da auf der weißen Fläche erscheint, der einzig mögliche Ort seiner eigenen Aufbewahrung ist. Eine solche Präsentation ist die einzige Zufluchtsstätte ihrer selbst. Jedes an die Wand geworfene Wort ist eine Fiktion, und je mehr es davon gibt, desto vollständiger wird das so entstehende universale Asyl der »Visionen«: eine Welt aus Hauptwörtern.

19. Johann Wolfgang Goethe geht unter das Volk: Mündliches und Schriftliches

Als der sechsundzwanzigjährige Jurist und Dichter Johann Wolfgang Goethe im November 1775 als Fürstenerzieher nach Weimar kam, waren von seinen großen literarischen Arbeiten nur der *Götz von Berlichingen* und der *Werther* publiziert. Sie, in einem neuen, wider alle Vorstellung von einem »edlen« Stil geschrieben, mit scharfen, manchmal groben Bezeichnungen vor allem für Gegenstände aus der sinnlichen Welt, hatten ihn zu einem interessanten, zu einem öffentlichen Menschen gemacht. Hier, so schien es, wurden die Dinge plötzlich beim Namen genannt, bis an die Grenze des Schicklichen und darüber hinaus. Im *Götz von Berlichingen* heißt es, zum ersten Mal in einem literarischen Werke »zu Gesicht kriegen« statt »zu Gesichte bekommen«. In den Jahren darauf, in den zwei, drei Dekaden, aus denen dann die »Weimarer Klassik« entsteht, entwickelte sich, am Ideal einer literarisch gefassten Mündlichkeit, die erste und zugleich letzte mit der Grammatik konforme poetische deutsche Mustersprache. Ihr galt dann der gymnasiale Deutschunterricht bis weit ins zwanzigste Jahrhundert hinein.

Noch bei Friedrich dem Großen ist es so, dass sich der König und sein Volk nicht verstehen, auch nicht verstehen können, weil er dessen Sprache für roh und ungehobelt hält – dann beginnt eine große Literatur, und der König urteilt: »On peut pardonner à Shakespeare ces écarts bizarres; car la naissance des arts n'est jamais le point de leur maturité. Mais voilà encore un Götz de Berlichingen qui paraît sur la scène, imitation détestable de ces mauvaises pièces anglaises; et le parterre applaudit et demande avec enthousiasme la répétition de ces dégoûtantes platitudes« – »Shakespeare kann man diese bizarren Ausfälle verzeihen«, schreibt der König im Jahr 1780, »denn die Geburt ist in den Künsten niemals der Punkt der Reife. Aber dann erscheint da ein Götz von Berlichingen auf der Bühne, eine abscheuliche Nachahmung dieser schlechten englischen Stücke; und das Parterre applaudiert und fordert mit Begeisterung die Wiederholung dieser geschmacklosen Platitüden.« Denn plötzlich gibt es Theaterstücke, die im gesamten deutschen Sprachraum aufgeführt und verstanden werden, und jedes Wort ist für alle da, und das gilt für Wieland, für Voß, für Lessing, für Goethe und Schiller. Diese Allgemeinheit hätte es nicht gegeben, wäre der Anteil der Kultursprache am Deutschen nicht schon sehr hoch gewesen – aber sie setzte auch einiges voraus: Evidenz und Übergründlichkeit, wie sie aus dem Theater kommen, die Gegenwart der politischen und sozialen Aktualität in der Literatur (die *Minna von Barnhelm* entsteht kurz nach dem Siebenjährigen Krieg, der *Werther* verhandelt die neue Religion der Liebe) und ein Publikum, dem die kulturellen Ereignisse vor allem in Paris, aber auch in anderen europäischen Hauptstädten gegenwärtig sind.

»Es war getan fast eh' gedacht«, heißt es in »Willkomm und Abschied«, dem 1770 entstandenen Gedicht für die Straßburger Liebe Friederike Brion. Ein Wetterleuchten, dann ein Blitz, der im jungen Goethe niedergeht, und die Gewichte der Welt haben sich vom Objektiven ins Subjektive verschoben: Von nun an wünscht man dem Helden um seinetwillen ein Durchkommen. »Ich bin nun ganz eingeschifft auf der Woge der Welt«, berichtet Goethe sechs Jahre später nach seiner Ankunft in Weimar an den väterlichen Freund Johann Kaspar Lavater, »voll entschlossen: zu entdecken, oder mich mit aller Ladung in die Luft zu sprengen.« Der Sturm und Drang hatte Bodenhaftung bekommen, leicht, anmutig, im Vertrauen auf die eigene Kraft und die Gunst des Augenblicks, von der ersten Besichtigung des Bergwerks in Ilmenau im August 1776 über die Wegebaukommission und die Kriegskommission bis hin zur Verantwortung für die Staatsfinanzen im Jahr 1782, die in einer radikalen Verkleinerung der Weimarer Infanterie kulminierte. Auch das Bild für diese sich erstaunlich schnell vollziehende, aber gar nicht eilig wirkende, ja sogar zuweilen tändelnde Verfertigung eines Plans mitten im Leben hatte Goethe gefunden: Es ist der Eisläufer. »Nur die Fläche bestimmt die kreisenden Bahnen des Lebens; / Ist sie glatt, so vergißt jeder die nahe Gefahr.« Das Wort »Wunder« mag zu hoch gegriffen sein, und doch hat die plötzliche Entstehung einer deutschen Kultursprache, eben weil sie sich aus nur unzulänglich erfassbaren Gründen vollzieht und doch von so grundsätzlich verändernder Wirkung ist, etwas sehr Erstaunliches – und zwar nicht nur, weil die intellektuell führenden Menschen jener Zeit sich in ihrem Unternehmen, eine radikale Erweiterung, ja Verbesserung der deutschen Sprache herbeizuführen, so einig waren, sondern auch, weil sie damit auf so viel Gehör stießen.

Was, bei Goethe selbst und in seinen Kreisen, mit der deutschen Sprache geschah, dieses Umschlagen von Mündlichkeit in Schriftlichkeit, oder genauer: von einem Ideal von Mündlichkeit in Schriftlichkeit, vom Auge ins Ohr ins Auge, kann im selben Bild aufgehen: Man wagt sich hinaus auf das Eis, probiert ein paar Schritte, und plötzlich ist da eine Festigkeit und eine Gewandtheit, wo man weder das eine noch das andere hätte erwarten können. Etwas ist getan, kaum dass man sich's versah. Wobei man sich das Neue gar nicht neu, gar nicht genial genug vorstellen kann: Ein Franzose des späten achtzehnten Jahrhunderts hätte Lessings Angriffe gegen den Hallenser Hofrat Klotz und dessen »Papiersprache« schlicht nicht verstanden, so unzugänglich wäre ihm gewesen, dass die geschriebene gesprochene Sprache über der Schriftsprache hätte stehen sollen. Und überhaupt: Als das Französische zur Kultursprache wurde, im sechzehnten Jahrhundert, geschah es nicht nur aus dem Wunsch, das Sprechen der aristokratischen Damen des Hofes zu sanktionieren, sondern auch aus dem Bedürfnis, mit dem Lateinischen oder dem Italienischen mithalten zu können. Weil er das Französische genauso vornehm wie die klassischen Sprachen haben wollte, hatte zum Beispiel der erste »Sprachpfleger« Frankreichs, der Drucker Geoffroy Tory, den Kampf gegen die »niedrigen« Wörter, gegen den Schwulst und gegen zu viel Latein aufgenommen. Das neue Deutsche sollte aber nicht vornehm, sondern wahr sein.

Die Rede muss Schrift werden, damit ein neues Deutsch

entstehen kann. Und man braucht, allem Enthusiasmus des unverstellten Ausdrucks zum Trotz, ein starres Gerüst, damit sich flüchtige Gedanken daran festsetzen, Reize zu Erfahrungen verdichten, gärende Einfälle zu klaren Gedanken läutern können. Und wenn das gelingt – und wie es gelingt, kann man bei den Schriftstellern jener Zeit sehen –, erhält die Sprache etwas Jubilierendes selbst dann, wenn sie von schlimmen oder traurigen Dingen spricht, es schwingt ein Ton von Erfüllung mit, weil ein Zwang überwunden ist und sich diese Überwindung erleben lässt.

Ein Zwischenrufer, dem das ganze Unternehmen offenbar auch unheimlich war, war Lichtenberg: »Wir haben Originale und hohen Genius unter uns. Hier in der Ewigkeit, dort in der Ewigkeit, dort, dort, dort ists noch wie ein weißer Punkt, immer kleiner, immer grauer, immer spitzer – – ho, ho, – nun ists fort. O wenn wir Worte hätten, ein Buch ein Wort, ein Wort ein Buch, aber hoher Genius und euer Deutsch, eure Grammatik, guckt, guckt, Colossus badet sich in einem Fingerhut.« Großes Gehör fand Lichtenberg damit nicht, und er tat es umso weniger, als der Erfolg den Genies so recht gab – und Lichtenberg selbst zumindest ein Original, wenn nicht selber ein Genie war.

Doch Tradition gibt es auch hier, auch wenn man sich ihrer nicht mit Begeisterung erinnert. Das unverstellte Sich-Aussprechen einer Seele hat eine eigene Geschichte. Sie führt zurück in die christliche Mystik, in den Protestantismus und den Pietismus, und in den ersten Werken in der neuen Sprache ist diese Herkunft nicht zu verkennen: John Miltons *Paradise Lost*, im deutschen Sprachraum durch Bodmer bekannt gemacht, behandelt einen christlichen Stoff im Duktus eines antiken Epos ebenso wie Klopstocks *Messias*. Homers Epen wie Shakespeares Dramen wurden, nachdem sie ihren Weg ins Deutsche gefunden hatten, in einer Weise verehrt, wie sie bis dahin allein den heiligen Testamenten zugekommen war. »Die Sprache«, rief Gottfried August Bürger, der sich besonders um die »Popularität« der Dichtkunst bemühte, »die nie göttlich genug zu verehrende Sprache! Sie, das teuerste, heiligste Werkzeug des wirkenden Menschengeistes.« Wie sich hier die Religion, die protestantische Religion im wörtlichen, häretischen Sinn, und die Begeisterung für die Dichtung mischen! Verlangt wurde nach dem neuen Wort, und Wortschöpfer vor allen anderen waren die Mystiker gewesen. Aber jetzt wurde nicht mehr die Bibel gelesen, also das Alte in immer wieder neuen Wiederholungen – der größte aller »pädagogischen Irrwege«, wie Jean Paul meinte –, sondern es wurde selbst geschrieben.

Als die Dichter und Gelehrten des späten achtzehnten Jahrhunderts begannen (genauer: als sie wieder begannen, aber dieses Mal hatten sie großen Erfolg), sich die gesprochene Sprache zum stilistischen Vorbild ihrer Werke zu nehmen und also die Schriftsprache wieder näher an das Mündliche zu bringen, lag darin ein unvergleichlich großer zivilisatorischer Gewinn. Die Sprache verlor ihre Härte, denn Substantive sind nicht so geschmeidig wie Verben, die in der gesprochenen Sprache eine ungleich größere Rolle spielen als in der formalisierten Schriftsprache, sie überlässt sich dem Augenblick und seiner Lebendigkeit. Die größte Anstrengung bei der Bildung einer neuen deutschen Sprache aber ging, seit dem sechzehnten Jahrhundert, in das Finden von Wörtern. Gesucht wurden Lehnwörter, die das Original überflüssig machen, Wörter, die tun, was die aus dem Französischen und Lateinischen übernommenen Wörter leisten, aber auf Deutsch. Lessing lehnt das Wort »Rücksicht« ab, weil es ihm zu künstlich ist. Der Schmetterling ist eine Erfindung aus Obersachsen, wo Hermann Paul einen Beleg aus dem Jahr 1501 findet, oder aus dem Vogtland, von Jean Paul, der sich dafür vom tschechischen »Smetana« (der »Sahne«, wie im Englischen »butterfly«) inspirieren ließ, während Goethe den »Sommervogel« bevorzugte. Mit den neuen Wörtern zieht etwas Beschreibendes, ja Malerisches in die deutsche Sprache ein. Man erkennt es sofort, wenn man das »Krankenhaus« neben dem »Hospital« sieht und das »Feingefühl« neben der »délicatesse«. Und wenn auch viele der neuen Wörter konstruiert erscheinen und manche sich nicht durchsetzen konnten, so war doch das Bewusstsein eines gewaltigen Aufbruchs mit diesen Schöpfungen verbunden. Denn das neue Wort war auch eine neue Erfahrung, und das neue Wort war immer deutsch.

Diese Mündlichkeit ist an die Schrift gebunden, und sie endet in ihr. In Adam Müllers *Zwölf Reden über die Beredsamkeit und deren Verfall in Deutschland* ist zwar viel vom Reden die Rede, und Friedrich Schiller wird darin zum »größten Redner der deutschen Nation« erhoben. Aber Schiller schrieb weitaus mehr, als er öffentlich redete, »weil er gehört werden wollte und weil die Poesie eine Art von Publikum in Deutschland hatte, die Beredsamkeit aber keines« – und auch Adam Müllers Reden wurden in Buchform verbreitet. Überhaupt ist bis heute die Vorstellung im Umlauf, es gebe so wenig gute deutsche Prosa, weil die Erfahrung der öffentlichen Rede fehle, vor allem eines ungünstigen Verlaufs der Nationalgeschichte wegen, in der es an Parlamenten, Salons und höfischer Beredsamkeit gefehlt habe, wogegen den Ritualen, auswendig gelernten Formeln und dem Kanzleistil allzu viel Bedeutung zugemessen worden sei. So wurde die öffentliche, vor allem: die öffentliche politische Rede ein nationales Ideal, begleitet von Vorstellungen herrlicher, freier, mündlicher Charaktere, die solche Reden hielten – was dann eben dazu führte, dass solche Reden nicht gehalten, sondern geschrieben und nur als geschriebene weitergetragen wurden.

Geredet wurde woanders. Die Frühromantik wird zwar heute hauptsächlich germanistisch wahrgenommen, als eine Periode der Entwürfe, der Fragmente, der Aphorismen. Sie war aber auch und zumindest in gleichem Maße: Vorlesung, was man in den begeisterten Berichten der Studenten nachlesen kann, die bei August Wilhelm Schlegel die Vorträge über dramatische Kunst und Literatur, bei Friedrich Schlegel die geschichtsphilosophischen Vorträge oder bei Alexander von Humboldt die »Kosmos«-Vorträge gehört hatten. Die Sprache der Vorlesung ist nämlich ein Zwitter, eine manuskriptgestützte Rede mit mehr oder minder hohen Anteilen von Improvisation, eine höchst privilegierte akademische Veranstaltung und weit mehr als ein Ersatz für die eigene Lektüre (und dieser Ersatz war im frühen neunzehnten Jahrhundert notwendig, weil die Studenten sich kaum Bücher kaufen konnten): Sie ordnet und gradiert das Wissen, viel mehr, als dies in einem Seminar geschehen kann, sie führt ein, strukturiert, lässt einen sozialen Zusammenhang entstehen, der nicht über die Gruppe, sondern über den Gegenstand definiert ist, und sie schafft, wenn sie gelingt, das Vertrauen in den Professor, das er seinerseits braucht, um ein guter Lehrer zu sein. Gewiss, es ist bekannt, dass Hegel ein schlechter Vorleser war. Das ändert aber nichts am Prinzip der Vorlesung, das dem Prinzip der reinen Lehre zumindest relativierend gegenübersteht. So kommt es, dass der gelehrte Vortrag, bis weit ins zwanzigste Jahrhundert hinein, bis zu Dolf Sternberger oder Klaus Heinrich oder Albrecht Schöne, immer auch eine Darbietung der deutschen Sprache war.

Vom Beugen

20. Eckhard Henscheid pflückt Kamelien: Artikel, Adjektive und einfacher Stil

Ein Schläfer ist Bertolt Brecht. Irgendwann in den achtziger Jahren des zwanzigsten Jahrhunderts ist er hinweggedämmert, eingesunken in eine Zwischenwelt, die nicht mehr ganz aus dem Feuilleton und noch nicht ganz aus der Literaturgeschichte besteht. Nur ein Bild ist von ihm zurückgeblieben. Es scheint mehr die Person als das Werk darzustellen, einen Mann mit speckiger Mütze und schmutzigen Fingernägeln, einen unzuverlässigen Liebhaber und gelegentlichen Dieb geistigen Eigentums. Aber ungewaschen waren auch andere, ungleich beliebtere Dichter, und der intellektuelle Vampirismus ist eine ebenso verbreitete wie unvermeidliche Erscheinung. Dieses Bild, so ist zu fürchten, gibt es nur, weil sich etwas anderes dahinter verbirgt: die Abneigung gegen diesen Mann und der Unwille gegenüber der Parteilichkeit, mit der Bertolt Brecht für eine heute vergangene, obsolet gewordene Weltanschauung – und dann: deren Staat, die DDR – eintrat. Sie wird, im Bewusstsein eines beileibe nicht selbst erworbenen Triumphes, mit einer anderen Parteilichkeit beantwortet: Sie richtet sich gegen Bertolt Brecht.

Bertolt Brecht ist, aller Aufsässigkeit zum Trotz, ein Klassizist. Nicht, weil er versucht hätte, die Weimarer Klassik, deren Techniken oder geistige Haltungen in das zwanzigste Jahrhundert zu übertragen, sondern weil er, und das zuweilen frenetisch, nach Wirkung trachtete, weil er seine Leser, Zuschauer, Zuhörer ergreifen, mitnehmen, hinwegreißen wollte. Er wurde, nachdem er den Expressionismus der frühen Dramen, des *Baal* und der *Trommeln in der Nacht*, hinter sich gelassen hatte, zum Klassizisten, weil er ein Klassiker zu sein begehrte: so klar, so einfach, so schlicht, so einprägsam wie möglich, unter Einsatz aller Genres und Techniken, von Odenstrophe bis Kinderlied, und an Verstand und Einfühlung fehlte es ihm dabei gewiss nicht.

Erkennbar ist das schon an einem so schlichten Vers wie dem bekannten: »Bei den Hochgestellten gilt das Reden vom Essen als niedrig. Das kommt: sie haben schon gegessen.« Darauf muss man erst einmal kommen – weniger auf die simple Botschaft, die ist geschenkt, als vielmehr auf diesen einen technischen und scheinbar groben Trick: den Verzicht auf die Konjunktion, wodurch sich der untergeordnete Satz »sie haben schon gegessen« der Form nach in einen Hauptsatz verwandelt, einschließlich des Stockens, des Stimmsprungs, der beim mündlichen Vortrag an der Stelle erforderlich wird, an der in der Schriftform der Doppelpunkt steht.

Bertolt Brecht ist ein Schriftsteller der einfachen Sätze, der Drei-Wort-, Fünf-Wort-, Sieben-Wort-Sätze. Brecht, das ist: ein Substantiv, ein Verb, noch ein Substantiv, Kürze, Schärfe und Genauigkeit, ein scheinbar kalter Blick, das äußerst reduzierte und umso wirkungsvollere Pathos, die ins Typische, in die knappe Charakteristik schießende Phantasie. Herr Keuner ist aufgrund dieser Qualitäten ins kulturelle Gemeingut der Deutschen eingezogen: »Herr K. liebte die Katzen nicht. Sie schienen ihm keine Freunde der Menschen zu sein; also war er auch nicht ihr Freund.« Dieser Stil speist sich aus der Vorstellung eines klassenlosen Publikums, wobei die niederen Schichten den Ton abgeben. Zeit soll dieser Stil sparen, Energie, er soll Hürden abbauen und sagen: So kompliziert ist das alles nicht. Und überhaupt – ist nicht schon der Umstand, dass man alle langen Satzbögen in kurze Sätze verwandeln kann, ein Beweis dafür, dass alles Schwierige eine Schutzbehauptung von Gegnern der Revolution sein muss?

Gewiss, auch Bertolt Brecht benutzt Adjektive, er macht Nebensätze, er setzt die Artikel. Oft aber hat der Leser bei ihm den Eindruck, es wäre ihm lieber, könnte er weniger Worte machen: »Der Denkende benützt kein Licht zuviel, kein Stück Brot zuviel, keinen Gedanken zuviel.« Wenn das »der« am Anfang des Satzes nicht wäre – klänge diese Botschaft, in ihrer lakonischen Form und in ihrem Appell an die knappe Form, nicht fast wie eine Anrufung der römischen Antike? Denn im Lateinischen gibt es keine Artikel. Dort werden, wenn unbedingt erforderlich, nur artikelähnliche Pronomina verwendet. Diese sind mit einem erheblichen Aufwand verbunden, weil dann entweder Demonstrativpronomen (bestimmt) benutzt werden müssen oder die Form »ein gewisser«. Der Artikel im Deutschen hat sich aus den Demonstrativa entwickelt und ist dagegen kompakter und zweckmäßiger. Das liegt vor allem daran, dass der Artikel ohne Kasus gar nicht vorkommt. Und auch nicht ohne Genus und Numerus. Diese drei Funktionen muss man im Artikel selbst unterscheiden. Und weil das meistens gelingt, hat auch das zur Folge, dass die Stellung der Satzteile, besonders die strategisch wichtige Stelle am Satzanfang, eher frei ist – die grammatische Funktion wird ja am Artikel markiert. Das setzt voraus, dass das grammatische Genus stabil ist, und das ist es für Muttersprachler in sehr hohem Maße – nichts verrät demgegenüber den Fremdsprachler leichter als eine Genusunsicherheit. Ein paar dialektale Besonderheiten werden von denen, die sie kennen, als besonders kurios angesehen, also dass man in Frankfurt »die Bach« und in den südlichen Dialekten »das Teller« sagt.

Die Genera stammen aus einer sehr alten Sprachschicht, aus einer Zeit, als den Menschen die gesamte Welt nach dem Modell ihrer eigenen Geschlechtlichkeit erschienen sein muss. In vielen europäischen Sprachen ist die Zahl der Genera reduziert, im Französischen und Italienischen auf zwei, nämlich männlich und weiblich, im Niederländischen und im Schwedischen auch auf zwei, aber auf männlich/weiblich und sächlich. Das Englische hat alle drei neutralisiert und kennt nur noch »the«. Wie sich die Geschlechter im Deutschen auf die Substantive verteilen, ist also schlicht nicht einsichtig, wenn man nicht tief in die Etymologie steigt, und warum es »das Tuch« heißt, aber »der Fluch«, »die Frau«, aber »das Weib«, bleibt keineswegs nur dem Ausländer auf immer verschlossen. Es hängt allerdings nicht viel davon ab, auch wenn man beim grammatischen Genus manchmal ein natürliches Geschlecht durchschimmern sehen oder gewissen Gegenständen einen Hang zur Männlichkeit oder zur Weiblichkeit unterschieben kann – was unbewusst wohl oft geschieht, aber einem erst – wie bei der »Liebe« (»un amour«) oder der Sonne (»il sole«) – beim Übersetzen bewusst wird.

Aber, bei aller Sparsamkeit – auch Bertolt Brecht benutzt Adjektive, und manchmal sogar mehrere. »Herr Keuner sagte: ›Auch ich habe einmal eine aristokratische Haltung (ihr wisst: grade, aufrecht und stolz, den Kopf zurückgeworfen) eingenommen. Ich stand nämlich in steigendem Wasser. Da es mir bis zum Kinn ging, nahm ich diese Haltung ein.‹« Gewiss, er nimmt einen Teil der Adjektive zurück in eine Einschiebung. Sonst hätte er vielleicht von einer »graden, aufrechten und stolzen Haltung« sprechen müssen. Trotzdem sind sie da, denn sie haben eine Aufgabe: Sie qualifizieren Substantive. Das tun sie entweder als direktes Attribut – »das graue Sofa« – oder in Verbindung mit dem Prädikat – »das Sofa ist grau«. Ohne (morphologische) Änderungen dient das Wort auch als Adverb: »Das hast du schön gesagt« – im Englischen hängt man in einem solchen Fall immer ein »-ly« an, damit das Adverb als solches markiert werde. Ein solches Adjektiv ist kein Schmuck.

Aber es kann leicht dazu werden. Denn Adjektive wuchern gern, verwandeln sich in »Schlingpflanzen«, oft bei den schlechteren, ungeübten Autoren, manchmal auch bei guten. Denn statt die Dinge schlicht zu schildern, wie sie sind, und zu erklären, was zu erklären ist, meinen sie dem Leser ihre Urteile aufdrängen zu müssen. Obwohl – auch über solche Umwege können selten schöne Gewächse entstehen. Ein großer Züchter von Schlingpflanzen, und oft von solchen der bizarren Sorte, ist zum Beispiel Eckhard Henscheid: »Die graustruppigen Augenbrauen bebten leicht in Schmerz«, heißt es in seinem Roman *Dolce Madonna Bionda* aus dem Jahr 1983, »Der trockene, etwas zu bleiche Mund stand – sinnend? abwartend? – leichthin offen und nahm nach kurzem Zögern, hinter dem freilich ein Kosmos Lebenserfahrung lungern mochte, halbgeschlossenen Auges einen Schluck Espresso auf.« Die Haltung ist hier gleichsam barock: mit eingeschobenen Fragen oder Ausrufen, Beteuerungen und Imperativen, mit zusammengesetzten Adjektiven (Gryphius' »grimmiggraus« wäre durchaus auch ein Wort für Eckhard Henscheid), mit hyperbolischen Bildern und Umschreibungen und einer Vorliebe für Antithesen. Eckhard Henscheid liebt die Arabesken. Er kultiviert einen Stopfstil, der nichts verschweigen kann und jeden Einfall sofort präsentiert. Etüden in Sehnsucht sind solche Sätze, gebrochener Kitsch, mit einem schwankenden Helden, dem die Oper des Risorgimento mit ihren großen, absurden Gefühlen ins Hirn und unter die Haut gefahren ist und der dann auf ein Italien stößt, das von seinen Empfindungen nur noch Slapstick übriglässt –

worauf sich dann die vielen prächtigen Adjektive, Adverbien, Einschübe um einen Protagonisten winden, der aussieht, als habe man einen Sachbearbeiter aus dem Finanzamt von Amberg, einen schüchternen Herrn mittleren Alters, mit Küssen und Kamelien überschüttet.

Dann denkt sich der Leser seinen Teil. Und denken sollte er, denn so befreit er sich und seinen Kopf. Nicht alle Schreiber wissen das, und viele wollen es nicht wissen, in ihrem Eifer, den Leser auf ihre Seite zu ziehen. Günter Grass ist einer von ihnen: »Es ging um Schreibweise, Klangfarbe, Verteutschung, um Neuwörter«, erzählt er in seinem kleinen Roman *Das Treffen in Telgte*, einer Allegorie, in der die deutschen Dichter im Jahr 1647, ein Jahr vor dem Ende des Dreißigjährigen Krieges, um die Nation und ihre Sprache ringen. »Bald hatte man sich theologisch verstrickt. Denn fromm waren sie alle. Jede protestantische Besserwisserei wurde verfochten. Jedermann glaubte sich näher an Gott. Keiner erlaubte dem Zweifel, sein Glaubensdach abzuklopfen. Nur Logau, in dem (uneingestanden) ein Freigeist steckte, verletzte mit seiner anrüchigen Ironie Protestanten und Calvinisten: Wenn man der altdeutschen und neuevangelischen Scholastik ein Weilchen zugehört hätte, möchte man flugs papistisch werden, rief er.« Wer ist es, der hier mitten im deutschen Barock von »Ironie« sprechen will, gar von »anrüchiger Ironie« (wer ist es, der hier Erzählhaltungen bewertet?)? Und wer ist der vermutlich protestantische Besserwisser, der ein modernes Bewusstsein von Erzählhaltung in die angeblich bei Speck und Braunbier versammelte Gemeinschaft hineinträgt und dem Publikum das überlegen wissende Schmunzeln als Rezeptionshaltung vorschreibt? Es muss ein Erzähler sein, der schwach ist, gerade weil er so stark zu sein glaubt.

Dem Leser mitzuteilen, etwas sei »wunderbar« oder »hinreißend«, »ekelhaft«, »anrüchig« oder »widerlich«, ist erzählerisch blass, weil es zum Urteil keine Anschauung gibt. Es »geschmacklos« zu nennen ist, weil nur negativ, noch schwächer. Aber törichter noch und penetranter ist das Dramatisieren noch der einfachsten Gegenstände und schlichtesten Ereignisse durch Wörter wie »außerordentlich«, »einzigartig«, »dramatisch« und »bemerkenswert«, auch wenn es gar nichts Ungewöhnliches zu bemerken gibt – um vom selektiven Superlativ, »einer der bedeutendsten«, gar nicht erst anzufangen, dem Blasebalg unter den Attributen. Und auch eigentlich sprechende Adjektive wie »feige« und »tragisch« gehören in diesen Zusammenhang, nämlich dann, wenn sie die Bedeutung suggerieren sollen, die ein Ereignis als solches noch nicht hat (und nicht nur das: denn indem sie Bedeutung beanspruchen, schreiben sie dem Leser oder Hörer zugleich vor, wie man sich zum Ereignis verhalten soll): »So wie Anschläge immer feige sind«, erläutert Max Goldt, »werden etwa Unfälle grundsätzlich als tragisch bezeichnet, obwohl es mit Tragik, also einer Verwicklung ins Schicksal oder in gegensätzliche Wertesysteme, überhaupt nichts zu tun hat, wenn jemand gegen einen Baum fährt.« Auch die feste Verbindung zwischen »fieberhaft« und »Suche« ist von dieser Art, also ein versteckter Superlativ, der gleichzeitig eine Denkvorschrift ist. Im Attribut »historisch« ist dann der Übergang in die haltlose Anmaßung endgültig vollzogen.

Denn dieses »Historische« geriert sich als Zukunft, erhebt nicht minder große Ansprüche auf die Gegenwart, ist aber auch nur eine Art von Vergangenheit. Diese Zukunft ist dem »es wird gewesen sein«, dem grammatischen Futur II, verpflichtet, und sie spricht, darin schlimmer noch als die Vergangenheit, dem Zeitgenossen die Fähigkeit ab, über seine eigenen Verhältnisse zu urteilen. »Dereinst wird man sagen, an diesem Tag habe die Geschichte einen anderen Lauf genommen«, lautet die Formel, die ein beliebiges Ereignis dem reflektierenden Zugriff derer entzieht, die auch dabei gewesen sind. Wer das künftig »Historische« dekretiert, verteilt als Gesandter einer späteren Zeit, gleichsam aus dem Futurum II herbeischwebend, unter den gewöhnlichen Fußgängern der Geschichte das Prädikat der Zukunftsfähigkeit. Was haben wir nicht an dergleichen »historischen« Ereignissen erlebt? Diplomatische Handschläge, die von der ersten Sekunde an Verrat waren, zweifelhafte Durchbrüche in der Wissenschaft oder Begegnungen alter Dichter, die sich lange Zeit nicht mochten – den ganzen Schrott einer Gegenwart also, die sich kaum noch selbst ins Gesicht sehen kann. Vor dem Anspruch des »Historischen«, also vor dem bloßen Dekret zukünftiger Bedeutung, scheint alles zu verblassen, was sich dem Diktat künftiger Vergangenheit nicht fügt. Dabei ist es mit der so in Anspruch genommenen Zukunft nicht weit her. Denn was verbirgt sich in der Phrase vom »historischen Augenblick« und »geschichtlichen Moment« anderes als eine besonders heftige Werbung für eine sehr partikulare Gegenwart, als für ein erbarmungslos sich aufspreizendes Jetzt?

Betrachtet man indessen die deutsche Sprache historisch, sieht man schnell, dass die Zahl der Adjektive zunimmt. Auf der letzten Seite von Goethes *Werther* finden sich nur vier Adjektive. Sie sind notwendig. Der blaue Frack und die gelbe Weste müssen dem Leser noch einmal gezeigt werden, bevor sie mit ihrem Träger dahingehen – und wie einfach und zurückgenommen ist die Formulierung von den »heißesten Tränen«, wenn man an die Tränenschwelgerei des achtzehnten Jahrhunderts denkt. Auch das erste Kapitel von *Wilhelm Meisters Lehrjahren* enthält fast keine Adjektive, und die wenigen, die es gibt, treten erst am Ende auf: »Mit welchem Entzücken umschlang er die rote Uniform, drückte das weiße Atlaswestchen an seine Brust.« Farben aber sind notwendig.

Und es gibt nur wenige Substantive oder Verben, die das ausdrücken, was die Adjektive für Farben bezeichnen.

Es gibt aber auch, und zwar seit der Entstehung der deutschen Kultursprache gegen Ende des achtzehnten Jahrhunderts, eine Bewegung gegen das Adjektiv – eine Bewegung der Kargheit, der Einfachheit, die eine eigene Tradition herausbildet, die sich von Johann Peter Hebel bis hin zu Bertolt Brecht und Rainer Werner Fassbinder zieht, oft verbunden mit einer engen Bindung an die Region und auch an das dialektale Perfekt (der Glaube, die Sprache einer Mundart sei reicher und ursprünglicher als die Hochsprache, ist älter; er reicht mindestens bis ins frühe siebzehnte Jahrhundert zurück). Wirklich durchgesetzt hat sich diese Tradition indessen nie. Das mag zum einen seinen Grund darin haben, dass solche Seitensprachen nur dort als Ausdrucksmittel fungieren können, wo eine stabile Norm existiert. Zum anderen darin, dass die moderne deutsche Sprache, obwohl sie in ihrer Entstehung das Mündliche ausbilden sollte, auf das Auge berechnet ist. Und es ist nicht lange her: Erst seit ein paar Jahrzehnten ist das kultivierte Deutsch nicht nur Bühnen- oder Papiersprache (und vielleicht, in engen Kreisen, Gesellschaftssprache), sondern wahrlich öffentliches Idiom, erst seitdem es Rundfunk und Fernsehen gibt, erst seitdem große Teile der Bevölkerung nicht mehr bleiben, wo sie herkommen, in jeder Beziehung, wird dieses Deutsch auch allgemein gesprochen. Worauf sich selbstverständlich Widerspruch meldet: Peter Rühmkorf und die Liebe zum »literarischen Untergrund« wie zum mundsprachlichen »Volksvermögen« – oder auch Gerhard Polt – treten nicht zufällig mit dem (und manchmal auch: im) Fernsehen auf.

Als inszenierte Einfachheit, in der zweiten Hälfte des zwanzigsten Jahrhunderts gerne auch nach amerikanischem Modell: Hemingway, Raymond Carver (oder genauer, was der Lektor Gordon Lish aus den Erzählungen von Raymond Carver machte, indem er sie oft um mehr als die Hälfte kürzte): schlichter Wortschatz, kurze Sätze, Wiederholung von Schlüsselwörtern und -wendungen – und vor allem: das Verbergen oder Aussparen von zentralen Informationen, so dass es wirkt, als habe der Erzähler lauter kleine Bomben mit Zeitzündern im Hirn des Lesers deponiert. So heißt es bei Ernest Hemingway, getreu dem »Eisbergmodell« in der Geschichte »Up in Michigan«: »James Gilmore kam aus Kanada nach Hortons Bay. Er kaufte dem alten Horton die Schmiede und den Eisenladen ab.« So beginnt die Geschichte von zwei Mördern. Siebzig Jahre später erzählt Ingo Schulze in seinem Roman *Simple Storys* denselben Anfang noch einmal: »Harry Nelson kam im Mai '90, eine Woche nach meinem neunzehnten Geburtstag, aus Frankfurt nach Altenburg. Er suchte nach Häusern, vor allem aber nach Bauland an den Zufahrtsstraßen zur Stadt. Es ging um Tankstellen.« Nicht um zwei Killer wird es hier gehen, sondern um zwei Anzeigenakquisiteure. Die amerikanischen Anzüge – die Sonnenbrillen? die versteinerten Mienen? – hängen an ihnen wie Kostüme für einen Maskenball. Und so vollzieht und übertrumpft Ingo Schulze den kurzen Satz mit einer zweiten knappen Bewegung, die einen langen und gar nicht mehr so einfachen Bogen schlägt.

Der kurze Satz, der sich, wie Brigitte Kronauer in absichtsvoll komplizierter Sprache meint, »als Herold jener plumpen, jede Relativierung, jede Differenzierung kriminalisierenden, die meist zutreffende Ambivalenz des sowohl – als auch niederwalzenden Durchlaucht des sogenannten Gesunden Menschenverstandes brüstet und dessen Botschaft manifestiert, die Welt sei einfach«, ist, seitdem die deutsche Literatur sich (es war in den neunziger Jahren) mit großem Enthusiasmus hineinbegibt ins Leben, in die Gegenwart, die Wirklichkeit –

oder in das, was sie dafür hält –, wieder sehr beliebt. Gerne benutzt sie die Reportage zur Austreibung des poetischen Idealismus mitsamt allen Resten von Philosophie aus der Dichtung. Sie besitzt die fixesten Reporter, die abgebrühtesten Beobachter, sie ist mobil und weltläufig, sie ist immer dabei und verpasst nie etwas. Der kurze Satz ist einer ihrer Lieblinge. Er ist aber auch ein Liebling des sauren Kitsches: »Er war dabei«, lautet ein solcher kurzer Satz, und dass er in Judith Hermanns großem Erfolg *Sommerhaus, später* aus dem Jahr 1998 zu lesen ist, spricht nicht gegen das Buch. »Und auch nicht. Er gehörte nicht dazu, aber aus irgendeinem Grund blieb er. Er saß Modell in Falks Atelier, legte Kabel auf Annas Konzerten, hörte Heinzes Lesungen im Roten Salon.« Solche kurzen Sätze gehören zu einer Vollzugsprosa, die eine Gruppe von Gleichgesinnten voraussetzt und nicht befragt, sondern gebilligt werden will, die als vital, schlank und weltläufig gelten möchte, die nicht relativieren, nicht differenzieren will und ihre Bestätigung durch ein knappes Kopfnicken erfährt: »Weiß schon.« Nicht immer ist dabei etwas gewonnen: »Eine Prosa, die sich mehr und mehr auf den Kurzsatz versteift, der sich ans Gegenwärtige klammert«, sagt Sibylle Lewitscharoff, »ist gedanklich gar nicht in der Lage, eine sublime Erkundung … zu betreiben.« Ganz abgesehen davon, dass es Schriftsteller gibt wie Robert Walser, der die Adjektive liebt, weil er mit ihnen spielen kann.

Es ist also falsch, an dieser Stelle einen Gegensatz zu eröffnen: Es kommt nicht darauf an, ob Sätze kurz oder lang sind, gebildet oder scheinbar einfach, ob Adjektive in ihnen vorkommen oder nicht, sondern allein darauf, dass einer die Mittel der Sprache beherrscht, dass er etwas zu sagen hat und dass er dies mit seinen Mitteln tut. Um noch ein Beispiel zu nennen: Auch Herta Müller benutzt oft kurze, harte Sätze: »Ich wollte langsam essen«, heißt es zu Beginn des Romans

Atemschaukel aus dem Jahr 2009 über den »Hungerengel«, den allgegenwärtigen Begleiter des Ich-Erzählers, »weil ich länger was von der Suppe haben wollte. Aber mein Hunger saß wie ein Hund vor dem Teller und fraß.« Herta Müllers Sätze kippen oft und abrupt ins Metaphorische und Surreale (es geht oft mit kurzen Sätzen einher, weil die Parataxe keine zeitliche Gliederung kennt), um dann sofort zurückzukehren ins Gerade und Prosaische. Sie besteht auf einer Erfahrung, von der sie weiß, dass sie anders ist als die Erfahrung ihrer westlichen Kollegen, Kritiker und Leser. Wenn Herta Müller erklärt, ihr Maßstab für die Qualität eines Textes bestehe für sie in der Antwort auf die Frage, ob es »zum stummen Irrlauf im Kopf« komme oder nicht, dann spricht sie von diesem Unterschied. Nach Günter Grass, nach Imre Kertész wird in diesen Romanen noch einmal die Historie der großen europäischen Verwerfungen aufgerollt, konzentriert auf eine Region und um eine Generation in die Gegenwart versetzt. Das alte Europa ist hier nur noch ein Schemen, der historische Zufall des Deutschen in Rumänien. Umso gegenwärtiger aber sind Geheimdienst und Beobachtung, Macht und Entkommen, Verrat und Verschwörung. Und Herta Müller besitzt eine Sprache, genauer: eine Dingsprache von großer syntaktischer Klarheit, die dieser Situation etwas ebenso Eingängiges wie Dringliches verleiht.

21. Friedrich Hölderlin weint und dankt:
Die Gegenwart der alten Sprachen

Keine Sprache, das Italienische eingeschlossen, ist in ihrer Grammatik noch heute so lateinisch wie das Deutsche (und auch der Wortschatz ist, vom lesenden Kameraden bis zum pfropfenden Winzer, erstaunlich häufig lateinischen Ursprungs). Oft ist die deutsche Schriftsprache, bis auf den heutigen Tag, lateinisch gedachtes Deutsch. Ein Beispiel: Der höchst einprägsame deutsche Satz »Hier wird gearbeitet!« ist syntaktisch das Ergebnis eines sich über Jahrhunderte hinziehenden Nachdenkens über eine lateinische Verbform: Präsens, Passiv, dritte Person Singular. Der lateinische Satz heißt »laboratur«, und in seiner deutschen Fassung beherrscht ihn jeder Hausmeister. Auch ein wenig schöner, aber nicht ungebräuchlicher Satz wie »Die Dame, nachdem sie zehn Minuten im Regen gestanden hatte, zog wütend davon« ist in seinem Aufbau ganz und gar lateinisch. Tatsächlich sind das Deutsche und das Lateinische über Jahrhunderte hinweg nebeneinander (und das Deutsche am Lateinischen) gewachsen, in der fruchtbaren Ferne der Koexistenz. Da das Lateinische mit seinen grammatischen Formen aber etwas außerordentlich Effizientes zu besitzen schien, begann schon das Althochdeutsche damit, sich diese Ausdrucksmittel zu besorgen – und vielleicht sogar mehr daraus zu machen, als das Vorbild bot.

Dabei ist es keineswegs so, dass die frühesten Zeiten der deutschen Sprache die lateinischsten gewesen wären. Entschlossen lateinisch wurde das Deutsche erst im sechzehnten Jahrhundert, in der Kanzleisprache, auch wenn man möglicherweise mehr abzuschauen trachtete, als dann tatsächlich benutzt wurde. Und doch: Der Schachtelsatz, das Ineinanderfügen von Glied in Glied, ist in keiner Sprache so beliebt wie im Deutschen. Er ist ein Erbe des Lateinischen, so wie es mit dem Humanismus in Deutschland neuen Grund fand – wie übrigens auch die deutsche Sprache im Humanismus einen Grund fand, im Bestreben, beide Sprachen zu heben (was dann im Lateinischen dazu führte, dass Bildung wichtiger wurde als Verständigung und die Sprache allmählich aus dem Verkehr geriet). Auch die Wörter »derselbe«, »dieselbe«, »dasselbe« tauchen zum ersten Mal im siebzehnten Jahrhundert auf. Richtig populär indessen werden sie erst im neunzehnten, in Analogie zu lateinischen Formen.

Überhaupt sind die Folgen von Humanismus und Kanzleisprache spürbar bis ins neunzehnte, ja zwanzigste Jahrhundert hinein. Heinrich von Kleist türmt in seiner Prosa, etwa in der Novelle *Michael Kohlhaas* aus dem Jahr 1810, gerne vielgeschossige Sätze aufeinander. Und wenn er von moderner Technik spricht, dann von einem »Telegraphen, der mit der Schnelligkeit des Gedankens, ich will sagen, in kürzerer Zeit, als irgendein chronometrisches Instrument angeben kann, vermittelst des Elektrophors und des Metalldrahts, Nachrichten mittheilt.« So wie Heinrich von Kleist haben viele andere den lateinischen Stil nicht vergessen können, schon gar nicht Bertolt Brecht, was man besonders an seinem Umgang mit Partizipien bemerkt – und alle anderen, die ein humanistisches Gymnasium besuchten. Auch bei Günter Grass lebt der Humanismus fort, wenn auch weniger in seinem mehr oder minder verborgenen Bekenntnis zum Lateinischen als in dessen verdeutschter Form – im Zitat der Kanzleisprache, im Verwaltungsidiom des Barock, das bei ihm als besonders deutsche Form des Ausdrucks erscheint. Die größte Wirkung aber, die das Lateinische im Deutschen nach sich zieht, ist eben diese: Die Imitation des lateinischen Periodenbaus, was im Deutschen eine Inflation sogenannter Nebensätze zur Folge hat, wo das Lateinische dank seiner absoluten Konstruktionen – »patre inscio« (»der Vater unwissend«, »ohne Wissen des Vaters«, »während der Vater nichts wusste«) – viel geschmeidiger war.

Wie groß der Einfluss des Lateinischen auf das Deutsche noch im späten neunzehnten Jahrhundert gewesen sein muss, ist an der öffentlichen Bedeutung der Altphilologen und Althistoriker jener Zeit zu ermessen. Wenn der Philologe Ulrich von Wilamowitz-Moellendorff und der Historiker Theodor Mommsen damals zu Lehrern des ganzes Volkes wurden, dann liegt das nicht nur daran, dass der neue deutsche Staat sich gern in antiken Vorbildern gespiegelt sah, sondern auch an ihrer Sprache – an einer Form der öffentlichen Rede, die in die Schule des Humanismus gegangen war und die in den Jahrzehnten zuvor weder einen Ort noch ein Publikum gefunden hätte, die aber jetzt, im Aufbruch des Nationalstaats, im Rückgriff auf das Lateinische die ihr gemäße Form fand. Bis weit ins zwanzigste Jahrhundert hinein blieb der lateinische Satzbau im Deutschen lebendig. Und wenn der Lateiner Bertolt Brecht sagt: »Das kommt: sie haben schon gegessen«, dann ist das kein Beweis des Gegenteils, sondern ein bewusster Widerstand.

Das Futur ist lateinisch, das Passiv und das Plusquamperfekt sind lateinisch (das seit mindestens hundertfünfzig Jahren dahinschwindet. Schon Schopenhauer beklagte sich über den Verlust, aber die streng geregelte Zeitenfolge, die »consecutio temporum«, ist überhaupt erst eine Erfindung des Lateinunterrichts, wie er im neunzehnten Jahrhundert seinen großen Aufschwung nahm). Natürlich kann man alles, was man ausdrücken will, auch ohne Futur und ohne Passiv sagen. Gewiss sind das deutsche Perfekt oder Plusquamperfekt ganz anders gebaut als ihre lateinischen Entsprechungen, die keine Hilfsverben brauchen. Und mehr noch – dass die Ordnungsbegriffe der deutschen Grammatik aus dem Lateinischen stammen und bis weit ins zwanzigste Jahrhundert hinein, bis zum Einzug des Strukturalismus in den Sprachunterricht, auch lateinisch bleiben, heißt nicht, dass die deutsche Sprache tatsächlich und ausschließlich nach Prinzipien der lateinischen Grammatik funktioniert: mit fünf Satzteilen, sechs Zeitformen (wenn man sie denn so nennen will), zehn Wortarten und ebenso vielen Abarten des Nebensatzes. Aber es heißt, dass es da eine dauerhafte Orientierung gab, einen Pol, an dem sich das Deutsche in seiner Entwicklung orientierte. Erkennbar ist die Differenz, um nur ein Beispiel zu nennen, am sogenannten Prädikatsnomen, das nach der lateinisch geprägten Grammatik ein Adjektiv ist – »diese Geschichte ist aber gut« –, auch wenn es nicht flektiert wird. Im Deutschen hingegen hat man sich offenbar gedacht, dass das Wort »gut« nicht die »Geschichte«, sondern das »ist« bestimmt.

Darüber hinaus ist der Wortschatz der deutschen Sprache in einem hohen Maße vom Lateinischen geprägt: Ein großer Teil, wenn nicht der größte Teil des Wortschatzes für abstrakte Gegenstände kommt aus dem Lateinischen. Die »Abstraktion« und die »Reflexion«, die »Repräsentation« und die »Partizipation«, die »Fluktuation« und die »Inflation«, sie alle sind Entlehnungen aus dieser Sprache. Und es gibt noch immer neue, obwohl nur noch ein verschwindend geringer Teil der deutschen Gymnasiasten einen halbwegs brauchbaren Unterricht im Lateinischen erhält. Denn das Lateinische zieht, anders als zu Zeiten des Humanismus und seiner Renaissance, längst nicht mehr als Direktimport, sondern über das Englische ins Deutsche ein – so dass also Lehnwörter entlehnt werden, und es sind nicht wenige. Ein großer Teil des ökonomischen Jargons wird weniger aus englischen Vokabeln, sondern aus anglisiertem Latein versorgt, und das geht vom einfachen »executive officer« bis hin zu so schwierigen

Dingen wie dem »current asset ratio«, dem Verhältnis von Umlauf- und Kapitalvermögen.

Den Schöpfern der modernen deutschen Kultursprache wäre diese Bindung an das Lateinische allerdings unangenehm gewesen. Sie alle waren fest davon überzeugt, sich nicht mehr am Lateinischen orientieren zu müssen. Denn das Deutsche sei das neue Griechisch. Johann Joachim Winckelmann, Johann Heinrich Voß, der Übersetzer Homers, Friedrich Hölderlin, sie alle hegten den Wunsch, nicht in Deutschland, sondern in Griechenland zu Hause zu sein – oder doch zumindest die deutsche Heimat in ein neues Griechenland zu verwandeln. Friedrich Hölderlin erfand ein griechisches Deutsch: »Köstliche Frühlingszeit im Griechenlande! wenn unser / Herbst kömmt, wenn ihr gereift, ihr Geister alle der Vorwelt! / Wiederkehret und siehe! des Jahrs Vollendung ist nahe! / Dann erhalte das Feuer auch euch, vergangene Tage! / Hin nach Hellas schaue das Volk, und weinend und dankend / Sänftige sich in Erinnerungen der stolze Triumphtag!« Und auch Wilhelm von Humboldt trieb die Liebe zu den Griechen, in seiner Übersetzung des *Agamemnon* des Aischylos etwa, bis in die Metrik hinein. Und ist dem deutschsprachigen Anfänger das Griechische nicht zuerst anheimelnder, vielleicht weil es wie das Deutsche drei Genera und den bestimmten Artikel hat?

Die Griechen waren im engeren Sinne die einzigen Ausländer, die für die deutschen Schriftsteller und Gelehrten in den ersten Jahrzehnten des neunzehnten Jahrhunderts relevant waren. Wenn Hegel an den Griechen rühmt, sie hätten sich, in Gestalt von Homer und Hesiod, ihre Götter selber gegeben, dann meint er damit auch seine Gegenwart. So ist in den *Vorlesungen zur Geschichte der Philosophie* der Seufzer zu Beginn des Kapitels zur klassischen Antike zu verstehen: »Wenn es erlaubt wäre, eine Sehnsucht zu haben, so nach einem solchen Lande, solchem Zustande.« Und Heinrich von Kleist wiederholt den Duktus des griechischen Epos, wenn er in seinem Drama *Die Hermannsschlacht* seine Helden als »rachentflammt« und »fruchtumblüht«, als »pfeildurchbohrt« und »helmbewehrt« bezeichnet (»lichtdurchflutet«, eine Lieblingsvokabel des zeitgemäßen Immobilienhandels, klingt auch schon fast griechisch). Mit der Liebe zu den Griechen spielt Friedrich Nietzsche, wenn er ganze Infinitivsätze substantiviert, also zum Beispiel von dem »Nicht-wieder-erwachen-können« spricht. Martin Heidegger tut es ihm schließlich mit dem »In-der-Zeit-sein« und vielen anderen Formulierungen nach – und beide verteidigen darin eine natürliche Überlegenheit der deutschen Sprache gegenüber allen anderen Sprachen.

Das Lateinische hingegen kam, dem lateinischen Schulunterricht und Theodor Mommsen zum Trotz, für diese Zwecke nie in Frage, vor allem wegen seiner engen Bindung an das Französische und die französische Kultur, aber auch, weil es die Sprache einer großen Vermischung gewesen war, eines Weltreichs, das die Syrer wie die Kelten umfasste, das die Barbaren (das sind für die Griechen alle anderen Völker) integrierte und das, wie Herder meinte, den »freien Nationen despotische Gesetze gab«, das also unmittelbar der historischen Welt angehörte – während die Griechen in den Barbaren stets nur ihr absolutes Gegenüber hatten erkennen wollen. Und schließlich und nicht zuletzt, weil das Lateinische unter den Gelehrten die Sprache der gerade überwundenen Epoche gewesen war. Gewollt, aber mit Sicherheit nicht ausdrücklich gedacht, war damit auch, dass das Griechische des deutschen Idealismus die Sprache eines kulturellen und politischen Stillstands war, die Sprache des fünften oder vierten Jahrhunderts v. Chr., der Zeit also, bevor Griechenland mit Alexander dem Großen zu einem Reich der vielen Völker wurde. In den alten Griechen schien sich das Ideal des Idealismus zu realisieren: die sich selber universal denkende, vereinnahmende, aber partikular verfasste Gemeinde.

Nur die Spur einer Erinnerung an diesen Glauben ist geblieben: Claudio Magris lässt in seinem kleinen Roman *Un altro mare* (Ein anderes Meer) aus dem Jahr 1991 eine seiner Figuren sagen, das Altgriechische und das Deutsche seien die »beiden unentbehrlichen Sprachen, vielleicht die einzigen, in denen man sich fragen kann, woher die Dinge kommen und wohin sie verschwinden«. Dergleichen hat man lange nicht mehr gehört. Und es ist auch nicht wahr. Aber es klingt gut.

22. Georg Büchner nuschelt: Die Fälle und ihre Endungen

Man mache sich nichts vor: Deutsch ist eine schwierige Sprache, ungefähr so schwierig wie alle anderen Sprachen auch – nur anders. Als besonders kompliziert gelten etwa die wechselnden Fälle nach ein und denselben Präpositionen – und überhaupt: wodurch erhält ein Hauptwort seinen Fall, durch das Verb oder durch eine Präposition? Oft durch beides? –, die nicht immer leicht nachvollziehbaren Bestimmungen für die Groß- und Kleinschreibung, das Zusammen- oder Auseinanderschreiben von Verben. Aber stimmt das so? »Durch, für, gegen, ohne, um«, zählt der Schwede auf, wenn er nach den Präpositionen im Deutschen sucht, die den Akkusativ nach sich ziehen, und weil er sich das nicht merken kann, baut er sich eine Eselsbrücke: »Durch« beginnt mit dem Buchstaben »d« wie »Dativ«. Deswegen verlangt die Präposition »durch« den Akkusativ. Wobei dieses Wort mit einem »a« beginnt, wie in »aus«, der ersten Präposition, die dann Dativ nach sich zieht: »aus, bei, neben, seit, von, zu«. Und ist nicht allein diese Merktechnik ein wunderbares Bild von Umständlichkeit und Ordnungswahn?

Ein Muttersprachler sieht das anders. Er kennt die Formulierung, »im Bett gehen«, auch wenn solche Spaziergänge nicht häufig sind, und kann sie sicher vom Ausdruck »ins Bett gehen« unterscheiden. Solche Verbindungen sind, besonders bei abstrakten Verben, feste mentale Bilder, die man nicht verwechselt, weil man sie beherrscht: So freut er sich »auf den Osterhasen«, während sie »auf dem Bahnsteig« wartet und alle miteinander »zwischen allen Stühlen« sitzen. »Dem Landesvater sein treues Volk« steht auf dem Sockel des Reiterstandbilds für König Ernst August I. vor dem Hauptbahnhof von Hannover, und jeder weiß, auch ohne Verb oder Präposition, wie dieser Dativ gemeint ist. Und wenn der *Wahrig* meint, eine Schlagzeile wie »Ohnesorgs Todesschützen droht Kürzung der Pension«, sei grammatisch falsch, weil es nur einen Todesschützen gegeben habe, werden die meisten Deutschen in dieser Formulierung keinen Fehler erkennen. Auch das Zusammen- oder Auseinanderschreiben von Verben bereitete nicht allzu viele Schwierigkeiten, bis die Reform der deutschen Rechtschreibung die gute Gewohnheit zerstörte. Jetzt ist alles immer richtig, weil der Unterschied verwischt wurde.

Deutsch gilt als langsame Sprache. Sie war es in der Tradition der Kameralsprache, und sie ist es noch immer, wenn sie bürokratisch wird. Das »Trödeln« sei, meinte Heinrich Heine in der *Romantischen Schule*, im Deutschen die wichtigste Gangart des Denkens. »Der Deutsche ist beinahe des presto in seiner Sprache unfähig«, erklärt Friedrich Nietzsche, »so gut ihm der Buffo und der Satyr fremd ist, in Leib und Gewissen, so gut ist ihm Aristophanes und Petronius unübersetzbar. Alles Gravitätische, Schwerflüssige, Feierlich-

Plumpe, alle langwierigen und langweiligen Gattungen des Stils sind bei den Deutschen in überreicher Mannigfaltigkeit entwickelt« – und weil beide Deutsche sind und beide Deutsch schreiben, setzt ihre schlechte Meinung von der eigenen Sprache diese weniger herab, als dass sie die eigenen Fähigkeiten zu Leichtigkeit und Überschwang umso freundlicher hervorhebt. Auf den »Volksredner« seien bei Heine alle Anstrengungen gerichtet, sagt der Germanist August Langen: »Er liebt den starken Ausdruck, den Superlativ, die Verstärkung des Substantivs durch mehrere Beiwörter, das unterstreichende Demonstrativpronomen, die einhämmernde Wortwiederholung.«

Es ist aber gerade nicht Nachlässigkeit, wenn die Wortenden hartnäckig und geduldig markiert werden. Dass Deutsch so schwerfällig wirken kann, liegt an der relativen Freiheit der Wortfolge im Deutschen, daran, dass diese Freiheit mit lauter Endungen ausgeglichen wird, für Genus, Kasus, Numerus, Tempus und Modus, damit man weiß, was wohin gehört und wie der Satz gebaut ist. Es liegt an der aus dem Lateinischen übernommenen Hypotaxe, an der starken Gliederung der Syntax, an relativ klaren Kommaregeln. Gewiss, was die Freiheit der Wortstellung und den Zwang zur Flexion betrifft, nimmt das Deutsche nur eine mittlere Lage ein – das Lateinische flektiert viel mehr und ist in der Wortfolge freier. Und alles hat seinen Preis.

Vermutlich glauben ja auch die meisten Deutschen, die Unterscheidung zwischen Dativ und Akkusativ sei etwas ganz besonders Kompliziertes. Heißt es nun »mir« oder »mich«, sagt man »jemandem lehren« oder »jemanden lehren«? Nun, viele Muttersprachler dürften sich bei »lehren« irren – dabei ist das »ich lehre dich Gitarre spielen« besonders schön, weil der Fall hier das ganze Tun des Lehrers und die Passivität des Schülers mitdenkt. Aber darüber hinaus gibt es kaum andere Verben, bei denen eine solche Unsicherheit besteht. Der Fall scheint vor allem schwierig zu sein, weil ihn fast jeder aus dem Schulunterricht kennt. Bei »ich liebe dich« und »ich danke dir«, zwei ähnlich gestalteten Formen, zögert keiner, und wenn es in Kurt Schwitters' Gedicht »An Anna Blume« aus dem Jahr 1919 heißt: »du tropfes Tier, ich liebe dir«, wird gelacht – was daran liegt, dass jeder den richtigen Fall kennt.

Deutsch, sagt Eduard Engel, einer der großen Aufseher über die deutsche Sprache im frühen zwanzigsten Jahrhundert, sei »schwerer als jede andere Bildungssprache durch die zahllosen Schwankungen seines Baues und durch den Mangel an strenger einheitlicher Zucht infolge der staatlichen Geschicke des deutschen Volkes«. Man kann sich vorstellen, was er meint: So fällt die kasustypische Endung zum Beispiel fort, wenn ein Substantiv im Singular ohne Artikel dasteht – es heißt: »ein Orchester ohne Dirigent« – und nicht »ein Orchester ohne Dirigenten« (was vermutlich daran liegt, dass die Endung -(e)n auch benutzt wird, um den Plural desselben Substantivs zu kennzeichnen – das ist bei Kasusendungen für maskuline Substantive, beim Genitiv und beim Dativ/Akkusativ der Fall). Aber wie schlimm ist es eigentlich, wenn es in einer Sprache ein paar (oder auch noch ein paar mehr) Unklarheiten und bizarre Eigenheiten gibt – wenn sie lästig werden, wählt man eine eindeutige Umschreibung, wenn nicht, lässt man es bleiben. Da mag Eduard Engel nur für mehr Zucht und Ordnung plädieren.

Im Satz »Den dicken Männern kann keine Mahlzeit groß genug sein« ist der Dativ gleich zweimal markiert, am Artikel und am Substantiv. Doch weder im Englischen oder Französischen könnten die »dicken Männer« ohne Präposition den Satz eröffnen. Was in diesen Sprachen ein Objekt ist – ganz gleich, ob es im Dativ oder Akkusativ steht –, erschließt sich nicht durch seine Deklination, sondern durch die Wortstellung. Im Französischen laufen drei voneinander abhängige Relativsätze leicht ineinander, ohne Grenzen, mit großer Geschwindigkeit, so dass der Satz immer schon vorbei ist, bevor man überhaupt erst angefangen hat, ihn zu gliedern. »Schiller hatte Goethe von Anfang an bewundert« dagegen ist ein doppeldeutiger Satz, weswegen man im achtzehnten Jahrhundert und noch eine ganze Weile ins neunzehnte hinein auch Eigennamen deklinierte: »Schiller hatte Goethen von Anfang an bewundert.« Noch heute stört sich keiner daran, dass Eigennamen im Genitiv die Form verändern, und mit dieser Art des Beugens wird sogar einigermaßen konsequent umgegangen.

Die Freiheit also, die das Deutsche im Satzbau auszeichnet, ist, in Maßen und wohl wissend, dass es in anderen Sprachen Ähnliches gibt, das Kennzeichen der deutschen Sprache: die Beweglichkeit seiner Fügungen, die Freiheit der Wortstellung, die Möglichkeiten, ein Wort hier- oder dorthin zu stellen und so nicht nur Betonung oder Melodie, sondern auch Spannung und Beruhigung innerhalb eines Satzes zu gestalten. Diese Freiheit aber muss erworben werden, und zwar zum einen durch die Zweitstellung des Verbs im Hauptsatz und die Verbendstellung im Nebensatz, zum anderen durch eine besondere Ausbildung der Flexion, durch die linguistische Feinmechanik mit allen ihren Sicherheitseinrichtungen, ihren parallel eingerichteten Rädchen und doppelt angelegten Halterungssystemen. Es kann nicht anders sein: Wenn eine Sprache hinauswächst, zuerst über die Dialekte hinaus zur Gemeinsprache, dann über den engen Kreis der reinen Muttersprachler, wenn sie anziehend wirken soll für Nachbarn und Fremde, dann muss sie fixiert werden, und zwar so, dass sie regionale Varianten in gemeinsamen Formen ausgleicht, vor allem in der Grammatik. Und das geht nicht ohne einen Überschuss an Ordnung, ohne Verdopplungen und Wiederholungen.

Wiederholungen gibt es überall in der Sprache, meist der Deutlichkeit, oft des gesteigerten Ausdrucks wegen, von »mucksmäuschenstill« über »Bauchnabel« bis »Fußtritt«, von »vorprogammieren« bis »abverkaufen«. Der Überschuss an Kompliziertem, an Formen, für die keine rechte Funktion mehr erkennbar ist, hat indessen seinen Grund auch darin, dass diese Freiheit irgendwie geordnet sein muss, und sei es durch Übertreibung. Es könnte also sein, dass in diesem Zwang zur Ordnung, in diesem Überschuss an Geregeltem sogar etwas Schönes und Poetisches liegt: eine formale Verbindung von Freiheit des Ausdrucks und Allgemeinheit, ein Sortieren in festen Formen, eine Freude am Aufräumen, am ähnlichsten dem Reim.

Seit zwei Jahrhunderten heißt die Steigerungsform von »ein harter Stein«: »ein härterer Stein«. Diese Form ist zwar sehr konsequent, aber nicht sehr musikalisch. Im Mittelhochdeutschen dagegen hätte es »ein härter Stein« geheißen. Kleine Sprachmonster wie ein »lautererer Charakter« wären ihm fremd geblieben. Alles, was man sonst noch zum Verständnis der Formulierung gebraucht hätte, wäre aus dem Zusammenhang hervorgegangen. Wenn die Formulierung »ein härter Stein« verschwindet, dann fällt sie einer Normierung zum Opfer, die niemand bewusst herbeiführt, die sich aber dennoch völlig durchsetzt. Sie hat zur Folge, dass nicht nur Goethes Zeitgenossen, sondern auch noch heutige Menschen einen Text Goethes ohne Schwierigkeiten lesen können. Über diese, der deutschen Sprache eigene Genauigkeit im Umgang mit grammatischen Formen gibt es einen Aufsatz von Jacob Grimm: Er heißt »Über das Pedantische im deutschen Sprachbau«, und er handelt eigentlich davon, wie man sich um der Einheit und der Einheitlichkeit der Sprache willen auf das Pedantische einlässt – auf das, was Jacob Grimm selbst das »Blöde« der deutschen Sprache nennt, ein Ausdruck, der übrigens auch bei Hölderlin vorkommt. Und immer wieder stand einer auf und versuchte, Ordnung in diese Vielfalt zu bringen. Manche mit gemischtem Erfolg, wie Adelung, der zwar durchsetzte, dass es heute meistens »nach langem, schweren Leiden« heißt – und nicht mehr »nach langem, schwerem Leiden«. Doch ist nicht wirklich erkennbar, worin der Ertrag der Regel liegen soll, die Endung für den Dativ nicht ein zweites Mal zu verwenden. Wäre es nicht einfacher und passender, zu erklären: Wenn ein schweres Leiden lange gedauert hat, sage man: »nach langem schwerem Leiden«. Wenn man mitteilen will, dass das Leiden nicht nur lang, sondern auch schwer oder nicht nur schwer, sondern auch lang gewesen ist, so sage man: »nach langem, schwerem Leiden«. Dann steht ein Komma zwischen den beiden Adjektiven, um zu zeigen, dass sie zwei gleichwertige Attribute sind – und deswegen auch mit »und« verbunden werden können.

Denn die Unsicherheit bei starken und schwachen Endungen bleibt, vor allem beim Dativ und beim Akkusativ, und immer stehen sich grammatische Konsequenz und scheinbare Ökonomisierung der Sprache entgegen. Kein Wunder, dass sich auch die Muttersprachler gegen diese Vielfalt wehren. Das einfachste Mittel dagegen besteht darin, das Durcheinander gar nicht erst stattfinden zu lassen. Fast alle, die Deutsch sprechen, benutzen dieses Mittel: Wenn sie sprechen, verkürzen sie die Endungen oder lassen sie gar weg. Sie reden, wie es Woyzeck in Georg Büchners Drama angeblich tut: »Wir habe schön Wetter Herr Hauptmann. Sehn Sie, so ein schön festen grauen Himmel, man könnte Lust bekomm, ein Klobe hineinzuschlage und sich daran zu hänge, nur wege des Gedankenstrichels zwischen Ja und Nein« – wobei dieses phantastische Hessisch vermutlich nichts anderes ist als ein Irrtum des Herausgebers, der die verschliffenen Endungen im Manuskript für Absicht und Gestaltung hielt. Denn wenn die Menschen schreiben, mit der Hand und in Laufschrift, dann vernuscheln sie auch im Schriftbild die Endungen, so dass aus einem »-en« eine flach auslaufende Welle und aus einem »-e« nur die Andeutung eines Strichs wird. Die Folgen indessen sind nicht gravierend: Denn beim Sprechen und auch in der alltäglichen geschriebenen Sprache kommen fast keine Adjektive ohne Artikel vor. Mit Artikel sind aber alle Adjektive schwach.

Größere Schwierigkeiten scheinen die Deutschen mit dem Genitiv zu haben. So sehr, dass sie ihn gern mit einem »von« und dem Dativ ersetzen: »Das Haus von meinen Eltern« heißt es dann, anstatt »das Haus meiner Eltern« oder gar »meiner Eltern Haus«. Das ist nicht schön, denn konsequent benutzt, ist der Genitiv kompakt und dicht, er belebt und kräftigt die Sprache. Doch geht, wie immer, Vereinfachung vor Schönheit. Gab es nicht einmal eine ganze Reihe von Verben, die den Genitiv nach sich zogen: »danken« und »achten«, »begehren« und »brauchen«, »hüten« und »pflegen«, »unterfangen« und »verzichten«? »Wer ein Weib anschaut, ihrer zu begehren«, hieß es im Neuen Testament, bei Martin Luther war von »viel Weinens« und »viel Klagens« die Rede. Und was ist davon übrig geblieben?

Der Genitiv verschwindet als eigene Deklinationsform; was er sagen sollte, lebt mit der Präposition »von« fort – und nebenbei verursacht sein Verschwinden eine große Unsicherheit, so dass gar nicht selten auch »gegen«, »entgegen« und »wider«, von »trotz« ganz zu schweigen, mit dem Genitiv kombiniert werden (»trotz besseren Wissens«, erlaubt der Duden, obwohl es »trotz dem« heißt). Aber nur für eine Weile. Denn als müsste der letzte Rest von Flexion auch formell ausgeschieden werden, macht sich nach englischem Muster das apostrophierte »s« breit, als Anhängsel, während gleichzeitig der korrekt gebildete Genitiv etwas von Erinnerung und Gedächtniskult erhält. Da ist dann von der »Zerstörung Dresdens« die Rede und von der »Betörung der Massen«. Dabei ist der sogenannte sächsische Genitiv eine alte deutsche Form: »Werthers Leiden«, »Abrahams Schoß«, »Ottos Versandhandel«, »Kaiser's Kaffee-Geschäft«. Der Genitiv ist, so scheint es, für Liebhaber frei geworden.

Jede Sprache ist in einer historischen Situation gefangen. Immer gibt es historische Gründe für Eigenheiten der Sprache, die den größten Teil ihres Nutzens eingebüßt haben. Im Deutschen besteht dieses Verhängnis in der starken und schwachen Deklination von Adjektiven. Diesen Formen ist nicht viel Sinn abzugewinnen, weil es die Deklinationsklassen, die im Lateinischen – und in den älteren germanischen Sprachen – die Vielfalt der Endungen begründeten, im modernen Deutsch nicht mehr gibt. Die Genera sind aber übrig geblieben: Warum heißt es »das Tuch«, jedoch »der Fluch«? Wäre es nicht viel einfacher, es stünden alle Substantive im Neutrum, so wie es im Englischen ist? Aber hilft hier der Vergleich mit einer anderen Sprache? Urteile über deren Qualität können ja doch nur auf Indizien gegründet werden, was hier an einfachen Formen gewonnen wird, geht dort an schwierigen verloren, und so sind alle Vergleiche am Ende nutzlos. Selbstverständlich ist die englische Hypotaxe nicht weniger entwickelt als die deutsche. Sie ist aber nicht so deutlich gegliedert, obwohl sie das einmal war. Ein rein quantitativer Vergleich etwa ergäbe, dass das Deutsche formenreicher ist als das Englische, aber weniger grammatische Formen aufweist als das Italienische oder Französische. So kennt das schwache Verb im Deutschen, über alle Zeiten und Modi hinweg, nur zwölf verschiedene Formen. Französische Verben, die auf »-er« enden, bilden hingegen sechsunddreißig verschiedene Formen, während es die italienischen auf »-are« gar auf vierzig bringen. Das deutsche Substantiv wiederum ist, wenn man den Artikel hinzunimmt, viel formenreicher als das französische und italienische. Nur – wohin führen solche Vergleiche? Wir haben keine andere Sprache als die, die wir haben.

Ein Satz noch, ein Bild, ein Beispiel, und es stammt wieder von Franz Kafka: »Das Kind mit den zwei kleinen Zöpfchen, bloßem Kopf, losen weißpunktierten rotem Kleidchen, bloßen Beinen und Füßen, das mit einem Körbchen in der einen, mit einem Kistchen in der andern Hand zögernd den Fahrdamm beim Landestheater überschritt.« Das ist anschaulich beschrieben und zart, der Leser sieht das Mädchen vor sich, und er nimmt dieses Bild auf und erinnert sich, so wie sich Franz Kafka daran erinnerte. Doch die größte Wirkung in dieser Szene tut eine Wendung, die nach geltenden Grammatikregeln einen Fehler darstellt: mit »… losen weißpunktierten rotem Kleidchen«. Hätte es nicht »losem« heißen müssen und dann »weißpunktierten roten«? Der Effekt dieser ungrammatischen Verschiebung ist groß: Denn plötzlich steht das Lose und das Weißpunktierte vor den Augen des Lesers, bevor diese Eigenschaften dem Kleid zugeschrieben werden, plötzlich ist eine Wahrnehmung da, bevor sie noch den dazugehörigen Gegenstand gefunden hat, es leuchtet etwas auf, und man weiß noch nicht, was es ist. Literarischen Impressionismus müsste man diese Wendung nennen, und seine Grammatik ist gefunden, auch wenn keine Regel dazugehört.

23. G. W. F. Hegel findet einen Begriff: Deutsch in der Wissenschaft

Das Deutsche war in einigen, damals aber zentralen akademischen Fächern die Gemeinsprache der modernen Wissenschaften, von ihren Anfängen im Jena des ausgehenden achtzehnten Jahrhunderts, bei Fichte, Schelling und den Brüdern Schlegel, bis zu den großen, weltläufigen Gelehrten des frühen zwanzigsten Jahrhunderts, Friedrich Gundolf, Erich Auerbach und Ernst Robert Curtius zum Beispiel. In der Geschichtswissenschaft gab es lange die Forderung, »einen Stil zu finden, der dem geschichtlichen Gegenstand an Würde und Kraft angemessen ist.« Gute Schreiber waren der Schweizer Historiker Jacob Burckhardt, der Kunsthistoriker Georg Dehio, der Historiker Theodor Mommsen und der Kunsthistoriker Heinrich Wölfflin. Ein reines, feines Deutsch gibt es bei Max Weber zu lesen; es findet sich zum Beispiel ausgerechnet in seiner Vorlesung über »Wissenschaft als Beruf« aus dem Jahr 1919: »Glauben Sie, dass Sie es aushalten, dass Jahr um Jahr Mittelmäßigkeit nach Mittelmäßigkeit über Sie hinaussteigt, ohne innerlich zu verbittern und zu verderben?«, fragt Max Weber darin sein Publikum. »Dann bekommt man selbstverständlich jedesmal die Antwort: Natürlich, ich lebe nur meinem ›Beruf‹; – aber ich wenigstens habe es nur von sehr wenigen erlebt, dass sie das ohne inneren Schaden für sich aushielten.« Und ist das nicht selten gut formuliert? Der erste Satz in drei Stufen, von denen die zweite und dritte jeweils ein wenig größer ist als die vorhergehende, bis dann eine dramatische Coda in Gestalt einer Frage kommt? Und dann die Antwort, graduell absteigend bis zum bitteren Schluss, und so ernst die Angelegenheit ist, so einfach ist doch die Sprache, in der sie vorgetragen wird.

Deutsch war die Sprache der Leitwissenschaften des neunzehnten und frühen zwanzigsten Jahrhunderts, die Sprache der idealistischen Philosophie, der klassischen Philologie und der Altertums- und Geschichtswissenschaften, die Sprache der Theologie, der Volkswirtschaft und der frühen Soziologie. Es war die Sprache der Psychoanalyse, und Sigmund Freud schrieb ein klares, lebendiges und präzises Deutsch, ohne Anspruch auf Expertentum und ohne Jargon. Deutsch war auch die Sprache der Physik, der Gemeinschaft um Werner Heisenberg, die sich selbst gern als platonische Gemeinschaft inszenierte. Zum Kreis um den Dichter Stefan George, der sprachbewusst war in höchster Verfeinerung, gehörte eine eigene, auch akademisch etablierte Wissenschaft: der Historiker Ernst H. Kantorowicz, der Philologe Friedrich Gundolf, der Ökonom Edgar Salin. Das Deutsche ist die Sprache des Marxismus. Und als sich der Romanist Karl Vossler im Jahr 1923 ein paar systematische Gedanken über »Sprache und Wissenschaft« machte, glaubte er zwar, dass sich im Wettbewerb der Idiome nur wenige als »Sprachen der Wissenschaft« durchsetzen könnten, dass aber, neben dem Englischen und dem Französischen, das Deutsche gewiss dazugehöre. Wie es dazu kam, möchte man da gerne wissen, und auch, warum diese Allianz zerbrach – denn verloren war diese Bedeutung schon vor dem »Dritten Reich« und der Vertreibung, wenn nicht Ermordung der jüdischen Wissenschaftler. Und man darf nicht übertreiben: Internationalen Rang besaß das Deutsche als Wissenschaftssprache nur für ein beschränktes Register von Disziplinen. Das Deutsche im neunzehnten Jahrhundert ist daher nicht mit dem Englischen des frühen einundzwanzigsten Jahrhunderts vergleichbar. Ganz abgesehen davon, dass das Englische der internationalen Wissenschaften sehr wenig mit der Kultursprache Englisch und ihrer literarischen Tradition zu tun hat, während es bei der Verbindung der Wissenschaft mit dem Deutschen gerade auf die

Kultursprache angekommen war. Aus der engen Verbindung der »klassischen Literatursprache und der Beschreibungssprache der Naturwissenschaft entstand jene deutsche Wissenschaftssprache, die das Faszinosum des 19. Jahrhunderts und noch der ersten Jahrzehnte des 20. Jahrhunderts gewesen war«, sagt Wolfgang Frühwald, der ehemalige Präsident der Deutschen Forschungsgemeinschaft. »Sie war die Basis einer Wissenskultur, welche die von Wilhelm von Humboldt, von Schleiermacher und Fichte gegründete moderne Universität getragen hat.«

Die Wissenschaft, mit der dieser Aufstieg zur Weltsprache begann, die ihn vorantrieb, schnell und mit großen Folgen für die Universitäten anderer Länder, vor allem der Vereinigten Staaten, ist die Philosophie. Genauer: es ist der Idealismus, es sind die spekulativen Gebäude Immanuel Kants, Georg Wilhelm Friedrich Hegels und eines Dutzends weiterer Denker, die aus der deutschen Philosophie innerhalb von wenigen Jahren eine theoretische Schule von einer Geltung werden ließen, wie es seit Platon keine mehr gegeben hatte. Der Grund für die internationale Geltung der deutschen Sprache im neunzehnten Jahrhundert ist also nicht nur in ausgeprägten wissenschaftlichen Stärken zu suchen, in den Arbeitstechniken der reformierten Universität oder im Wohlstand, den dann die Industrialisierung nach Deutschland brachte. Sondern sie wurde vorher geschaffen: in den Denkgebäuden vor allem, die es ohne große Nähe zur literarischen Sprache nicht gegeben hätte. Aber was heißt da Nähe? Der Philosoph Dieter Henrich versuchte vor einigen Jahren, auf der Grundlage von Indizien nachzuweisen, dass Georg Wilhelm Friedrich Hegels Philosophie – das größte und vollständigste unter diesen Theoriegebäuden des Idealismus – und die hymnische Lyrik Friedrich Hölderlins aus einer Quelle hervorgehen, dem nächtlichen Spekulieren am Tübinger Stift, in dem die beiden (und Friedrich Wilhelm Joseph Schelling) zwischen 1790 und 1793 ihre akademische Schulbildung erhielten. Nicht, dass er einen Beweis geliefert hätte. Aber die Verbindung erschien, durch lauter Indizien, immerhin denkbar.

Gottfried Wilhelm Leibniz befand um das Jahr 1700, das deutsche Vokabular sei unzureichend für Dinge, die man nicht mit den Sinnen erfahren könne, und empfahl deswegen die Rückwendung zur Sprache der Reformation. Doch noch Immanuel Kant gab, während er längst schon an seiner eigenen Philosophie arbeitete, noch Vorlesungen, in denen er Werke anderer, älterer Philosophen referierte. Und betrachtet man nur die Sprache seiner Arbeiten, sieht man, wie er sich aus der lateinischen Tradition herausringen muss – man erkennt es an den immensen Schwächen seines Satzbaus, an den völlig überlasteten Schachtelsätzen, in denen die Hoffnung des Kanzleistils fortlebt, die große, gegliederte Periode sei ein Ausweis vorzüglichen Sachverstands. Gleichzeitig aber ist schon die neue Sprache, in ganz und gar deutschen Formulierungen, darin zu finden, deren bildliche Kraft und Lebendigkeit geradewegs zu Martin Luther zurückzuweisen scheint. In der »Vorrede« zur *Kritik der reinen Vernunft* heißt es zwar: »Ich sah aber die Größe meiner Aufgabe und die Menge der Gegenstände, womit ich es zu tun haben würde, gar bald ein, und, da ich gewahr ward, dass diese ganz allein, im trockenen, bloß scholastischen Vortrage, das Werk schon genug ausdehnen würden, so fand ich es unratsam, es durch Beispiele und Erläuterungen noch mehr anzuschwellen.« Aber je näher der Leser dem Menschen Immanuel Kant kommt, desto näher rückt auch, worauf Manfred Geier hinwies, ein Mann des Salons und des Chiasmus, einer, der den theatralischen Alexandriner der Franzosen ins Deutsche übertragen konnte – »Gedanken ohne Inhalt sind leer, Anschauungen ohne Begriffe sind blind« –, ein Mann des volkstümlichen Witzes und damit lebenspraktisch wie sprachlich eine Figur des Übergangs. Man glaubt ihm, wenn er in seinem Tagebuch notiert, er habe absichtlich die »Schriftstellerreize« ausgeschlossen, denn er habe nicht den Verdacht erregen wollen, dass er die Leser überreden wolle.

In der Philosophie des deutschen Idealismus ist die universale Intention vom Besonderen und Partikularen der deutschen Sprachform um 1800 durchdrungen. Der systematische, allgemeine Anspruch, den der Idealismus gegen alle anderen kleinen und großen Philosophien erhebt, hat in dieser Bindung an eine spezifische Sprachform einen Widerpart. Für diese Spannung gibt es Gründe, aber sie sind nicht dazu angetan, dieses Auseinander zu verkleinern. Denn die idealistische Philosophie entwickelt sich in Form und Gehalt mit der deutschen Sprache. Sie ist Teil der sich in erstaunlich kurzer Zeit, innerhalb von wenigen Jahrzehnten vollziehenden Entwicklung, in deren Verlauf das Deutsche zu einer Sprache wird, die, wenigstens der Möglichkeit nach, das gesamte Wissen der Zeit, ihre Verkehrsformen und ihre Kultur in sich birgt. Und sie ist kein kleiner Teil dieser Entwicklung, allein schon, weil in dieser Sprache und durch diese Sprache die »Entfesselung« der philosophischen Fakultät beginnt: »Vormals als simple Propädeutik den drei seriösen Fakultäten vorgeschaltet«, erklärt der Kulturwissenschaftler Friedrich Kittler, »erobert sie Rang und Namen der höchsten.«

Den Schritt ganz hinein in die neue deutsche Sprache hat Georg Wilhelm Friedrich Hegel, die andere große Gestalt des spekulativen Idealismus, schon getan, nicht nur, weil er Vorlesungen über das hält, was er selber schreibt, und selber schreibt, was er liest. Er mag sich, wie in der Einleitung zur *Phänomenologie des Geistes*, formell noch so sehr gegen die »Liebe« zum Wissen wehren, sie für einen vergangenen, überwundenen Zustand der Theorie halten und auf der Reinheit der Wissenschaft bestehen. Und er mag, auch weil er weiß, dass er dem Willkürlichen der Sprache nicht entkommt, weil er der Sprache also misstraut, auf der Differenz zwischen dem philosophischen und dem grammatischen Satz insistieren. Die Sprache des Gefühls benutzt er dennoch, und er benutzt sie nicht nur beiläufig. Es zieht ihn vielmehr in die Sinnlichkeit der Sprache, bis auf deren – und jetzt kommt so ein empfindsames Wort: bis auf deren »Grund«, ein Terminus, in dem sich »ratio« und »fundamentum«, »reason«, »argument« und »base« so sehr vermengen, dass der Interpret in die Tiefe eines modrigen Teiches zu blicken meint. Über diese Sprache sagt der britische Germanist Eric A. Blackall, in einem leider fast vergessenen Buch aus dem Jahr 1959, sie sei »metaphorisch in höchstem Grade«. Und das ist sie: eine Sprache in Bildern, in Machtwörtern, sie ist Literatur. Nur in dieser Verbindung fand die Wissenschaft hinaus in die Öffentlichkeit, und am Interesse der Öffentlichkeit wuchsen die Wissenschaften – zunächst die Philosophie, dann die Geschichtswissenschaft, wo die literarische Sprache noch eine besondere Aufgabe erfüllt. Besonders die Verbindung der Geschichtsschreibung mit der Literatur ist fruchtbar, weil das Vergangene so in der Erinnerung fortlebt. Einfach aber ist diese literarische Sprache der Wissenschaften nicht. Sie kann nicht einfach sein, und sie muss es auch nicht sein. Denn es wäre ja durchaus möglich, dass die Schwierigkeit des Deutschen potentiellen Lernern sogar als Attraktion erscheint, weil sie wissen, dass diese Schwierigkeit eine Art Zoll ist, den man für die permanente Integration des Fremden entrichten muss.

Spätestens damit aber stellt sich die Frage, was das für ein philosophischer Universalismus ist, der da an eine Sprache gebunden werden soll. Und diese Frage geht weit über die Gemeinplätze der philosophischen Übersetzungskritik hinaus. Obwohl es ja stimmt: Man kann »Bewusstsein« nicht mit

»consciousness« übersetzen, »Vernunft« nicht mit »reason«, und das »Selbst« ist weder »the self« noch »the me«, geschweige denn »le soi« noch »le même«. Aber über diese Schwierigkeiten kommt man möglicherweise hinweg, in Setzungen, die den Sprachschöpfungen in der eigenen Sprache entsprechen. Philosophie besteht schließlich zu einem großen Teil aus Definitionen. Schwieriger indessen wird es, wenn die Herkunft eines Wortes, also seine Etymologie, auch als Ressource der Bedeutung behandelt wird – schwieriger, weil das Willkürliche der Wortbildung dann eingeht in das Systematische einer Philosophie. Das Wort »aufheben« und seine Rolle innerhalb der Philosophie Hegels mag das bekannteste Beispiel für eine solche Verknüpfung zwischen dem Willkürlichen und dem Universalen sein. Man kann es nur sehr bedingt in andere Sprachen überführen. Das lateinische Verb »tollere« heißt zwar »aufheben«, nicht aber »beseitigen«. Ein jeder bringt seine eigene Terminologie hervor, und anstatt universal zu sein, konkurrieren die Philosophen in ihren Empfindsamkeiten. Ja, sie konkurrieren mit ihrem jeweiligen Universalismus, als gehe es dabei, wie bei den Pietisten in Karl Philipp Moritz' Roman *Anton Reiser*, um einen Wettbewerb im Wahrhaftigsein. Und Hegels »begreifen« ist zwar eine Lehnübersetzung aus dem Lateinischen – also von »comprehendere« (»erfassen«) oder »concipere« und »conceptus« –, aber doch ein Wort, in dem das »Greifen« noch anschaulich und gegenwärtig ist. Für einen solchen Philosophen – und für die unendlich vielen Interpreten, die ihm folgen – sind solche Sprachbilder Funde des Glücks: Wortspiele, aus denen eine Philosophie entstehen kann, Metaphern, die wie Bäume sind, deren Wurzeln scheinbar hinunterreichen bis an die Anfänge des abstrakten Denkens – diese Wörter, Substantive vor allem, sind sinnlich gewordener Geist im Sinne der Frühromantik, eher Selbstoffenbarung durch Sprache als Offenbarung, schwebend zwischen Philosophie und Poesie. In diesem Sinne sagt Hegel am seraphischen Ende der »Phänomenologie« über den Geist: »In seinem In-sich-gehen ist er in der Nacht seines Selbstbewußtseins versunken, sein verschwundnes Dasein aber ist in ihr aufbewahrt, und dies aufgehobne Dasein – das vorige, aber aus dem Wissen neugeborne – ist das neue Dasein, eine neue Welt und Geistesgestalt.« Das aufgehobene Dasein – hier wird angewandte Wortbildungslehre, hier wird poetische Sprachschöpfung zum Begriff.

Und doch heißt es, früh, bei Eduard Engel: »Das schlechteste Deutsch, den schlechtesten Stil schreibt die deutsche Wissenschaft.« Das liegt nicht nur daran, dass die Sprache der Wissenschaft, so wie zum Beispiel Immanuel Kant und Georg Wilhelm Friedrich Hegel sie sehen, zum Buchstabieren nötigen und daher den Eindruck erwecken will, es gäbe keine andere mögliche Formulierung für den Sachverhalt. Das liegt auch daran, dass die Sprache der Wissenschaft, wenn sie einmal in Gestalt von Disziplinen verfasst ist, in hohem Maße diplomatisch ist. Das korporative Bewusstsein unter den Mitgliedern einer Disziplin, die permanenten Rang- und Verteilungskämpfe, treiben einen eigenen Jargon vor, der stärker von den Rücksichten des Einschlusses und der Abwehr, der Nachprüfbarkeit und der Rücksichtnahme geprägt ist als von dem Verlangen, sich so gut und so klar wie möglich auszudrücken. Ärger noch, die beiden Motive wirken einander entgegen. Und schließlich: Während die Geisteswissenschaften deutsch sind, weil sie in und von der Sprache leben, gilt das für die Natur- und Ingenieurwissenschaften nur mit großen Einschränkungen. Das kündigt sich schon um das Jahr 1800 an – Kant beherrschte die Physik, Hegel nicht – und ist spätestens seit Mitte des neunzehnten Jahrhunderts offenbar, und die Trennung dieser Sphären ist in der Sache begründet:

Die Mathematik, das theoretische Fundament dieser Wissenschaften, braucht die Sprache nur in Grenzen.

Das Ineinander von deutscher Sprache und Wissenschaft löst sich aber auch innerhalb der Geisteswissenschaften auf, im selben Maße, wie die Geisteswissenschaftler fachlich werden und zum Beispiel die Historiker mehr miteinander als mit der Öffentlichkeit reden – und mehr als allem anderen der Disziplin dienen müssen, indem sie den Forschungsstand dokumentieren und jede noch so beiläufige Anleihe belegen, so dass sich ihre Arbeiten in ebenso monströse wie unlesbare Werkstätten der Wissenschaftlichkeit verwandeln. Dann schreiben sie auch keine musterhafte Sprache mehr, denn für sie hat sich die historische Wahrheit von der Erzählung getrennt. So wird, um bei den Historikern zu bleiben, die osmotische Membran zwischen Wissen und Gedächtnis, die Voraussetzung ist für den heiteren, selbstsicheren Umgang mit dem Anderen und Früheren, verschlossen und versiegelt. Umgekehrt hatte die Literatur, langsam zuerst, dann immer deutlicher, ihre alles umfassende Bedeutung für die Gesellschaft eingebüßt. Die Idee, dass alle eine Sprache sprechen sollten und dass diese dieselbe sei, in der die Literatur verfasst wurde, hatte schon bald große Ausnahmen hinnehmen müssen. Zuerst waren, noch im neunzehnten Jahrhundert, die Natur- und Ingenieurwissenschaften aus der gemeinsamen Sprache ausgewandert. Denn im selben Maß, wie sich diese Wissenschaften auf die Mathematik gründeten, entwickelten sie jeweils eine Kultur für sich selbst. Und je größer diese Wissenschaften wurden, desto weiter entfernten sie sich von ihrem Ausgangspunkt, von der Aufklärung und deren Anspruch, dass alles von allen sollte verstanden werden können. Sie wurden esoterisch und bildeten ein eigenes kleines Publikum heraus. Die Wirtschaftswissenschaften nahmen nach dem Zweiten Weltkrieg dieselbe Entwicklung hin zur Mathematik. Dann wälzte sich über alles der Jargon der gelungenen Kommunikation, des Dialogs, der Qualitätsmomente, der Transparenz, der Zeitnähe und des Zielstockwerks, und wenn auch nicht jeder versteht oder verstehen möchte, was es damit jeweils auf sich hat, so ist der Jargon doch deutlich genug, um der Expertenkultur zugeschlagen und von der Sprache der Allgemeinheit abgezogen zu werden.

Die Sprache des philosophischen Idealismus ist dann längst vergessen. Nach dem Tod Hegels, also nach dem Jahr 1831, drang sie über die Philosophie und die philosophierenden Teile der Geisteswissenschaften kaum noch hinaus, von zwei großen Ausnahmen abgesehen, dem Marxismus und, damit verbunden, doch ganz anders, nämlich die Vergeblichkeit aller intellektuellen Anstrengungen auf deren äußerstem Punkt zelebrierend, Theodor W. Adornos »kritischer Theorie«. Und hatte Adorno nicht schon als Schüler am Frankfurter Kaiser-Wilhelms-Gymnasium Immanuel Kants *Kritik der reinen Vernunft* gelesen?

Die literarische Prosa wird nach Jean Paul mehr oder minder unphilosophisch: Joseph von Eichendorff, Heinrich Heine, Adalbert Stifter, Gottfried Keller schreiben, nach den Maßstäben der philosophisch inspirierten Dichter der Frühromantik betrachtet, eher schlicht. In ästhetischen Diskussionen freilich lebt dieser Sprachschatz lange fort, weil er selbst ästhetischen Motiven entsprungen zu sein scheint. So kommt es, dass die Römer das Caffè Greco, in dem, vom späten achtzehnten Jahrhundert bis zum Ersten Weltkrieg, mit Vorliebe deutsche Künstler miteinander redeten, das »Caffè dei begriffi« nannten. Drei Jahrzehnte später meinte Ludwig Reiners über Hegels Philosophie: »Denn das Geschlecht, welches den Reichtum dieses Werks verstehen kann, stirbt aus, und es ist zu befürchten, dass in nicht allzu langer Zeit demselben niemand mehr gewachsen sein wird.« Doch seltsam:

Wenn es bald auch keine Deutschen mehr geben soll, Hegel zu verstehen, so findet sich doch eine erstaunliche Gemeinde von Ausländern zusammen, die gerade seinetwegen (oder wegen Kant, Nietzsche oder Heidegger) sehr viel Mühe in die Sprache stecken.

24. Botho Strauß sucht die Balance:
Satz und Ökonomie

So wie das Leben vorangeht, scheinen es auch die Sätze zu tun, vom Anfang geradewegs zum Ende. Aber das ist gar nicht wahr. Das Leben geht, vor allem im Deutschen, meist vorwärts und rückwärts zugleich, und manchmal kreist es um sich selbst und geht eine ganze Weile gar nicht voran. »Ein Mann«, lautet der erste Satz in *Paare, Passanten* von Botho Strauß, einem der großen Bücher der achtziger Jahre, »in einem grauen, zu kurzen Anzug, der im Restaurant allein am Tisch sitzt, ruft plötzlich ›Psst!‹ in die dahinplappernde Menge der Gäste.« Es ist der Mann, auf den hier alles ankommt, und dieser Mann ist das Subjekt des ganzen Satzes – nein, es dauert eine Weile und beansprucht fünfzehn Wörter, bis das Subjekt seine Sachen zusammenhat: Es wird nachträglich bestimmt, mit einem Präpositionalattribut (seinem Anzug) und einem Relativsatz. Dann erst kommt das konjugierte Verb, also »ruft«. Auf weniges also kann man sich im Deutschen verlassen, schon gar nicht bei der Wortstellung. Aber das konjugierte Verb steht, grammatisch betrachtet, in einem Aussage- und Hauptsatz an zweiter Stelle. Immer.

Wie Wellen scheinen sich die Bestimmungen dessen auszubreiten, wie der Mann ist und was er treibt, eine Welle folgt auf die andere, und alle beziehen sich zurück auf den Mann am Anfang. So werden die Bewegungen, die der Kopf im Fortschreiten des Satzes rückwärts vollziehen muss, immer länger. Dann ruft er, und der Satz schnellt nach vorne, um nun kurz in die Runde und zurück zu gucken – das »plötzlich«, die »plappernden Gäste«, das »Restaurant«, auch diese Wörter verweisen zurück, nämlich auf das »ruft«. Dann schließt der Satz ab. Oft gibt es solche Sätze bei Botho Strauß, einem zuweilen zwar schlechtgelaunten, stets aber fast übergenau hinschauenden Beobachter, und was es im West-Berlin der späten siebziger und achtziger Jahre zu beobachten gab – das hatte etwas Halbwirkliches, etwas künstlich Herbeigeführtes. Es lebte von Attitüden, die nicht von gesellschaftlichen Zuständen gedeckt waren, von der Tragik der Sechs-Zimmer-Altbauwohnung. Botho Strauß sah hin, schrieb auf, und so entstanden solche Sätze, die ihre Botschaft nur anrissen, als Bruchstück nach vorn warfen – und dann ihrem eigenen Echo nachspürten: »Nur die Sprache, sagte er sich, hat dich bisher diese wie immer auch elende Einsamkeit überhaupt ertragen lassen.« Bei ihm waren die Freiheitskriege des modernen Individuums früh als Gespensterschlachten zu erkennen – auch in Gestalt seiner Satzanfänge.

Zu Beginn des zwanzigsten Jahrhunderts gab es einen Mann, der sich mit der deutschen Sprache weniger als Schreiber und Leser, sondern als Sprecher und Hörer auseinandersetzte. Erich Drach war der Begründer der Sprecherziehung, und die Folgen seines Wirkens sind noch heute auf deutschen Bühnen zu bemerken. Daneben entwickelte er eine Art Gleichgewichtstheorie für den deutschen Satz. Und wenn seine Theorie die Sprachwissenschaft auch nicht immer überzeugt, aus vermutlich guten Gründen, denn sie ist nicht nur der Praxis verpflichtet, sondern verfährt auch eher bildlich, in Gestalt von Analogien, so taugt sie doch etwas: zur Beschreibung, aber mehr noch als gleichsam impressionistisch leitende Idee für das Verfertigen deutscher Sätze. Denn Sätze haben eine Physiognomie, die Grammatik ist und über sie hinausgeht, ohne deswegen schon in der Rhetorik, also in der Lehre von der Gestaltung des Ausdrucks, aufzugehen.

Erich Drach unterscheidet ästhetisch und psychologisch, was vor dem Verb steht und was danach kommt: Vorne, so sagt er, stünden der Wille zum Ausdruck und das Gefühl – Erich Drach schreibt: »heißes Gefühl und drängender Wille«, und daraus spricht, wie bei Ludwig Reiners, die Verehrung des Tatmenschen (und beide standen dem Nationalsozialismus nahe), auch wenn der Gedanke im Kern richtig ist. Hinten befinde sich das Ziel, das Denken, oder genauer: das, was dann gedacht sei. Deswegen geschehe es im Deutschen häufig, dass ein Satz mit dem Objekt begonnen werde – »die Botschaft hör' ich wohl ...« –, worauf sich dann das konjugierte Verb anschließt. Und der Satz: »Morgen gehe ich spazieren« bedeutet etwas anders als »ich gehe morgen spazieren«. Denn das Denken schreite voran, wie Erich Drach schreibt, »vom Gewussten zum Gesuchten, vom Bekannten zum Unbekannten, vom Ausgang zum Ergebnis: solcher Denkablauf kommt notwendig dazu, das Ziel in das Nachfeld zu verlegen. Genauso verfährt, wer mit Absicht klären, belehren, überzeugen will. Er empfindet, dass die letztgehörten Worte beim Hörer am festesten einschlagen, am längsten haften: mit zweckbewusster Absicht setzt er den stärksten Trumpf ans Ende.« So entsteht eine Lehre vom deutschen Satz als angewandte Dramaturgie: »Die Pole A und Z müssen ein Mindestmaß von Tragfähigkeit haben. Ein allzu schwacher Ausgangspol lässt keine durchhaltende Spannung aufkommen. Ein allzu matter Zielpol lässt sie unwirksam verebben.« Damit eine Klammer funktioniert, muss sie tragfähig sein – einen hinlänglich starken Ausgang haben, ein hinlänglich starkes Ziel. Das heißt auch: es gibt eine Ökonomie für das, was zwischen Ausgang und Ziel steht – es darf nicht zu viel werden.

Der Satz kommt erst dann zu sich selbst, wenn er schon fast verklungen ist: Wenn das »psst« des Mannes im grauen Anzug bei den plappernden Gästen angekommen ist, erst dann schlägt das zeitliche Nacheinander der Wörter und Satzglieder um in die Bedeutung, und diese ist zeitlos. Dabei gibt es offenbar eine Ökonomie des Satzbaus, die das grammatisch Notwendige übersteigt und die innere Spannung eines Satzes schafft, ihn also zusammenhält und weitertreibt: Hätte Botho Strauß seinen Eingangssatz mit dem Ruf »psst« abgeschlossen, wäre er ganz nach vorn, ins Subjekt gerutscht – und es fehlten nicht nur die Vorstellung der sich überrascht hebenden Köpfe und der erstaunten Mienen, sondern auch das Gegengewicht, in dem sich der Satz auf kompakte Weise rundet. Und tatsächlich – hat man einmal angefangen, Sätze nach den Maßstäben von Gleichgewicht und Proportion zu betrachten: Man bemerkt sie überall, in der Balance von »Vorfeld« und »Nachfeld«, die sich um eine »Mitte« herum organisieren, wie Erich Drach behauptet, wobei in »Vorfeldern« und »Nachfeldern« weitere, untergeordnete Mitten entstehen können. Und wie bei einem Rad, das, um eine Unwucht des Reifens auszugleichen, mit Bleiklammern versehen wird, gibt es fein dosierbare Mittel der sprachlichen Gewichtsverteilung, durch die Verstärkung von Konjunktionen etwa (das »weil« einschließlich Pause anstatt des »denn« gehört in diesen Zusammenhang), durch Präpositionen und Pronomina – und durch die Verdopplung mit Hilfe eines »selbst«. Zur Illustration zitiert Erich Drach: »Die größte Achtung, die ein Autor für sein Publikum haben kann, ist, dass er niemals bringt, was man erwartet, sondern was er auf der jedesmaligen Stufe eigener oder fremder Bildung für recht und nützlich hält.« Das ist von Goethe, beinahe, denn es fehlt ein Wort: ein »selbst« hinter dem »er«. Fügt man es hinzu, gewinnt der Satz sogleich »einen anderen Halt«.

In Alfred Döblins expressionistischem Roman *Berlin Alexanderplatz* heißt es: »Scharf ist der Schupo auf Taille gearbeitet.« Die Wortfolge in der geschriebenen Sprache muss den größten Teil der Hilfen ersetzen, welche die mündliche Rede der schriftlichen voraushat. Gerne zieht man daher das strategisch wichtigste Wort eines Satzes nach vorne, an den Anfang, wo es dann nicht nur mit besonderer Betonung ausgesprochen wird, sondern so auch, also mit Akzent, gelesen wird: Und welch ein Gewicht dann auf dem Wort »scharf« liegt! Sofort wird klar, was hier Schauplatz oder Gegenstand ist. Freilich hat im Deutschen jeder Satz einen einzigen notwendigen Akzent, und er liegt auf dem Prädikat. Deswegen könnte es zwar auch heißen: »Scharf auf Taille gearbeitet ist der Schupo«, aber nicht »Auf Taille gearbeitet ist der Schupo scharf«.

Exkurs II

25. Heinrich Heine will das Ende: Literatur und Konvention

Seitdem es eine Moderne gibt, gilt die Konvention wenig. Was schadet es, dass alle Wahrnehmungsmuster schon tausendmal gebrochen, alle Traditionen unendlich oft gekündigt wurden und die Subversion längst zur Majestät aufgestiegen ist? Unkonventionell sind alle Kräfte des Fortschritts. Dabei ist, was verstanden wird und verstanden werden soll, in hohen Maße an die Konvention gebunden. Oder umgekehrt: Wäre ein Buch, ein Kunstwerk tatsächlich ganz und gar unkonventionell, gäbe es keinen Zugang zu ihm: Wer der Kunst nahestehe, sagt der Lateinlehrer und Publizist Burkhard Müller, solle »ein Gefühl tiefer Dankbarkeit gegenüber der Kunst hegen. Sie ist die Schwerkraft, die alle Werke und alle Bezüge in ihrer genauen Umlaufbahn erhält, ohne sie schösse alles, was startet, in die schwarze Nacht des Weltraums hinaus und wäre verloren.«

Im Herbst 1832 saß Heinrich Heine in Paris. »In der Literatur«, schrieb er damals, gehe es zu wie »in den Wäldern der nordamerikanischen Wilden«. Dort würden »die Väter von den Söhnen totgeschlagen, sobald sie alt und schwach geworden«. Und offenbar nicht nur diese, denn sonst wären ihm der Dichter Joseph Görres nicht als »tonsurierte Hyäne« und der Philosoph Victor Cousin nicht als anmaßender Löffeldieb erschienen. Nachzulesen sind diese Beschimpfungen in der *Romantischen Schule*, dem Werk, in dem Heinrich Heine einem französischen Publikum die deutsche Literatur erklärt – im festen Glauben, dass deren beste Zeit mit Goethes Tod im Frühjahr desselben Jahres zu Ende gegangen sei. Es mag sein, dass es diesen groben Ton nicht mehr gibt, weil der realen Greuel zu viele geworden sind und die Vergehen wider die Vernunft oder den guten Geschmack nicht mehr ins Gewicht fallen. Und doch ist es so, dass der Literatur die Kraft zur Kritik an den eigenen Werken abhandengekommen ist. Damit ist eine Tradition der Selbstreflexion zum Stillstand gekommen, die über Wolfgang Menzels Schmähschrift *Das junge Deutschland*, die Mementos des George-Kreises, die Polemiken von Karl Kraus bis hin zu Rudolf Borchardt und seiner Abrechnung mit dem Verein der deutschen Handlungsgehilfen reicht.

Vor einigen Jahren veröffentlichte der im Herbst 2009 gestorbene Berliner Literaturwissenschaftler Gert Mattenklott einen Aufsatz, dem er den Titel »Kunstreligion« gegeben hatte. Die gegenwärtige Literatur habe sich, erklärt er darin, aus der Ernsthaftigkeit zurückgezogen, es gebe keine »Integration der Gesellschaft durch Kunst« mehr. Die Künste, vor allem aber die Literatur, hätten eine Domäne preisgegeben, die ihnen seit der deutschen Frühromantik angehört habe. So lange hätten sie als »profane Stellvertreter von Wahrheiten im Modus des Scheinens« gegolten, dieser Begriff verstanden »in seiner vollen Ambivalenz von Vorschein und Trug«. Nach hundertsiebzig Jahren kehrte die These Hegels zurück, man habe das »Ende der Kunstperiode« erreicht.

Ein unverhofftes Wiedersehen ist dieser Satz vom »Ende der Kunstperiode« – denn kein Philosoph ist in den vergangenen zwei Dekaden so gründlich vergessen worden wie eben Hegel, der Geistesfürst der sechziger und siebziger Jahre. Und nicht nur die These, sondern auch ihre Umstände scheinen sich über eine Entfernung von hundertsiebzig Jahren zu spiegeln: Unangefochten regiert die Politik, damals wie heute, eine zweite Restauration ist jeweils eingetreten, und nie scheint die Politik, damals wie heute, der öffentlichen Einflussnahme weniger erreichbar gewesen zu sein. Stattdessen werden die Dichter im Kanzleramt empfangen – nicht, weil die Literatur irgend eine Wirkung auf die Politik hätte, sondern im sicheren Bewusstsein dessen, dass sie diese Wirkung nicht besitzt. Gleichzeitig geht eine neue technische Welt auf, damals der radikale Übergang zum Maschinenzeitalter, heute die rasante Vervielfältigung von Rechengeschwindigkeit in immer kleiner werdenden Geräten.

Als Heinrich Heine die *Romantische Schule* verfasste, konnte er sich eine Welt vorstellen, in der es keine Kunst mehr gibt. Er nahm Goethes Tod und Hegels Satz persönlich. Vom Ehrgeiz getrieben, dennoch das Erbe ebendieser Kunstperiode anzutreten, nahm er seine Zeitgenossen als »Schule«, als von gemeinsamen Einflüssen geprägte Generation wahr – und wollte es besser machen. Wer aber heute schreibt, kann nicht den Eindruck haben, ihm sei eine große »Periode« unmittelbar vorausgegangen. Die Dichtung der Gegenwart, meinte Botho Strauß schon im Jahr 1980, gleiche dem »kugelnden Kopf eines Betrunkenen in fortströmender Flut, der kurz vor der Schwelle zum Ruf gurgelnd zurück ins Wasser sinkt – das ist das Fading des Kunstwerks, und das im Entwischen Erwischte bildet den Kern seines Realismus.« Die Schriftsteller der vergangenen fünf Jahrzehnte haben keine Schule gebildet, sie haben schon in der Gegenwart keine Nachwelt mehr, sie sind nicht einmal prägend gewesen – von Arno Schmidt oder Thomas Bernhard oder Robert Gernhardt, dem beliebtesten von allen, einmal abgesehen. Tatsächlich haben weder Günter Grass noch Martin Walser, weder Hans Magnus Enzensberger noch Peter Rühmkorf, weder Heiner Müller noch Christa Wolf entschlossene Nachfolger gefunden, und das gilt zuallererst für ihren jeweiligen Umgang mit der deutschen Sprache.

Es hat in den vergangenen Jahrzehnten in der Literatur immer wieder Bewegungen gegeben, die, von heute aus betrachtet, zwar Stil waren, sich aber als alles andere denn als Stil wahrnahmen: »Und ich wusste plötzlich: alles ist eine Frage der Sprache und nicht nur dieser einen deutschen Sprache, die mit anderen geschaffen wurde in Babel, um die Welt zu verwirren«, schreibt Ingeborg Bachmann in ihrer Erzählung *Alles* aus dem Jahr 1959. »Alles war eine Frage, ob ich das Kind bewahren konnte vor unserer Sprache, bis es eine neue begründet hatte und eine neue Zeit einleiten konnte.« Und wie das Zerschlagen der Grammatik, die Fragmentierung der Syntax, die Suche nach neuen Wörtern in der Poesie der ästhetischen Moderne nicht als Frage der Entscheidung, sondern als unmittelbarer Ausdruck eines Strebens nach letzter Wahrheit und nach einer idealen, nicht-grammatischen, nicht-lexikalischen, nicht-stilistischen Sprache wahrgenommen wurde, so wurde ein großer Teil der deutschen Literatur der vergangenen sechzig Jahre geprägt von Vorstellungen einer empathischen Zeitgenossenschaft, die ein sprachliches Register nur als Vorbehalt gegen die Zeit wahrnehmen wollte – bis hin zu den neunziger Jahren, zu einer Literatur, die sich vom Leitbild des Reporters führen ließ, zu den kurzen Sätzen und zum Rauch der Zigaretten als Ausdruck einer neuen, authentischen »impassibilité«: »Ja, so stellte ich es mir vor, erwachsen zu sein«, schreibt Benjamin von Stuckrad-Barre im Jahr 2004 in einem Nachwort zu Jörg Fausers Roman *Rohstoff*, »immer unterwegs, hier was schreiben, dort abstürzen, auf alles mögliche reinfallen, eine faszinierende Halbwelt.« Der Mangel an Sprachbewusstsein kann seinen Grund nicht nur in der Schule, am fehlenden Unterricht in Grammatik oder gar Rhetorik haben. Denn es braucht ja gar nicht viel Bildung, um Aufklärung über verborgene Entscheidungen zu verlangen. Eher schon geht der Mangel an Sprachbewusstsein darauf zurück, dass es am Sinn für die Möglichkeiten fehlt, anders gesagt: am Sinn für das Literarische in jeder Art von Sprache, und dass deshalb alle Sprachentscheidungen zugleich als Gattungsentscheidungen erscheinen.

Wer heute Schriftsteller wird, bewegt sich in großer Freiheit, im Guten wie im Schlechten. Er muss sich an keinem Vorgänger stoßen. Und siehe da: Wenn es heute wieder Dichter gibt, die sehr gut schreiben, vielleicht sogar ebenso gut, wie vor zweihundert oder vor hundert Jahren geschrieben wurde, dann liegt es an einem veränderten Verhältnis zur Konvention. Dass in den Werken W. G. Sebalds eine literarische Tradition fortgeführt wird, die auf Adalbert Stifter zurückgeht, ist oft geschildert worden. Aber wie liegen die Verhältnisse zwischen Martin Mosebach und Heimito von Doderer, zwischen Brigitte Kronauer und Robert Walser? Und wenn man für Georg Klein, Sibylle Lewitscharoff oder Uwe Tellkamp auch keine Namen zu nennen wüsste (obwohl es sie sicherlich gibt), so ist doch offensichtlich, dass in ihren Büchern jedes Wort gewählt und gewogen ist – dass es für sie eine Schule des Schreibens gegeben haben muss, in der man zuallererst lernte, die Wörter ernst zu nehmen, weil sie die Welt in sich bergen. Den Modernisten, den unbedingten Anhängern des Fortschritts war die Sprache ein Mittel – zur Aufdeckung der Wahrheit, zur Dokumentation von Ich-Verlust oder der allgemeinen Beschädigung von Welt und Selbst oder zu was auch immer. Wenn man sich aber so gegen die Konvention wendet, beschädigt man vor allem eines: die Verständigung. Aus ihr, und nur aus ihr, geht die Tradition hervor. Seitdem es eine Schriftkultur gibt, hatte jede Zeit ihre klassischen Schriftsteller, und sie waren Vorbilder des Schreibens. Unsere Zeit hat keine. Das sollte sich ändern.

Vom Bauen

26. Friedrich Nietzsche ruft die Polizei: Heger und Pfleger

Dass sich das Deutsche vor allem aus kulturellen Interessen heraus entwickelte, gehört zu seiner Entfaltung als Kultursprache. Diese kulturellen Interessen bedeuten auch, dass sich das Deutsche anderen Sprachen gegenüber durchlässig verhält, bereit, vieles andere und Fremde in sich aufzunehmen: im Humanismus das Lateinische, im achtzehnten Jahrhundert das Französische, und so änderte sich die deutsche Sprache immer, bis sie im späten neunzehnten Jahrhundert eine Festigkeit gewann, wie man sie für einen modernen Staat, seine Behörden und Schulen braucht. Aber hatte es nicht schon vorher kleine und große Versuche gegeben, das Deutsche von den Einflüssen durch andere Sprachen zu befreien, im Barock, in den Fruchtbringenden Gesellschaften, und durchaus auch beseelt von einem Stolz auf die deutsche Sprache, auf ihr Alter, auf ihre vermeintliche Zugehörigkeit zu den »Ursprachen«? Sie rein und eigen werden zu lassen? Gewiss, und die rasende Entfaltung des Deutschen als Kultursprache im späten achtzehnten Jahrhundert ist eng an das Vorhaben gebunden, für jedes eingewanderte Wort ein deutsches zu finden – was sich damals vor allem eben gegen den Import aus dem Französischen richtete.

Gegen die Eindeutschung von Fremdwörtern ist nichts zu sagen, im Gegenteil. »Strom« sagt man gewöhnlich, und »Elektrizität« wäre das richtigere Wort, weil es auch die Spannung enthält – trotzdem weiß jeder, was gemeint ist. Und reizvoll ist es auch: Wenn man Wörter aus Fremdsprachen durch mehr oder weniger erfundene, neu geschaffene deutsche Wörter ersetzt, dann wird oft eine Bildlichkeit dort geschaffen, wo es vorher nur eine Vokabel gab. Das gelingt nicht immer, und manchmal kommen alberne Dinge dabei heraus, die sich dann auch nicht durchsetzen. Aber es gelingt erstaunlich oft. Gotthold Ephraim Lessing will die »Rücksicht« anstatt des »Respekts« und wird deswegen verlacht. Dann setzt sich das Wort durch. Karl Kraus wehrt sich gegen die Ersetzung von »Trottoir« durch »Bürgersteig«. Denn es gebe im Wien des frühen zwanzigsten Jahrhunderts keine Bürger mehr. Aber das ist eine Satire, wie sie erst nach der auch bürokratischen Durchsetzung einer mehr oder minder einheitlichen deutschen Sprache möglich wird. Das späte achtzehnte Jahrhundert hingegen war mit einem Bildungsprojekt beschäftigt.

Der Fundamentalismus, mit dem innerhalb der deutschen Sprache auf dem deutschen Wort insistiert wird, ist erst ein Kind des späten neunzehnten Jahrhunderts. Als die Schriftgelehrten dieser Zeit zur großen Eindeutschung zurückkehrten und daraus die »Entwelschung«, wie Eduard Engel dieses Vorhaben nannte, werden ließen, hatten sich gegenüber der heroischen Epoche der deutschen Kultursprache die Voraussetzungen grundlegend geändert. Was ein Jahrhundert zuvor ein Programm zur Entwicklung des Deutschen gewesen war, wurde nun zu einem Programm zur Abwehr des Fremden und des vermeintlich Fremden. Herder, Goethe, Jean Paul, sie alle waren Kosmopoliten, aber ein Weltbürger war der Turnvater Jahn ebenso wenig wie Herman Riegel und die führenden Köpfe des Allgemeinen Deutschen Sprachvereins – des Zusammenschlusses, der sich die »Entwelschung« der deutschen Sprache zum Ziel gesetzt hatte und der um das Jahr

1900 bis zu dreißigtausend Mitglieder zählte. »Welschen ist Fälschen, Entmannen der Urkraft, Vergiften des Sprachquell, Hemmen der Weiterbildsamkeit und gänzliche Sprachsinnlosigkeit«, schrieb der Turnvater Jahn. Und Eduard Engel, einem gebildeten, weltläufigen Mann und erfolgreichen Publizisten, einem deutschnationalen Juden, der neben seiner »Stilkunst« und seiner Programmschrift zur »Entwelschung« Bücher über englische, französische und die antike griechische Literatur geschrieben hatte, merkt man die Mühe an, mit der er sich gegen das Ausland abschließt und sich allem Fremden gegenüber verweigert.

Man kann dieses Abschließen für den Ausdruck eines gesteigerten Nationalismus halten. Das Bedürfnis, sich an anderen Kulturen auszurichten, scheint aufgegeben zu sein (es wird erst wieder nach dem Zweiten Weltkrieg lebendig, doch unter völlig anderen Voraussetzungen), und umso stärker macht sich das Bewusstsein geltend, nicht nur einer, sondern der führenden Kultur anzugehören. Es ist dieser Chauvinismus, der das Reinigen der Sprache von fremden Einflüssen so unangenehm wirken lässt. Aber man kann dieses Verhältnis auch umdrehen: Wie, wenn hinter dem Verlangen nach »Entwelschung« die Erfahrung einer tiefgreifenden Veränderung wirkte, nämlich die Ablösung der Literatur als des wichtigsten Mediums für die Verständigung einer Gesellschaft mit sich selbst? Denn Fundamentalismus ist erschütterter Glaube, und so mag es sein, dass die deutsche Kultursprache, so wie sie hundert Jahre zuvor entstanden war, um 1900 schon als etwas beinahe Heiliges wahrgenommen wurde – und die Erschütterung dementiert, übertönt, mit lauter Rechthaberei niedergehalten wird.

Denn was taten die deutschen Dichter wirklich, als das Land geeint war? Theodor Storm schrieb *Pole Poppenspäler*, Theodor Fontane wanderte durch die Mark Brandenburg und erinnerte in *Vor dem Sturm* an das Leben derer von Vitzewitz vor den Befreiungskriegen, Fritz Reuter sammelte niederdeutsche Sprüche und Anekdoten, Gustav Freytag fahndete nach den Ahnen in Thüringen, in der Mark und in Schlesien, und Paul Heyse suchte, streng nach Honoré de Balzac, die Kinder der Welt unter den Dächern von Berlin. Felix Dahn trieb König Teja und seine Ostgoten in den *Kampf um Rom*, und Wilhelm Raabe huldigte in *Deutscher Adel* den kleinen Helden hinter der Front des deutsch-französischen Krieges. Jenseits der Reichsgrenzen sammelte Peter Rosegger die *Schriften des Waldschulmeisters*, und Marie von Ebner-Eschenbach schilderte in *Božena* die Leiden einer böhmischen Magd. All diese Bücher sind in der ersten Dekade nach der Gründung des Deutschen Reiches erschienen. Sie zählen zu den erfolgreichen und wichtigen Werken dieser Zeit. Karl May schließlich saß im Zuchthaus und feilte an seinen abenteuerlichen Phantasien. Sein erster Roman aber erschien erst Mitte der achtziger Jahre des vorvergangenen Jahrhunderts.

Aber Richard Wagner will in der deutschen Sprache die Wurzeln der Nation, kräftiges, tönendes Geflecht, gefunden haben. Bald schon nach Entstehung des Nationalstaates haben daher manche Schriftsteller den Eindruck, da sei etwas verlorengegangen. So meint Rudolf Borchardt: »Die große geistige Literatur, auf der unsere Weltgeltung vor Sedan herrschte, ist dem Handel und Verkehr entschwunden.« Der neue Nationalstaat hatte sich schon früh um seine Sprache gekümmert: Im Dezember 1872 holte Adalbert Falk, der preußische Unterrichtsminister, die Zustimmung seiner Kollegen aus den anderen deutschen Ländern ein, um eine einheitliche Rechtschreibung erarbeiten zu lassen. Zwar gab es sie damals schon, weitgehend, als aus der Praxis gewonnene Norm. Vollendet wurde das bürokratische Projekt aber erst um das Jahr 1900, auf der Grundlage des von Konrad Duden geschaffenen Wörterbuches – wobei der, im Vergleich zu den entsprechenden französischen oder italienischen Wörterbüchern, geringe Umfang des *Duden* nicht nur darauf zurückgeht, dass die Sprache in den deutschsprachigen Ländern mit einer Verspätung von mindestens hundert Jahren normiert wurde. Es liegt vielmehr auch daran, dass Konrad Dudens Wörterbuch rein orthographisch ist – noch Theodor Icklers *Rechtschreibwörterbuch* aus dem Jahr 2000 enthält nur 60000 Einträge, wobei viele davon Fremdwörter sind.

Die Sorge um die Reinheit der Sprache sei Teil eines viel komplexeren Problems, sagt Jürgen Trabant und geht an die Quelle des linguistischen Purismus zurück, nämlich zu den Gründungsdokumenten der französischen Akademie. Die »Reinigung« der französischen Sprache gehört ausdrücklich zu ihren Aufgaben: »la rendre pure« heißt es im Text. Der Purismus der französischen Akademie allerdings richtet sich, wie Jürgen Trabant nachweist, gar nicht gegen ausländische Wörter. Der »Schmutz«, von dem die Sprache gereinigt werden sollte, findet sich im Inneren der Sprache selbst. Gemeint sind damit Niedriges, Dialektales und allzu spezielle Fachwörter. Dieses Bedürfnis nach Reinheit ist nun erkennbar aus der Erfahrung des Bürgerkriegs, des französischen Religionskriegs, gewachsen. Man sollte sich ihn genauso scheußlich vorstellen wie den Dreißigjährigen Krieg in Deutschland.

Vor dem Bürgerkrieg war das Französische eine permissive Sprache gewesen. Es war offen für Entlehnungen, vor allem aus dem Lateinischen und Griechischen, man hatte sich an ihrer dialektalen Vielfalt gefreut, und auch die sozialen und stilistischen Unterschiede waren reizvoll gewesen und literarisch genutzt worden. Nun wurde diese Offenheit und innere Verschiedenheit, diese Komplexität der Sprache, wie Jürgen Trabant schreibt, gleichsam in Schuldhaft genommen für das Chaos des Bürgerkriegs: Man hatte einfach genug von Diversität, Komplexität, Dissonanz, man sehnte sich nach Einheit, Ordnung, Einfachheit. Es gab einen Wunsch nach Zähmung der Wildheit und der Passionen – eine Bewegung, die stark von Frauen getragen wurde, gleichsam als Gegenbewegung gegen die wilden Kerle, die das Land – und die Sprache – mit ihren unkontrollierten Leidenschaften in den Krieg, in das Blut der Bartholomäusnacht, in den Dreck getrieben hatten.

Und wie, wenn das starke Bedürfnis nach Reinigung der deutschen Sprache nach 1870 auf ähnliche Motive zurückginge, wenn sie mehr zu tun hätte mit der Erfahrung einer entfesselten Modernität, mit den Zeitungen und dann mit dem Rundfunk und dem Fernsehen, als mit Schwierigkeiten, vor denen die Sprache gestanden hätte? Und wie, wenn sich dieses Verlangen und diese Unruhe heute wiederholten, wenn der »Verein der deutschen Sprache« zur Purifikation – nie benutzte man dort dieses Wort – des Deutschen aufruft? Und wie, wenn es hinter der Abwehr des Fremden, hinter dem militanten Widerstand gegen sprachliches Ungeschick und falsche Prätention, die sich in den Reinigungsidealen geltend machen, einen Beweggrund gäbe, der gar nicht sprachlich ist: nämlich politische Präsenz zu behaupten? Und dann, darunter, auch noch: eine Stabilität zu suchen, die sich nirgendwo (und gewiss nicht: nirgendwo mehr) erreichen lässt, vom Finden ganz zu schweigen. Wichtigste Aufgabe der Gymnasien sei es, erklärt Friedrich Nietzsche, »den guten Geschmack und die strenge sprachliche Zucht« voranzutreiben. Und zu diesem Zweck legt er den Lehrern nahe, »den Gebrauch von solchen Worten geradezu zu verbieten wie z.B. von ›beanspruchen‹, ›vereinnahmen‹, ›einer Sache Rechnung tragen‹, ›die Initiative ergreifen‹, ›selbstverständlich‹.« Immer wieder, oft streng und laut, verschränken sich das Verlangen nach einer guten und korrekten Sprache und der Wunsch, diese möge mit härtesten pädagogischen, ja polizeilichen

Maßnahmen durchgesetzt werden. Damit Ruhe und Ordnung herrschten. Ruhe! Ordnung!

Öffentliche Sprachkritik, so wie sie meist betrieben wird, neigt dazu, eine Gesellschaft in Schüler zu verwandeln, in gute und schlechte Eleven, mittelmäßige und unbelehrbare, unerziehbare, in solche, die gelobt und mit Preisen versehen werden, und in solche, die man offenbar gerne vom Institut verwiese. Vorsichtig ist da noch Eduard Engel, wenngleich sein guter Rat, schon vor dem Ersten Weltkrieg ausgesprochen, spätestens in den Zeiten der Rechtschreibreform entschlossen in den Wind geschlagen wurde: »Der Duden ist ein oft nützliches Nachschlagebuch, aber es darf nicht zum starren Gesetzbuch werden oder gar amtliche Vorschriften treffen, die überhaupt nicht zur Rechtschreibung, sondern zur Sprachlehre über Wortschatz, Wortform und Wortbeugung gehören.« Am vernünftigsten aber ist Johann Wolfgang Goethe, der am 30. Juni 1813 an Riemer schreibt: »Allein das muß ich Ihnen gegenwärtig anvertrauen, daß ich im Leben und im Umgang (...) mehr als einmal die Erfahrung gemacht habe, daß es eigentlich geistlose Menschen sind, welche auf die Sprachreinigung mit zu großem Eifer dringen: denn da sie den Werth eines Ausdrucks nicht zu schätzen wissen, so finden sie gar leicht ein Surrogat, welches ihnen ebenso bedeutend erscheint.«

Im Übrigen dürften die meisten eingedeutschten Wörter die Fremdwörter, an deren Stelle sie hätten rücken sollen, nicht ersetzt haben. Ein »Job« ist etwas anderes als eine »Arbeitsstelle« oder ein »Beruf«. Im Wort »Job« steckt etwas Typisiertes, Serielles, Unpersönliches, das sich in der »Arbeit« nicht findet. »Feingefühl« ist etwas anderes als »délicatesse«, die Bedeutung hat sich hier in zwei Wörter aufgespalten. Eine »Promenade« ist etwas anderes als ein »Spaziergang«, und promenieren kann man nur ironisch.

27. Robert Musil verschmäht einen Kuss:
Satz und Klammer

Man muss viel Luft holen, um diesen Satz ohne Atempause zu sprechen: »Mit aller Bestimmtheit will ich versichern, dass es keineswegs aus dem Wunsche geschieht, meine Person in den Vordergrund zu schieben, wenn ich diese Mitteilungen über das Leben des verewigten Adrian Leverkühn, dieser ersten und gewiss sehr vorläufigen Biographie des teuren, vom Schicksal so furchtbar heimgesuchten, erhobenen und gestürzten und genialen Musikers, einige Worte über mich selbst und meine Bewandtnisse vorausschicke.« Nein, diese Zeilen stammen nicht aus dem neunzehnten Jahrhundert, auch wenn ihr Autor ein älterer Herr und Philologe sein soll, der in der Provinz, in Freising an der Isar lebt. Thomas Mann schrieb sie kurz nach dem Zweiten Weltkrieg. Sie bilden den Anfang des Romans *Doktor Faustus* aus dem Jahr 1947. Einundsechzig Wörter liegen hinter dem Leser, bevor er auch nur ahnen kann, was ihm hier gesagt werden soll. Dabei ist dieser Satz keineswegs der längste, der in einem bekannten Werk der literarischen Überlieferung zu finden wäre.

Für einen solchermaßen langen, komplizierten Bau gibt es einen Namen, der sich eingebürgert hat, obwohl viele Sprachwissenschaftler die Existenz der Sache im engeren Sinn bezweifeln: die Satzklammer. Sie kommt sehr häufig in der deutschen Sprache vor, fast immer und fast überall. Sie gehört zur deutschen Sprache wie der Heckmotor zu einem Volkswagen Käfer: »Die Kiste zieht wie eine Rakete an.« (Den Mittelmotor wie im Volkswagen Porsche gibt es auch, wenngleich weniger häufig: »Die Kiste zieht an wie eine Rakete.« Und auch der Frontantrieb ist zumindest möglich, eine starke Betonung auf dem ersten Wort: »An zieht die Kiste wie eine Rakete.«) Mit Satzklammer ist vor allem die Umschließung von Satzteilen durch das Verbgefüge gemeint, dann aber auch die Aufspaltung von anderen zusammengehörigen grammatischen Elementen zu einer Klammer. Oder anders gesagt: innerhalb eines Satzes die zeitliche/räumliche Trennung von Vorstellungsinhalten, die eng zusammengehören.

Oft liest man in Handreichungen zum besseren Deutsch den Rat: Vermeiden Sie Schachtelsätze. Das ist ein guter Rat, dem aber nur bedingt zu folgen ist. Tatsächlich sperrt sich die deutsche Sprache gegen diese Anwendung, denn die Klammer ist so gebräuchlich, und sie erscheint in mehreren Gestalten: im Verhältnis von Artikel und Substantiv, von Hilfsverb und Verb, von transitivem Verb und Objekt, von Verb und Adverb. All diese Zusammenhänge können geöffnet und es kann etwas dazwischengeschoben werden. Untrennbar bleiben nur das Genitiv-Attribut wie in »Das Haus meines Vaters« und die adnominale Bestimmung: »das Loch im Pullover«. Es hat also keinen Sinn, sich gegen diese Klammern zu wehren. Man muss sie stattdessen gestalten, und man muss zwischen geglückten und misslungenen Klammern unterscheiden, und oft ist es nützlich und schön, wenn man sie verkleinert, enger fasst.

Ein solcher Spannungsbogen, der vorn beginnt, um erst mit den letzten Wörtern seinen Abschluss zu finden, verwandelt einen Satz in eine Art Geheimnis, das sorgsam aufgebaut werden will. Im Deutschen spielt die Klammer eine besondere Rolle, weil sie das bevorzugte Mittel ist, eine Eigenart der deutschen Wortstellung zu behalten, nämlich die sogenannte Objekt-Verb-Stellung. Das Bedürfnis danach sitzt tief, und es mag gut sein, dass die Schwächung des Imperfekts und die Bevorzugung des Perfekts auch damit etwas zu tun haben. Wie überhaupt die – im Deutschen sehr häufig auftretenden – Hilfsverben ihre Wirkung erst in einer Klammer entfalten. Auch die eher unschöne Kombination mit »würde«

könnte diesem Zweck dienen. So kommt es, dass man erst dann sicher sein kann, deutsche Sätze – darunter alle, in denen ein Hilfsverb benutzt wird, und alle Nebensätze – verstanden zu haben, wenn sie zu Ende sind. Wobei die Sätze (oder die Satzteile, die eine Klammer gebildet haben) dann auch wirklich zu Ende sind: Denn im selben Maße, wie solche Rahmen integrieren, so schließen sie natürlich auch aus – »hier verläuft eine Grenze«, sagen sie, »jetzt fängt etwas anderes an«. Französische Germanisten, allen voran Jean-Marie Zemb, haben die Satzklammer so erklärt: Das Bestimmende geht dem Bestimmten voran, und dann gibt es noch die Zweitstellung des Verbs im Aussagesatz. Und wenn man der Sache noch weiter auf den Grund gehen will, so findet man heraus, dass sogar präpositionale Bestimmungen – »sie schrieb den Brief mit der Hand« –, Adverbien – »solche Ausfälle gefährden das Arbeitklima ernsthaft« – oder Verneinungen – »an seine arme Mutter dachte er nicht« – als Markierungen einer solchen Grenze auftreten können. Oft folgen mehrere solcher Klammern aufeinander, und dann bilden sich große Bögen, die aus kleinen bestehen, und noch größere Bögen spannen sich darüber.

Vom Französischen aus gesehen, hat man dieses System für unvernünftig erklärt, dabei aber vergessen, dass die Entfaltung der Elemente in der Zeit in jedem ausgesprochenen Begriff und jedem Satz am Schluss revidiert wird, das heißt: in eine zeitlose Bedeutung umschlägt, ganz gleich, in welcher Reihenfolge sie im Satz vorkommen: »Als Gregor Samsa eines Morgens aus unruhigen Träumen erwachte, fand er sich in seinem Bett zu einem ungeheuren Ungeziefer verwandelt«, heißt es ja bei Franz Kafka. Der Nebensatz ist seiner Funktion nach ein Satzglied, eine temporale Umstandsbestimmung in einem ganzen Satz, der wiederum die bezweckte Aussage am äußersten Ende enthüllt: »zu einem ungeheuren Ungeziefer verwandelt.« Da es sich hier um die eigentliche Aussage des Satzes handelt, steht sein konjugiertes Verb »fand« an der zweiten Stelle und bedeutet damit, dass dieser Satz konstatiert, also wahr oder falsch ist. Geschlossen hingegen wird der Satz mit dem Partizip »verwandelt« – und zwar nicht nur, weil dann ein Ungeziefer vor dem inneren Auge des Lesers liegt, sondern auch, weil nun der ganze Satz, mit all seinen Gliedern, aus dem Zeitlichen ins Zeitlose gerückt ist.

»Ein schlichtes Perfekt reicht«, erklärt Georges-Arthur Goldschmidt, »und man wird mit der Nase auf diese besondere Struktur der deutschen Sprache gestoßen.« Das ist so, aber es ist auch noch komplizierter. Denn selbst wenn mit dem Partizip eine Klammer gebildet wird, steht es keinesfalls immer am Ende eines Satzes. In Robert Musils *Mann ohne Eigenschaften* etwa, im sechsten Kapitel des Ersten Buches, wird die Varietésängerin Leona beschrieben, vorübergehend die Geliebte Ulrichs: »Sie war ihm aufgefallen durch das feuchte Dunkel ihrer Augen, durch einen schmerzlich leidenschaftlichen Ausdruck ihres regelmäßig schönen Gesichts und durch die gefühlvollen Lieder, die sie an Stelle von unzüchtigen sang.« Das »aufgefallen« hätte auch am Ende des ganzes Gebildes stehen können, vielleicht sogar sollen, hinter den schönen Augen und den unzüchtigen Liedern. Dort steht das Partizip aber nicht, der Dichter hat es nach vorn gezogen – damit der Leser zuerst von der Aufmerksamkeit liest und dann von dem, was sie mit Leidenschaft erfasst.

Robert Musil kostet hier die Möglichkeiten aus, einen Satz mit Hilfe der Satzklammer zu dramatisieren. Und wenn er seinen Helden bei Leona den Kitsch berühren lässt, zelebriert er bei Bonadea, einer anderen Geliebten Ulrichs, die Prosa der Verhältnisse. Die Nachlässigkeit, mit der Ulrich die Frau behandelt, ist im Satz gestaltet: »Ulrich, der ihren Beschluss, nicht wiederzukehren, ahnend erriet, hinderte ihn nicht.« Sie macht sich zu einem letzten Kuss zurecht, er nimmt die Gelegenheit nicht wahr, und dann ist es auch noch lange nicht der letzte Kuss. Erst im letzten Wort, im »nicht«, ergibt sich der Sinn des Satzes, in einer Lakonie, in der alle Empathie, um von Aufmerksamkeit oder Leidenschaft gar nicht zu reden, wie mit einer kleinen Handbewegung, als etwas Lästiges, weggewischt wird. So geht der Mann ohne Eigenschaften mit den Frauen um.

Das zusammengesetzte Verb in konjugierter Form hat die Neigung, sich aufzuspalten, worauf mehr oder minder große Teile des Satzes umschlossen werden – das Verb bleibt dann in der Schwebe, es schafft eine Spannung. Das nimmt sich zuweilen fast wunderlich aus, vor allem wenn im Fall einer abgespalteten Partikel der hintere Teil der Klammer nur zwei, drei, höchstens vier Buchstaben lang ist. Ein Stummel wedelt dann, am äußersten Ende einer Aussage, mit dem ganzen, langen Satz vor ihm. Es gibt unendlich viele zusammengesetzte Verben, und es ist sehr leicht, neue zu schaffen. Die meisten trennt man, wenn man einen Satz bildet, andere nicht, und bei manchen ist die Lage nicht entschieden. Und wenngleich viele Schriftsteller, Goethe, Schiller, Keller zum Beispiel, sich gegen die Klammerei wehren und etwa »ich anerkenne« schreiben, so nützt es doch wenig, und gleich heißt es wieder: »Ich erkenne die Satzklammer in ihrer ganzen, fast schon artistischen Schwierigkeit an.«

Thomas Mann ist übrigens ein großer Liebhaber von solchermaßen komplizierten Bauten, und zwar vermutlich weniger, weil sie sachlich angemessen wären, sondern vielmehr, weil allein schon das Komplizierte ein Zeichen der Distanz ist – es ist, als zeigte jemand bei Tisch besonders feine Manieren, und je feiner er wird, desto deutlicher wird auch, dass es Gründe gibt, warum andere nicht auf solche Sätze verfallen. Die Satzklammer – das ist das Gefühl, dass es noch weitergeht, dass noch etwas kommen muss – ein halber Satz, ein Partizip, wenigstens ein Präfix. Erst wenn alle notwendigen Ergänzungen beisammen sind, kann etwas Neues beginnen. Und man kann ihn spannen, diesen Bogen, immer weiter hinaus, viel weiter als im Lateinischen (das Satzklammern auch kennt), weil es ebendiese wunderbaren Hilfsverben und Vorsilben gibt. Und es lassen sich in einem Satz auch mehrere Bögen unterbringen, man kann immer wieder von neuem ansetzen. Dann aber geschieht womöglich, was Lessing in einer Fabel von einem wunderbaren Jagdbogen erzählt: So stolz ist sein Besitzer auf ihn, dass er einen Künstler beauftragt, eine Jagd in sein Holz zu schnitzen. Der Besitzer nimmt den Bogen auf, spannt ihn – und er zerbricht.

28. Niklas Luhmann nimmt zur Kenntnis: Sprache und Bürokratie

Einem alten, offenbar nicht aus der Welt zu schaffenden Vorurteil saß auch Heiner Müller auf: »Die deutsche Sprache und die französische Sprache haben nicht dieselbe Geschichte. Die französische ist sehr früh geordnet worden, sie hat ein absolut verbindliches Regelsystem. Man kann kaum schlechtes Französisch schreiben, wenn man überhaupt schreiben kann. Gut, es gibt sehr viele Abstufungen. Das Deutsche ist eine administrierte Sprache, das Hochdeutsche ist eine künstliche Sprache. Die Verbindung zu den Dialekten ist abgeschnitten worden durch Administration. Das Hochdeutsche ist eine Beamtensprache. Ein Grund für die Wirkung und die Wichtigkeit von Brecht ist, dass er aus dem süddeutschen Raum kam und dass er Dialekt eingebracht hat in das Literaturdeutsch, weil die Dialekte im Süden lebendiger sind als im

Norden. Es gibt immer wieder eine Schwierigkeit, wenn man für das Theater schreibt. Korrektes Deutsch auf der Bühne ist unreal, es ist tot.« Es gab viele Schriftsteller und Gelehrte, die so dachten, und einige denken immer noch so. Rudolf Borchardt etwa, der sich vermutlich für den gelehrtesten deutschen Schriftsteller des frühen zwanzigsten Jahrhunderts hielt, meinte, die moderne deutsche Schriftsprache sei Bürokratendeutsch, aus der Kanzleisprache hervorgegangen, also spätmittelalterlichen Ursprungs. Während die spätmittelalterliche Dichtung, ausdrucksstark, lebendig dem Mündlichen verpflichtet, in den alemannischen Dialekten aufgegangen sei und dort weiterlebe. So sehr glaubte er daran, dass er ein eigenes Deutsch, das »Dante-Deutsch«, schuf.

Nun ist es gewiss so, dass der Wandel, den jede Sprache unablässig durchläuft, durch ihre Normierung angehalten wird, in Maßen jedenfalls und für einige Zeit. Das muss so sein, denn nur als halbwegs stabiles System kann sie hinausreichen über die engen Kreise ihrer ursprünglichen Sprecher, kann sie Dialekte zusammenfassen und zumindest in ihrer schriftlichen Form zu einer Gemeinsprache einen. Das aber ist kein Anzeichen ihrer nahenden Erstarrung und endgültigen Verwandlung in eine papierne Leiche, sondern die Voraussetzung ihres Weiterlebens. Nur so, in einer fixierten, geregelten Form, vermag sie eine Tradition herauszubilden und Regionen zu überspannen. Die Sprache der Beamten oder Bürokraten ist hingegen etwas anderes, und sie ist nicht mit der Hochsprache zu verwechseln. Denn tatsächlich entwickelt die Bürokratie ihren eigenen Jargon innerhalb der Hochsprache, eine Sprache einer legal gesetzten, ebenso sachlichen wie unpersönlichen Ordnung, der geregelten Amtsführung, nach äußerlichen Kriterien streng arbeitsteilig organisiert, absolut berechenbar und hoheitlich. Bürokratie ist formal gefasste Verantwortung. Sie breitet sich in dem Maße aus, wie der Staat in alle Bereiche des gesellschaftlichen Lebens vordringt. »Früher redeten die Leute, heute ›kommunizieren‹ sie«, schimpft, einer für alle, der Schweizer Muskeltrainer Werner Kieser. »War man früher umsichtig, denkt man heute ›vernetzt‹. Man ist nicht mehr neugierig, man ›signalisiert‹ Interesse. Man ärgert sich nicht mehr, man ist ›betroffen‹.« So spricht und schreibt formale Verantwortung, in Gestalt eines »stahlharten Gehäuses der Hörigkeit«, wie Max Weber mit einer berühmten Formel die Bürokratie nannte, einer Hörigkeit, die zur »Parzellierung der Seele« führe.

Niklas Luhmann veröffentlichte im Jahr 1970 eine kleine Theorie, wie dieses System der formalen Verantwortung sprachlich realisiert wird: durch »reflexive Entscheidungen« meint er, also durch das Entscheiden über Entscheidungen. Das Entscheiden könne nämlich delegiert und geteilt, verschoben und vervielfältigt, gegliedert und zusammengefasst werden. Und man könne sich auch entscheiden, nicht zu entscheiden. »Es ist bezeichnend genug«, sagt Niklas Luhmann, »dass die vielverspottete und sprachwissenschaftlich kritisierte Sprache der Bürokratie in ihrer verschrobenen Umständlichkeit ein feines Gefühl für diese Reflexivität (und für die darin steckenden Chancen) verrät: Man ›trifft Entscheidungen‹, ›gibt Stellungnahmen ab‹, ›nimmt zur Kenntnis‹, ›erteilt seine Zustimmung‹, ist sich also durchaus dieser Zweigliedrigkeit des Geschehens bewusst.« Funktionsverbgefüge sind also nicht nur ein Laster, es steckt auch ein Sinn in ihnen. Und nicht nur in diesen Kombinationen. Reflexiv ist auch die Formulierung des bayrischen Landwirtschaftsministers: »Spargel ist das flächenmäßig bedeutendste Gemüse.« Denn er spricht hier nicht über den Spargelanbau, sondern über Entscheidungen über den Gebrauch von Ackerland für den Spargelanbau. Auch das Suffix »-weise« gehorcht derselben Logik.

Bürokratie, das heißt: unanschaulich werden, aus dem sicheren Bewusstsein heraus, dass alle Anschauung nur stören kann, wenn es darum geht, gleichgültig zu sein oder doch zumindest zu werden, weil die Bürokratie gar nicht anders kann: sie muss hinter jedem Anspruch das nicht Gerechtfertigte erkennen, sie muss sich vom Verwalteten emanzipieren, vom dienenden zum herrschenden Wesen werden und eine eigene, zweite Realität ausbilden. Die Autorität, sagt Karl Marx in der »Kritik des Hegelschen Staatsrechts«, »ist das Prinzip ihres Wissens, und die Vergötterung der Autorität ist ihre Gesinnung«. Der Rest ist Gehorsam. Und so klingt es dann auch: »Unsere Anfang diesen Jahres durchgeführte Umfrage zur Zufriedenheit der Anwender mit der neuen Software wurde Mitte März abgeschlossen«, sagt sie dann zum Beispiel, und es folgen vier Nominalphrasen und eine Zeitangabe, und dieses ganze Monstrum tragen muss ein kaum anschauliches Verb, das darüber hinaus im Passiv steht. Aber so ist es: ab einer gewissen Größe begreifen sich Körperschaften als ihr eigener Zweck und lassen nichts anderes mehr als sich selbst gelten.

Vielleicht gilt das auch für Günter Grass. Denn er neigt sehr zur bürokratischen Sprache, eben zum Passiv zum Beispiel, aber auch zu einer Konstruktion, die man manchmal »Vorreiter« nennt. Sie ist das gebräuchlichste Mittel, um etwas zu sagen, sich dann aber der Verantwortung für das Gesagte zu entschlagen: »Fest steht, dass …« ist eine solche Formulierung, »ich weiß nicht, ob …« eine andere, »Ich kann mich nicht erinnern, …« eine dritte. Und so geht es fort, durch viele Bücher. Dieser Schriftsteller relativiert den Sicherheitsgrad einer Aussage in seinen literarischen Arbeiten oft wie ein Politiker, der, wenn er um eine Antwort auf ein Ereignis oder einen Konflikt, zu dem es noch keinen Fraktionsbeschluss und noch keine Anweisung der Kanzlerin gibt, gebeten wird, mit den Worten beginnt: »Ich gehe davon aus, dass ...« Solche Vorreiter gibt es, wie Ludwig Reiners sagt, weil man nicht mit der Tür ins Haus fallen möchte. Aber sie sind auch Ausdruck eines bürokratischen Verhältnisses zur Welt. Und sie machen den Satz unrhythmisch.

Auch die Sprache des Nationalsozialismus ist eine Sprache der Bürokratie. Der Romanist Victor Klemperer erzählt in seinem Buch *LTI* – dem zuerst im Jahr 1947 erschienenen Werk über die Sprache des »Dritten Reiches«, die »Lingua Tertii Imperii« –, wie ein junger Automechaniker, voller Stolz über eine gelungene Reparatur, erklärte: »›Habe ich das nicht fein organisiert?‹ Die Wörter ›Organisation‹ und ›Organisieren‹ lagen ihm derart im Ohr, er war derart überfüttert mit der Vorstellung, daß jede Arbeit erst organisiert, d. h. auf eine disziplinierte Gruppe von einem Anordner verteilt werden müsse, daß ihm für seine eigene und allein bewältigte Aufgabe nicht einer der auf sie zutreffenden einfachen Ausdrücke wie ›arbeiten‹ oder ›erledigen‹ oder ›verrichten‹ oder ganz simpel ›machen‹ in den Sinn kam.« In der Öffentlichkeit ist dieses Buch oft so wahrgenommen worden, als werde darin behauptet, der Nationalsozialismus sei auch ein Verbrechen wider die Sprache, was sich in deren gleichsam »entmenschlichtem«, also radikal bürokratischen Duktus niederschlage. Aber das ist nur bedingt der Fall: In seinem Tagebuch notiert Victor Klemperer, es stünden ihm für seine »LTI« tatsächlich nicht mehr als »zwei Dutzend Wörter und Wendungen zur Verfügung«. Andererseits glaubt er fest daran, Worte seien »kleine Arsendosen«, die, wenn sie nur oft genug wiederholt werden, »in Fleisch und Blut« übergehen. Verführung liegt aber nicht in der Sprache selbst, sondern geht von den Benutzern der Sprache aus. Es gibt also keine Sprache des »Dritten Reiches«, nur einen nationalsozialistischen Umgang mit der Sprache, der einige ihrer Eigenheiten in besonders hohem Maße nutzt – eben das ist »LTI«, nicht mehr: Sie besteht in

Wendungen, unter denen besonders viele bürokratische Formeln vorkommen, wenn diese nach dem Ende des »Dritten Reiches« durch unerträgliche Assoziationen unbrauchbar wurden, so ist doch dadurch nicht die Sprache als solche getroffen, und nicht einmal die Sprache der Bürokratie. Und damit ist nicht zurückgenommen, dass Klemperers Wörterbuch viele feine Beobachtungen darüber enthält, wie auch im »Dritten Reich« mit der Sprache umgegangen wurde, genauere Beobachtungen, als sie im *Wörterbuch des Unmenschen* zu finden sind.

Hingegen – die demokratische Öffentlichkeit bringt ihre eigene bürokratische Sprache hervor. Denn diese Öffentlichkeit ist parteilich verfasst, und eher als dass einem Gegensatz auf den Grund gegangen, als dass Interessen geprüft und Widersprüche aufgehoben würden, erscheinen diese von vornherein als Ansichten einer Fraktion, die als solche wahrgenommen und, scheinbar, der Allgemeinheit vorgelegt werden. Dadurch verwandeln sich sachliche Gegensätze in Konflikte der Anerkennung – und wenn es den Frauen tatsächlich nicht besser geht als vor zwanzig oder dreißig Jahren, so können sie doch gewiss sein, neben den Männern separat erwähnt zu werden: in Gestalt von Studentinnen und Kolleginnen und Wählerinnen und Kundinnen und Autofahrerinnen, ganz so, als wäre allen Interessen schon Genüge getan, wenn deren Trägerinnen nur formell geachtet würden. Diese Politik der sprachlichen Affirmation aber verblödet, wie Rainald Goetz mit gutem Grund erklärt, weil sie auf Zustimmung setzt, anstatt etwas aufzunehmen und in Gedanken umzusetzen. Und richtig erkennt Rainald Goetz in der Bürokratisierung die unlautere Absicht: »Allen anderen gegenüber in vorauseilender Zustimmung auftreten, um so sicherzustellen, dadurch auch selber Zustimmung zu sich selbst erdealen, erzwingen zu können.«

Die Sprache lehnt sich dagegen auf, mit ihren eigenen Mitteln. Denn sie verbraucht die affirmativen Bezeichnungen für unangenehme oder peinliche Gestalten, für Herabsetzungen und Demütigungen viel schneller, als sie jedes andere Wort vernutzt: Der »Neger« war kein rassistisches Wort. Die Behandlung der Schwarzen war rassistisch. Und doch galt der Ausdruck als rassistische Vokabel. Sie ging spätestens in den siebziger Jahren dahin. Dem »Neger« folgte der »Farbige«, bis auch dieser ein Klischee war. Und nun soll es der »Schwarze« richten oder der »Afro-Amerikaner«, und noch immer nähme man nicht an, den Rassismus überwunden zu haben – während der »Weiße«, der genauso alt ist wie der »Neger«, auch weiter unbescholten und »unhinterfragt« sein Dasein fristen darf. Wie dem »Neger« ging es dem Gastarbeiter, der sich erst in einen »Migranten« und dann in einen Menschen mit »Migrationshintergrund« verwandelte, ohne dass sich an seiner Stellung im Gemeinwesen viel geändert hätte – wobei der »Migrant« sich insofern vom »Gast« unterscheidet, als sein Bleiben sprachlich geduldet wird (oder auch nicht: denn auch »Migranten« sind ja keine Einwanderer). Denn es geht hier ja nicht um Namen, sondern um politische oder soziale Gegensätze, und diese sind durch eine Bürokratisierung der Sprache nach moralischen Maßstäben nicht aufgehoben.

Gegen die Bürokratisierung der Öffentlichkeit – und der Politik und der Wissenschaft – aber scheint es kein Mittel mehr zu geben. Abzulesen ist das an der Sprache der Studentenrevolte, der einzigen großen Revolte, die es nach dem Zweiten Weltkrieg in Deutschland gab: Die Stimmung des Aufstands von 1968 hatte alle westlichen Länder erfasst, und auch einige östliche Länder, und so verschieden die Gründe dafür gewesen sein mögen, in den Vereinigten Staaten und in Frankreich, in Schweden und in Deutschland, so gut sich alle untereinander verstanden oder gestritten haben mögen, so war die Sprache in Deutschland bürokratisch: »Die Agitation in der Aktion«, sprach Rudi Dutschke am 5. September 1967 auf der 22. Delegiertenkonferenz des SDS in der Frankfurter Mensa, »die sinnliche Erfahrung der organisierten Einzelkämpfer in der Auseinandersetzung mit der staatlichen Exekutivgewalt bilden die mobilisierenden Faktoren in der Verbreiterung der radikalen Opposition und ermöglichen tendenziell einen Bewusstseinsprocess für agierende Minderheiten innerhalb der passiven und leidenden Massen, denen durch sichtbar irreguläre Aktionen die abstrakte Gewalt des Systems zur sinnlichen Gewißheit werden kann.« Wie fern aller Aufklärung die Revolte von 1968 tatsächlich war, wie sehr sie sich nicht dem tatsächlichen Widerspruch zur Gesellschaftsordnung, sondern dem Seminar und der Anmaßung verdankte, ist an dieser Sprache erkennbar – und das, obwohl der Feind in seiner groben, gemeinen Sprache da war, in Gestalt der Springer-Presse und vor allem der *Bild-Zeitung* mit ihrer pöbelnden Sprache. Im späten achtzehnten Jahrhundert war anders mit diesem Widerspruch umgegangen worden, mit einer Aufklärung auch in der Sprache, mit einem radikalen Willen zur Verständigung und nicht mit einer Manier, die vor allem Spiegelung ihrer selbst sein muss, einschließlich dem nach hinten gestellten Reflexivpronomen in den Schriften des Philosophen Theodor W. Adorno: »Der Antithese des Ewigen und des Historischen entrann er durch das mikrologische Verfahren, durch Konzentration aufs Kleinste, darin die geschichtliche Bewegung innehält und zum Bilde sich sedimentiert«, schreibt Adorno über Walter Benjamin, und das nach hinten gerückte »sich« ist eine eitle Veranstaltung, auch wenn es vielleicht symbolisieren soll, in welchem Maß das Subjekt nicht über »sich« verfügt.

29. W. G. Sebald baut Perioden:
Gedankenwort und Nebensatz

Am Ende verlässt der Held sein Abteil im Expresszug von Prag nach Hoek van Holland und geht durch eine deutsche Innenstadt. »Als erstes stach mir auf meiner Exkursion die große Zahl grauer, brauner und grüner Hüte in die Augen und überhaupt wie gut und zweckmäßig alles gekleidet, wie bemerkenswert solide das Schuhwerk der Nürnberger Fußgänger war«, heißt es in W. G. Sebalds Roman *Austerlitz* aus dem Jahr 2001. Der Held ist ob so viel Wohlstands beunruhigt, ihm fehlen auch die krummen Linien, die alte Häuser zu Dokumenten werden lassen. Schließlich ist er so entnervt, dass er unter einem Fensterbogen der »Nürnberger Nachrichten« Zuflucht sucht. Der Fensterbogen besteht aus »rötlichem Sandstein«, und dem Helden wird immer »banger«, während das Volk der Deutschen an ihm vorüberzieht. Da scheint das Schicksal ein Einsehen zu haben: Eine ältere Frau kommt vorbei, auf dem Kopf einen Tirolerhut mitsamt Hahnenfeder, und schenkt dem Benommenen, seines »alten Rucksacks« wegen, ein Markstück – geprägt, wie der Erzähler sorgfältig notiert, im Jahr 1956 und also ein Porträt Konrad Adenauers tragend: Der verwirrte Mann bekommt ein Andenken in die Hand gedrückt.

Das kleine Wort, das diese langen Sätze zusammenhält, heißt »und«. Es ist die einfachste aller Konjunktionen. Es verbindet hier zwei Hauptsätze: Erst stechen dem Wanderer die Hüte in die Augen, dann der Rest der zweckmäßigen Kleidung. Dieses »und« ist nicht gering zu schätzen. Denn in ihm schwingt sich der Satz hinaus, will Neues, sucht einen Anschluss. So, als gäbe es in einem Satz immer wieder noch einmal ein neues Hinaus und Hinweg, heißt es in Adalbert Stifters Erzählung *Der Waldbrunnen*: »Und dann quillt es irgendwo hervor und macht ein kleines Bächlein, oder in der Steinmulde ein Brünnlein, so hellen Wassers, daß du nicht weißt, wo die Luft aufhört und das Wasser anfängt, und ein Wasserfädlein rinnt von der Mulde fort, und tausend Wasserfädlein rinnen, und überall rieselt es emsig und still, und das Rieselnde findet sich zusammen, und es rauscht dann in der Tiefe, und die vielen, vielen Bäche gehen in die Länder hinab.« Das sind vierundsiebzig Wörter, acht Hauptsätze, zwei Nebensätze und allerhand Nachgestelltes und Eingeschobenes. Die Wirkung ist panoramatisch und beruhigend, das ganze Gebilde hat etwas von Landschaftsmalerei. Und auch Martin Mosebach beherrscht diese Technik: »Und so war es dann naheliegend, inmitten des versunkenen Palastes auf der Bergspitze eine kleine Kapelle zu bauen, mit einem Zimmerchen daneben, in dem ein Einsiedler wohnte.« Erst kommt das »und«, und dann geht es, in drei präpositionalen Bestimmungen, den Berg hinauf und immer höher, um dann, mit einer kleinen Drehung, zur Seite zu treten.

W. G. Sebald ist ein Meister des Periodenbaus. Der ruhige Wellenschlag seiner Sätze erinnert an eine längst vergangene Kunst, die ins neunzehnte Jahrhundert gehört, die das Bild einer reinen, in sich geschlossenen Lebenswelt entstehen lässt, und sei es aus melancholischen Gründen. Oder auch, um das Leid darin aufzuheben. Benutzt nicht auch der späte Goethe, von den »Unterhaltungen deutscher Ausgewanderten« bis zu den »Wanderjahren« eine solche langsam fließende, stark periodisierende Sprache, an deren ruhiger Oberfläche nicht zu erkennen ist, wie viel Schrecken der Geschichte sie in sich aufgenommen hat? Das »und«, die einfachste aller Konjunktionen, ist eines ihrer bevorzugten Mittel.

Die Sprache lebt weder in Wörtern noch in Absätzen, Kapiteln und Bänden. Sie lebt im Satz, so wie ein Mensch nicht in seinen Zellen und Gliedern und auch nicht in sozialen Verbänden lebt, sondern in seinem Körper. Der Weg führt dabei vom einfachen Hauptsatz und von nebengeordneten Hauptsätzen zur Gliederung zwischen Hauptsätzen mit untergeordneten Hauptsätzen. Aber er darf nicht zu weit führen. Gut zwanzig Wörter, zählte ein Sprachwissenschaftler, umfasse der durchschnittliche Satz eines durchschnittlichen Leitartikels, und knapp fünfzehn seien es bei einer Reportage. Aber es geht auch viel länger, und nicht immer und nicht unbedingt ist ein schwieriger Aufbau gleichbedeutend mit Unverständlichkeit: Denn ist nicht, fragt Brigitte Kronauer in einem musterhaft langen Satz, »souverän gehandhabt, das ganze gewaltige System der Temporal- und Final-, der Kausal-, Modal-, Konzessiv- und Konditionalsätze samt Konjunktionen und hypotaktischen Verfugungen keineswegs schiere Umstandskrämerei, sondern eine ausgefeilte und auch ausgefuchste Maschinerie, die ein kompliziertes Wirklichkeitsverständnis architektonisch verdeutlicht, anders als der immer populärere Kurzsatz, der ja oft nicht nur Treffsicherheit vortäuscht, sondern auch hoffnungslos pathetische Simplizität einer Pauschalwelt suggeriert?«

Dafür, wie ein Satz aufgebaut werden sollte, hat Johann Wolfgang Goethe ein angemessenes Wort: »Schrittmäßigkeit« ist hier verlangt, und er muss bei der Wahl dieses Kriteriums den hierarchisch gegliederten Satz im Sinn gehabt haben. Ob der Weg, auf dem diese Schritte zurückgelegt werden, eher lang oder eher kurz ist, spielt dabei eine untergeordnete Rolle: Ein sehr langer Satz, wohlgegliedert, in allen Einzelheiten durchsichtig, kann übersichtlicher und verständlicher sein als ein weitaus kürzerer, aber schlecht gegliederter Satz. Schrittmäßig zum Beispiel ist dieser Satz, in dem der Schriftsteller Georg Klein davon erzählt, wie ein Knabe, der sich beim Radfahren verletzt hat, aus der Klinik nach Hause gefahren wird: »Im Fond der schwarzen Limousine, die Hände auf dem braunen, mit Rosshaar prallgestopften Leder, das bandagierte Bein im Schoß der Mutter, durfte er spüren, wie die Spritze, die der Professor zuletzt doch spendiert hatte, zu wirken anhob, wie dem Schmerz ein kribbeliger Flaum wuchs, wie sich das Stechen, Beißen und Pochen nach und nach in diesem feinen Pelz verlor, bis sich der Fuß allmählich wattig taub, zuletzt fast schwerelos anfühlte.« Das ist nicht nur fein gesehen, oder, besser noch: nachgefühlt. In drei Stufen wird das Bild der Lage von außen entfaltet, dann mit einem kurzen Rückblick erklärt, und schließlich wird, wieder in drei Stufen, die Wirkung der Spritze zeitlich geschildert.

Damit so etwas geht, braucht man Wörter für das Zusammenstellen und Ineinanderverschränken von Sätzen, man benötigt Kon- und Subjunktionen, Ausdrücke für Übergänge, in Gedankenstufen und -typen. Sie stehen immer am Satzanfang und teilen sich in neben- oder beiordnende einerseits und unterordnende oder subordinierende andererseits. Ohne Subjunktionen gibt es keine Hypotaxe, also keine hierarchisch gegliederten Satzbauten mit Haupt- und Nebensätzen. »Freilich, sagte Austerlitz nach einer Weile«, heißt es bei W. G. Sebald, »hat das Verhältnis von Raum und Zeit, so wie man es beim Reisen erfährt, bis auf den heutigen Tag etwas Illusionistisches und Illusionäres, weshalb wir auch, jedesmal wenn wir von auswärts zurückkehren, nie mit Sicherheit wissen, ob wir wirklich fortgewesen sind.« »So wie«, »weshalb«, »ob«: die Kon- und Subjunktionen sind die eigentlichen Denkwörter, und es gibt sie in vielen Stärken und Schattierungen. Es gibt das »wann« und das »wenn« und das »falls«. »Als« heißt die Konjunktion des epischen Erzählens, und in modernen Zeiten reicht dieses »Als« von Johann Peter Hebel bis Peter Handke. (Denn zum epischen Erzählen gehört, dass die Sprache so viel von den verschwindenden Dingen rettet, wie sie retten kann.) Neben dem »denn« steht das »da« und das »weil«, neben dem »aber« ein »doch«, neben »allein« ein »obwohl« oder ein »gleichwohl«.

Das »denn«, eine besonders häufige Konjunktion, ist ein selbständiger Denkakt, er vollzieht sich zwischen zwei gleichwertigen Teilen. Auf die beim Nachdenken wichtigste Frage, das »warum« nämlich, kann man mit »denn« nicht antworten. An seiner Stelle erscheint dann, stark herausgehoben, ein »weil«, und in der geschriebenen Sprache folgt ein Nebensatz. In der gesprochenen Sprache ist das oft nicht der Fall, darin hat sich, vielbemerkt, das »weil« in einem Hauptsatz niedergelassen. Etwas Schlimmes oder gar Verwerfliches ist deswegen nicht geschehen. Denn diese Wendung gehört ganz und gar der gesprochenen Sprache an. Man könnte auch sagen, sie entspreche (noch?) nicht der Norm in der geschriebenen Sprache. Aber sie ist nicht regellos. Der mit »weil« beginnende Satzteil geht nie nach vorne: Man macht zwischen »weil« und dem Rest des Satzes eine kleine, aber gut hörbare Pause, die in der Schrift durch einen Gedankenstrich oder durch einen Doppelpunkt wiedergegeben werden müsste. Denn eigentlich ist dieses »weil« ein »denn«.

Die alten Sprachen haben wenige Konjunktionen. Das Lateinische kennt zwar Nebensätze, auch in allen uns vertrauten Formen, aber es versteckt sie gerne, zum Beispiel im ablativus absolutus, und dann muss der Leser zusehen, wie er damit zurechtkommt. Diese Sprache stellt sich also, einem weitverbreiteten Vorurteil zum Trotz, nicht logisch dar, sondern verlangt von den Lateinern, eine womöglich gewusste, aber nicht ausgedrückte Logik zu entschlüsseln. Und so gibt es im heutigen Deutsch ungefähr dreimal so viel Konjunktionen wie im Lateinischen. »His rebus perfectis«, erklärt Ludwig Reiners, »solche Ausdrucksformen wären undeutsch, weil man nicht weiß, ob sie da oder obwohl, als oder wenn, während oder nachdem bedeuten.« Nach Erledigung der Dinge: »Weil« oder »obgleich« – es steht nicht da. Man muss es wissen.

Im Nibelungenlied werden Kon- oder Subjunktionen nur selten verwandt. Es gibt darin eigentlich nur aneinandergereihte Hauptsätze, die Übersetzungen sind aber hypotaktisch, und das verfälscht. Überhaupt ist das ältere Deutsch meist parataktisch. Im Althochdeutschen sind Nebensätze selten. Das Mittelhochdeutsche hingegen steht schon vor dem Problem, die gedanklichen Verbindungen in andere, deutlichere Strukturen zu überführen. Das beginnt mit dem temporalen Nebensatz, langsam, und die Konjunktionen sind deiktisch, sie zeigen oder verweisen, bevor sie kausal und begründend werden: »Wenn« entsteht aus »wann«, und »wande« kann auch »falls« bedeuten. Und allmählich entfalten sich die logischen Unterschiede, bis dann, im neunzehnten Jahrhundert und nicht ohne heftiges Zutun der Philosophie, das ganze Register der Denkwörter ausgebildet ist – und das ganze, große logische Unternehmen wieder in sich zusammenzusinken beginnt. Denn wie oft liest man, in aktuellen Schriften, noch ein »gleichwohl« oder ein »indem«? Zwar sind Konjunktionen nicht bedroht: Denn ohne »denn« lässt sich kaum argumentieren. Bei Subjunktionen hingegen sieht es anders aus. Sie sind in dem Maße gefährdet, wie Nebensätze nicht mehr als solche erkannt werden. Die Selbstverständlichkeit im Erkennen von Nebensätzen, das Gefühl dafür, scheint zu schwinden, was man an einer zunehmenden Unsicherheit in der Kommasetzung bemerkt. Ob das auch daran liegt, dass untergeordnete Sätze als schwer und langsam empfunden werden, als zu schwer und zu langsam?

Je enger an der gesprochenen Sprache entlang geschrieben wird, desto mehr Hauptsätze werden verwandt. Der kurze Satz scheint, in denkmalhafter Schlichtheit, für Schnelligkeit,

Verständlichkeit und Klarheit zu bürgen. Und warum sollte er es nicht tun? Tatsächlich ist es oft leicht, und es dient der Verständlichkeit, einen langen Satz in mehrere kurze zu verwandeln – zum Beispiel bei Nebensätzen, die mit der Konjunktion »dass« beginnen. Sie sind oft ein wenig plump, doch manchmal lassen sie sich durch Infinitivsätze ersetzen, und diese sind leichter.

Auch Relativsätze sind zuweilen schwerfällige Gebilde, weil sie meistens unmittelbar an die Wörter anschließen müssen, auf die sie sich beziehen. Das hat zum Beispiel manchmal zur Folge, dass Akkusativobjekte nach vorn gezogen werden müssen, obwohl nicht klar ist, was es damit auf sich hat: »Die Frau, die ihre Nachbarin verleumdete …« Man sollte einen Relativsatz nicht zu stark belasten. In Adalbert Stifters Novelle *Waldgänger* etwa findet sich der Satz: »Auf den kühlen Wiesen dieses Ortes, auf die sich eine herbstwarme Herbstsonne legte, stand er und schaute zurück.« Der Relativsatz ist zu schwer für dieses leichte Gebäude – alle Anschaulichkeit ist nach vorne gerückt, und wo der Relativsatz an seinem hinteren Ende getragen werden müsste, wird nur gestanden und geschaut. Oder wollte Stifter, indem er die beiden schlichten Verben ans Ende setzte, dem einfachen Wort einen besonderen Ausdruckswert geben? Und dann gibt es Relativsätze wie bei Rainald Goetz: »Der Historiker Schiller war ein Vielschreiber und Abschreiber, ein naturellmäßig immer schwungvoll junger Mann, den seine eigene Ahnungslosigkeit und Inkompetenz viel weniger bekümmerte als der leere Bogen Papier, der zu füllen war.« In Stufen geht es hier hinauf bis zu der existentiellen Not des Schriftstellers Friedrich Schiller, von den beiden Prädikatsnomen »Vielschreiber« und »Abschreiber« über die Einschiebung bis zum ersten Relativsatz, der von »Ahnungslosigkeit« und »Inkompetenz« handelt – und der ganze Satz kulminiert in einem zweiten Relativsatz, im »leeren Bogen Papier« nämlich, »der zu füllen« war. So schön, so treffend können Relativsätze sein.

Von einer winterlichen Eisenbahnfahrt durch Deutschland erzählt W. G. Sebald: »Seitwärts zogen die Felder vorbei und die Äcker, auf denen die blassgrüne Wintersaat vorschriftsmäßig aufgegangen war; Waldparzellen, Kiesgruben, Fußballplätze, Werksanlagen und die entsprechend den Bebauungsplänen Jahr für Jahr weiter sich ausdehnenden Kolonien der Reihen- und Einfamilienhäuser hinter ihren Jägerzäunen und Ligusterhecken.« Und so wie die Felder vorbeiziehen, so ziehen auch die Substantive vorbei, von keinem Verb gehalten, manchmal zu präpositionalen Bestimmungen ausgeweitet, so wie es der deutschen Sprache auch geschieht, und immer wieder und immer mehr, wenn die Literatur nicht in das Bedürfnis nach Ordnung und Stillstand hineinfährt oder das Englische oder sonst ein unruhiger Geist, der kein Einsehen mehr haben will mit der Phrasenwirtschaft.

Gewiss, es gibt, ganz allgemein betrachtet, keine Rückkehr zur Parataxe. Es ist nur so, dass in die Hypotaxe Nominalketten eingeschoben werden, Reihen von Attributen, Substantive nach Substantiven, die endlich die Struktur eines jeden Satzes überlasten: »Offenkundig fällt es vielen schwer zu akzeptieren, dass der marktwirtschaftliche Prozess zwingend mit Instabilität und Ungleichgewichten verbunden ist, weil nur so die Dynamik des Suchprozesses, weil nur so der Prozess der schöpferischen Zerstörung wirken kann.« So sprach Josef Ackermann im Januar 2010 beim Neujahrstreffen der Vaterländischen Union in Vaduz. Auch seinem Satzbau hätte eine schöpferische Zerstörung gutgetan.

30. Sibylle Lewitscharoff züchtet Kummerkristalle: Bilder und Lebendigkeit

Lebendig sind die Inversionen, in denen der Sturm und Drang Gefühlsausdruck und Leidenschaft an die Stelle der logisch und ordentlich geordneten Gedanken und Wortfolge setzt. Lebendig sind die übereinander herfallenden Satzteile bei Heinrich von Kleist. Lebendig ist die Sprache Heinrich von Kleists, wenn er die Rede seiner Figuren unablässig unterbricht, wenn er immer wieder etwas dazwischenschiebt, einen Ausruf des Staunens oder des Schreckens, wenn eine Gestalt der anderen und vor allem sich selbst ins Wort fällt, die Rede sich überschlägt und die Wörter übereinanderstürzen. Lebendig ist auch die Sprache Felicitas Hoppes, wenn sie von ihrer Tante erzählt, wie diese sich von ihrem Ferienort in den Walliser Bergen verabschiedete, um zurück nach Niedersachsen und zu ihrem Beruf als Lehrerin zu fahren: »Hannover, wo liegt das? Habe lachend der Wirt zum Abschied gerufen, in einer Sprache, von der meine Tante bereits nach dem dritten Sommer behauptete, sie sei ihrer mächtig, weshalb sie sich bloß das Haar aus der Stirn schob, es wurde auch in den Bergen nicht grau, und zurückrief: Das, Wirt von Fiesch, geht dich nichts an, denn wo ich herkomme, da kannst du nicht sein, aber wo du bist, dahin kehre ich immer wieder zurück.« Einen großen Bogen schlägt hier die Schriftstellerin, von einer Stadt in der norddeutschen Tiefebene bis zu einem Schweizer Bergdorf, und nebenher geht es, als wäre es völlig selbstverständlich, um den Walliser Dialekt und das Grau der Haare, um Heimat und Sehnsucht, und doch fügt sich der Satz zu einem in kleinen Einheiten rhythmisierten Gebilde. Und lebendig geht es zu, wenn Ingo Schulze in seinem Roman *Neue Leben* (2005) noch einmal den *Faust* erzählt, versetzt in die untergehende DDR, in die Zeit, als die Währung des Westens innerhalb von wenigen Wochen die Lebensart des Ostens umwälzt, mit Hilfe von Rabatten, von Faltdächern auf Cabriolets, Provisionen, neuen Parkettfußböden, Vorschüssen, Belegen, Computern, in Gestalt von tausend und abertausend Momenten des Alltags im Kapitalismus, die in eine magische Geschichte hineingewoben werden. »Daß man etwas zu sagen habe: O, damit kommt man weit!«, sagt Arthur Schopenhauer – es ist die Bedingung aller Lebendigkeit.

Lebendigkeit in der Sprache entsteht durch Verben, durch Rhythmen und Einschiebungen, durch den Wechsel von ausgeführten und verkürzten Satzbögen: »Je mehr sie lebt, desto mehr Inversionen«, sagt Herder; »je mehr sie zur toten Bildersprache herabgesetzt ist, desto mindere ... für das poetische Genie ist diese Sprache der Vernunft ein Fluch.« Lebendigkeit war eines der großen Projekte der deutschen Sprache, vom siebzehnten bis ins neunzehnte Jahrhundert, den Expressionismus einmal ausgelassen. Viel Mühe wurde in dieses Unternehmen gesteckt, wovon noch viel erhalten ist, wenn auch fast keiner mehr weiß, warum und wie diese Lebendigkeit entstand: und zwar immer wieder aus mystischen Beweggründen. Der Reichtum und die Vielfalt der Präfixe etwa, denen Georges-Arthur Goldschmidt das große Rauschen und Wellenschlagen der deutschen Sprache ablauscht, gehörten ja, wie schon berichtet, zu einem nicht geringen Teil zu den Schriften der Pietisten, einer strengen protestantischen Glaubensgemeinschaft vor allem des siebzehnten und achtzehnten Jahrhunderts: »hin-«, »zu-«, »an-«, »nach-«, »empor-«, »hinein-«, »aufwärts-«, »entgegen-« – die Seele drängt hier voran, alles wird beherrscht von einer nach links und rechts, nach unten und vor allem nach oben drängenden Dynamik. Und wenn Theodor Fontane den Dialog kultiviert und in seinen Geschichten immer wieder wenig geschieht, dann liegt das daran, dass die Konversation selbst, das flüchtig Gesellschaftliche, den eigentlichen Kern seiner Dichtung ausmacht.

In einem Essay, den Sibylle Lewitscharoff dem schwäbischen Zentralort Stuttgart widmete, beschreibt sie den Weg von Degerloch, ihrem heimatlichen Viertel, hinunter in den Kessel, in dem die Großstadt zu Hause ist. Es geht den steilen Hang hinab, die Strecke kreuzt die Alte Weinsteige: »Zwischen Efeu und Heckenrosen verfliegt alles Unheimische und Verdrossene, eine herzerhebende Heiterkeit stellt sich ein, lauter Blickfallen für diese Heiterkeit sind aufgestellt: Liliensippen mit Blütenblättern aus taubengrauem Seidenpapier, Villen, die in ihren Gärten dösen, Tropfen, die von Rasensprenklern über die Zäune wehen, ein in der Tiefe seines Gartens versteckter Bewohner, den ich beneide um seinen Wohnsitz an einem so vorzüglich eingerichteten Hang. Das Problem ist nur: was tun, wenn man unten angekommen ist.« Ein wenig Eichendorff ist in diesen Zeilen, das barocke Wort »herzerhebend«, ein wenig Robert Walser und Peter Handke, ein bisschen weltmüde Schnoddrigkeit und eine große Lust am Formulieren, sehr viel Höflichkeit und Genauigkeit, ein Hang zur Tücke des Absurden und vor allem eine weitgereiste, mit den disparaten Umständen vertraute Klugheit, die sich von der Gewissheit, wie viel Schönheit in einem Leben steckt, nicht abbringen lassen will. Aber lebendig ist diese Passage, durch die variierten Rhythmen, durch den Wechsel der Perspektiven, durch den grandiosen Bogen vom Efeu bis zur Talsohle, eine Collage, die aus großen und kleinen Beobachtungen und Gedanken so etwas wie Lebensglut herausdestilliert, die Seele, die das Tun und Treiben eines jeden ordnet, verdichtet und durchleuchtet.

Und durch die Bilder entsteht Lebendigkeit, durch Vergleiche oder Metaphern. Nicht zu viele sollten es sein, denn man muss die Überraschung wahren, nicht zu schräge, denn sonst ziehen sie die Aufmerksamkeit vom Satz ab, eben genau die passenden und schlagenden und einzigartigen – Metaphern also, die man mit Freude erwartet, wenn man ein »als ob« vernimmt. Wie bei Sibylle Lewitscharoff, wenn sie an Metaphern die Zustände der Subjektivität festzumachen sucht, genauer: die Subjektivität selber. Denn ein solches Ich muss man sich als ein loses, luftiges, schwebendes Gewebe vorstellen. Es ist nichts Festes daran. Manchmal, in Augenblicken des Schmerzes vor allem, zieht es sich zusammen, und in der Kontraktion ist das Ich als reine Energie, als Kraft wahrzunehmen. Meistens aber fließt es dahin, in unterschiedlicher Dichte und Ausdehnung. Für diese Zustände hat die Schriftstellerin eine eigene, einzigartige Sprache entwickelt, die bis an die Grenzen dessen geht, in Schönheit und Ausdruckskraft, was man auf Deutsch überhaupt ausdrücken kann. Oft bedient sie sich der Allegorisierung, aber sie macht es behutsam, verharrt auf dem Weg zum selbständigen Bild. Enttäuscht von einem nationalhistorischen Museum, angewidert von falschem Pomp und inszenierter politischer Übermacht, berichtet die Erzählerin: »Jetzt sitzen wir im Zeichen des Kummers enger beisammen, unser gemeinsamer Kummer steht im höchsten Flor. Kummerkristalle blühen an Stelle von Schweiß auf unseren Stirnen … Meine Schwester ist nur notdürftig bei uns und sieht ins Ungefähre.« Über den gemeinsamen Vater heißt es: »In seinem Hirn gab es Löcher, da hinein sprang eine finstere Phantasie. Hauchdünne Blätter aus Nichts begannen in seinem Kopf zu rauschen.« Und über den Weihrauch in einer orthodoxen Kirche: »Wenn Myriaden schwebender, glänzender Partikel sich im Raum verteilen, wird die Atmosphäre weich, dann gehen Herz und Hirn vereint auf große Fahrt und schwimmen in süßem Strom davon.« Das könnte auch eine Beschreibung lebendiger Dichtkunst sein, in ihrer schwäbisch-pietistischen Variante.

Vom Schließen

31. Werner Kieser fasst einen Gedanken:
Logik und Form

Eine gute Sprache ist mehr, viel mehr als die Einkleidung eines vorhandenen Gedankens in einen möglichst passenden Satz. Wo sie wirklich gelingt, geht die Form ganz in ihrem Inhalt auf, verbindet sich so sehr mit ihm, dass beide Seiten sich gegenseitig vorantreiben und Sachverhalte erkennbar werden lassen, die vorher nicht einmal geahnt wurden. Dieses innige Ineinander von Gedanke und Sprachform ist literarisch, auch wenn daraus nicht immer Literatur entsteht. Manchmal, und heute viel zu selten, wird auch eine Theorie daraus, dann nämlich, wenn Gedanke und Sprachform ein vorher unübersichtliches Feld von Dingen oder Ereignissen gliedern, wenn sie ein Stück Welt ordnen, bis die Gegenstände und die sich mit ihnen verknüpfenden Interessen erkennbar sind, bis Entsprechungen und Widersprüche hervortreten und ein Urteil möglich wird.

Der Schweizer Werner Kieser etwa, Erfinder und Betreiber einer international erfolgreichen Muskelschule, ist, jenseits aller Erwartungen, ein Meister solcher Verknüpfungen, auf eine nüchterne, zupackende Art, die nicht selten den Sarkasmus zumindest streift: »Das Argument, Rückenschmerzen seien psychosomatischen Ursprungs«, sagt er zum Beispiel, »entbehrt nicht eines gewissen versteckten Zynismus: man verweist den Patienten auf ein Ursachenfeld, in dem er buchstäblich nichts zu bestellen hat. Weder hat er das Herz, seine allenfalls krankmachende Ehe mit der Scheidung aufzulösen, noch hat er die materiellen Reserven, seinen Job zu schmeißen. Auch wird er kaum die Kraft aufbringen, die Gesellschaftsordnung seiner Rückenbeschwerden wegen zu stürzen. Das wäre ein Unterfangen, das selbst ohne Rückenbeschwerden mehr braucht als nur die Einsicht in seine Notwendigkeit.« Wann hätte man zuletzt einen erfolgreichen Geschäftsmann oder Amtsträger reden gehört, als wäre er bei Max Stirner in die Lehre gegangen und hätte sich von diesem über den *Einzigen und sein Eigentum* (1844) unterrichten lassen? Es ist, als sagte der Präsident einer Universität, dass alles Wissen, das man an seinem Institut erwerben könne, auf nichts weiter hinauslaufe, als das eigene Unwissen wie das Unwissen der ganzen Welt wenn nicht zu vergrößern, so doch zumindest aufrechtzuerhalten. Warum also sollte man vier, fünf, sechs oder gar noch mehr Jahre seines Lebens auf ein so hoffnungsloses Unternehmen verschwenden?

Weil man, so geht der Gedanke von Werner Kieser, sich dann wenigstens seinen Teil dazu denken könne – oder anders, für seine Welt: weil man dann eben keine Rückenschmerzen habe. Was diesen Gedanken von der »konstruktiven« Kritik unterscheidet, wie sie in modernen demokratischen Gesellschaften geübt wird, ist seine Gleichgültigkeit gegenüber der »Gesellschaftsordnung«. Sie scheint vielmehr etwas zu sein, das man eigentlich nur ablehnen kann. Mit dieser Überzeugung unterscheidet sich Werner Kieser von allen freiwilligen und bestallten Denkern im öffentlichen Dienst, denen es zuallererst um die Zukunft eines vermeintlich gemeinsamen Projekts zu tun ist und die in der Wissenschaft eine Verwaltungssprache der Wissenschaft als unausweichliches, für das professionelle Dasein notwendiges Idiom durchgesetzt haben – Werner Kieser führt, unter wahrlich bizarren Umständen, eine Tradition fort, wie sie als intellektuelles Dissidententum von Arthur Schopenhauer bis an die Peripherie der Frankfurter Schule verläuft, um danach noch allenfalls (und dann auch nur gelegentlich, bei Max Goldt zum Beispiel, auch bei Rainald Goetz) unter den Voraussetzungen der schönen Literatur aufzutreten.

Souverän ordnet Werner Kieser in diesem Gedankengang ein bislang unübersichtliches Feld, mit den Konjunktionen »weder–noch«, mit dem »kaum« und dem »selbst«, den Adverbien, in denen das Unangemessene aller Bemühungen ausgedrückt wird, sich allein gegen die Herrschaft der Verhältnisse aufzulehnen, mit der Anrufung von »Herz« und »materiellen Ressourcen«, die in den »Rückenschmerzen« kulminieren und denen als Antithese die »Gesellschaftsordnung« gegenübersteht. Auf knappem Raum soll hier viel gesagt werden, und es gelingt, weil die logischen Anschlüsse sauber ineinandergreifen. Was sie immer seltener tun, weil alles Wissen längst der Eilfertigkeit des Nützlichen und Konstruktiven unterworfen ist – ganz abgesehen davon, dass die Beflissenheit der Wissenschaft schon seit langem einen Jargon der universalen Rücksichtnahme herausgebildet hat, der die sachliche wie sprachliche Eigenständigkeit eines Muskeltrainers von vornherein als absoluten Dilettantismus erscheinen lässt. So sauber aber greifen die logischen Anschlüsse in seinem Urteil ineinander, dass sie den Maschinen des Muskeltrainers gleichen: schieres graues Eisen, auf äußerste Funktionalität reduziert und darum schön. Und als durchaus erwünschter Nebeneffekt tritt in diesem Gedankengang der Autor selbst auf: als jemand, der die Dinge ordnet, der abstreitet oder zustimmt und auf diese Weise buchstäblich als der Souverän seines eigenen Kopfes erscheint.

Ein beliebtes Vorurteil besagt, die Kunst sei etwas Müßiges, ein schönes, aber streng genommen überflüssiges Beiwerk zu den notwendigen Verrichtungen des Alltags. Ein zweites Vorurteil besagt, alle Theorie sei grau. Sie lasse sich nicht in die Wirklichkeit übertragen, und das gelte vor allem für das Nachdenken über Kultur und Gesellschaft. Aber beides ist Unfug, erkennbar nicht nur daran, dass Menschen in allen Zeiten, selbst in den härtesten, am schlimmsten von der Not geprägten Zeiten Kunst hervorgebracht haben. Erkennbar auch daran, dass sie oft genug den realen Verhältnissen vorausgegangen ist – als Berichterstattung von den Frontlinien der Gesellschaft. Und erkennbar schließlich daran, dass Wissen aller gewollten Veränderung vorausgehen muss, denn sonst wäre sie blindes Reagieren auf eine ungewusste, theoretisch unbeherrschte Macht. Das heißt nicht, dass die Kunst – oder das Wissen – deshalb Freiheit und Schönheit aufgeben müsste, im Gegenteil. Denn Theorie oder Wissen und Kunst sind keine Gegensätze, und oft genug fordert die eine Seite dieses Verhältnisses die andere gerade zu noch höheren Leistungen heraus: die Kunst das Wissen und das Wissen die Kunst.

32. Brigitte Kronauer atmet durch: Der Satz und sein Zeichen

Das Deutsche ist, in seiner wohlgestalteten Form, eine Sprache voller Satzzeichen. Sie durchlöchern jeden längeren Satz wie einen wurmstichigen Balken. »Eine Frau prüfte im Warenhausspiegel, indem sie sich vor- und zurückbog, ihr Aussehen, unaufhörlich, die ganze Treppe hoch«, heißt es bei Brigitte Kronauer, und das sind vier Satzzeichen auf achtzehn Wörter. Übersetzte man den Satz ins Englische – »Swaying back and forth, a woman continuously checked her looks while walking up the staircase« –, käme ein Satzzeichen dabei heraus. Denn das Englische ist eine parataktische Sprache, was man an der geringen Zahl von Kommata bemerkt. Auch im Französischen werden weniger Kommata benutzt, allerdings kaum, weil es so parataktisch wäre, als wegen unendlich vieler kleiner Nebensätze, die als reine Folge wahrgenommen werden. Im Deutschen aber gilt: zwei Hauptsätze, die mit »und« verbunden sind – ein Komma. Ein Nebensatz – ein Komma. Eine Einschiebung – zwei Kommata. Eine Aufzählung mit voneinander unabhängigen Gliedern – je ein Komma. So etwas lernte man in der Schule.

Das Komma zeigt an, dass etwas endet und etwas anderes beginnt, innerhalb der Satzgrenzen – wie auch Semikolon und Doppelpunkt. Ein Punkt beendet den Satz. Gedankenstriche heben die Satzgrenzen für eine überschaubare Strecke auf. Ein Satzzeichen markiert eine Pause, in der Pause kann geatmet werden, und es wird geatmet, aber es muss nicht sein. Denn das Pausenkomma gehört im Deutschen der Vergangenheit an, es wurde vom grammatischen Komma abgelöst. Es spricht nichts gegen Satzzeichen, auch wenn sie den deutschen Satz, oft im Unterschied zum englischen, zu einer nur unterbrochen fließenden Angelegenheit machen und zuweilen gar den Eindruck erwecken, man falle darin fortwährend über die eigenen Füße. Kommata und Punkte spiegeln die Struktur eines Satzes, sie halten Ergänzungen, Einschränkungen und Entgegensetzungen auseinander, sie identifizieren die einzelnen Teile in Gliedsätzen. Satzzeichen, erklärt der Germanist Jürgen Stenzel in einem kleinen Buch, das nur ihnen gewidmet ist, gewähren »über die Sicherung eines angemessenen diskursiven Leseverhaltens hinaus etwas Zusätzliches; stellt nämlich die diskursive, syntaktische, konventionelle Interpunktion den Satz zuallererst auf sichere Füße, so lehrt die stilistische ihn Eleganz und Ausdruckskraft der Bewegung.« Satzzeichen sind also eine rundum nützliche

Angelegenheit, auch wenn man ihretwegen im Deutschen nicht so leicht auf der Landstraße dahinrauschen kann. »Rolling down the highway in a brandnew Cadillac« – das muss auf Deutsch so klingen, als stieße man schon nach fünf Metern auf eine rote Ampel: »Als ich die Landstraße entlangfuhr Komma«. Und mit einem Partizip wird es kaum besser: »Die Landstraße entlangfahrend Komma.«

Das Komma hat es schwer und immer schwerer. Das liegt auch an der versuchten Reform der deutschen Rechtschreibung nach dem Jahr 1996, der einige der wichtigsten Kommaregeln zum Opfer fallen sollten – so, unter gewissen Umständen, das Komma zwischen zwei mit »und« verbundenen Hauptsätzen. Ob das nun so sein soll oder nicht, scheint immer noch unklar zu sein, selbst unter geübten Schreibern. Vor allem aber hat das Komma es schwer, weil die Schule nur noch ein vages Bewusstsein für grammatische Strukturen entwickelt – was man vor allem daran erkennt, dass die meisten Kommafehler in Konstruktionen entstehen, die leicht zu durchschauen sind, nämlich bei ebenjenen mit »und« verbundenen Hauptsätzen wie beim erweiterten Infinitiv (»es ist leicht, erweiterte Infinitive zu erkennen«). Stellt man sich die grammatische Struktur solcher Sätze vor, ist das Komma sofort da – aber das geschieht eben nicht, weil das Komma zunehmend an eine vage Routine und nicht an ein grammatisches Denken gebunden ist (das grammatische Denken fand übrigens die Schreibweise »daß« für die Konjunktion am Anfang eines konsekutiven Nebensatzes oder eines Objektsatzes eher nützlich. Seitdem es »dass« heißt, schwindet der Unterschied zum »das«, und mit dem falschen Bezug vergrößert sich die Verwirrung mit den Strichpunkten).

Welche Möglichkeiten aber bieten die Satzzeichen in jenem Satz von Brigitte Kronauer! Folgt man der Dame nicht, während man ihn liest, mit den Blicken, schaut man nicht erst nach rechts und dann nach links, wie sie sich bewegt, und dann, wie sie die Treppe hinaufgeht? Das ist so, weil die Satzzeichen nicht nur die grammatische Struktur eines Satzes markieren, nicht nur das Atmen vorsehen, sondern weil sie auch, soweit es geht, die Intonation aus der gesprochenen Sprache in die schriftliche übertragen, die Betonungen, die Pausen, das Unterbrechen, das Beschleunigen und Verlangsamen. Und nicht nur die Intonation, sondern auch die Blicke, die das Sprechen begleiten – oder ist es nicht so, dass in jedem »übrigens«, in vielen Einschiebungen und Digressionen, eine Art Blickwechsel steckt, ein »das gibt es auch noch« oder »ehe ich es vergesse«, ein »bei dieser Gelegenheit« oder ein »andere Leute sehen das anders«. Und weil das so ist und weil die Möglichkeiten der Intonation wie der Abweichungen viel größer sind, als sie sich angemessen in Punkten oder Kommata ausdrücken lassen, gibt es keinen Grund, nicht auch andere Satzzeichen zu verwenden, auch wenn diese aus der syntaktischen Form herausragen – das Semikolon als Mittelding zwischen einem Komma und einem Punkt, den Gedankenstrich als fast schon sprechendes Symbol einer Einschiebung, den Doppelpunkt. Um diesen Gedankenstrich aber tobte, bei Jean Paul, der sie in »Taktstriche poetischer Tonstücke« und »Achillessehnen philosophischer Sehstücke« unterschied wie bei Adelung (»Lücken in dem Verstande«) einst eine ganze Debatte. Und der Doppelpunkt leitet nicht nur Beispiele und Aufzählungen ein: Er erspart auch Nebensätze mit »dass« und ersetzt das eher schwerfällige Wort »nämlich«. Auch er entspricht einer Betonung und einer Pause, die man in der gesprochenen Sprache wohl hört.

Ein Freund der Satzzeichen war Lessing. Seine vielen Kommata, seine Strichpunkte und Punkte, seine Ausrufe- und Fragezeichen sind keine Gefühlstöne, sondern begleiten sein Denken. Er will, dass sein Leser alle Schlüsse und Urteile mit ihm zusammen vollzieht, Schritt für Schritt. Ein eher ausschweifender Liebhaber von Satzzeichen ist Friedrich Nietzsche. »Man muss nur einmal probeweise eine beliebige Seite weit genug von sich halten«, empfiehlt Durs Grünbein angesichts der Schriften von Friedrich Nietzsche, »um zu sehen, wie dort mit den Kommata, Pünktchen und Gedankenstrichen gearbeitet wird. Vor allem der Gedankenstrich, er ist die Muskulatur dieser Prosa, während der Sperrdruck ihr als optisches Aufputschmittel dient.« Gemeint sind »Interpunktionsgewitter« wie das Ende des 227. Aphorismus in *Jenseits von Gut und Böse*: »– Die Melancholie alles Fertigen! …« Das ist eine angemessene Beschreibung dieser Prosa, und sie dokumentiert auch das Problem, das sich einstellen muss, wenn man den Gebrauch der Satzzeichen übertreibt. Denn dann wird der Satz zur Evokation von Gedanken, Anschauungen oder gar Ereignissen, die er selbst gar nicht repräsentieren kann, sondern die ebenso aufgeregt wie eitel hinausweisen in ein Jenseits, wohin dem Autor niemand folgen kann, nicht einmal er selbst.

33. Rainald Goetz schminkt die Kanzlerin: Das bessere Deutsch

An Bekenntnissen zur deutschen Sprache fehlt es nicht, vor allem nicht in jüngster Zeit. Alle finden sie prima, die Politiker, die Agenten der deutschen Kultur, sogar die Gelehrten. Dass sie »einzigartig« ist, liegt dabei in der Natur der Sache, aber ist sie deshalb eine Einrichtung, zu der man sich, abstrakt, immer wieder freudig bekennen muss? Ein solches Lob ist eine tückische Angelegenheit. Denn es verblödet. Es macht das Gelobte matt und dumpf, ganz abgesehen davon, dass das

Lob den Lobenden wie das Gelobte erniedrigt: Die Sprache steht außerhalb der Verfügungsgewalt des Lobenden, sie ist unendlich viel größer als er, und im Lob tritt diese Unangemessenheit scharf hervor. Entsprechend sind die Ergebnisse. Johann Gottlieb Fichtes *Reden an die deutsche Nation*, in der er unter anderem die unvergleichliche Überlegenheit der deutschen Sprache beweisen will, ist in einem furchtbaren Deutsch geschrieben: »Indem ich eine klare Einsicht der Deutschen, als solcher, in ihre gegenwärtige Lage hervorzubringen gedenke; setze ich voraus Zuhörer, die da geneigt sind, mit eigenen Augen die Dinge dieser Art zu sehen, keineswegs aber solche, die es bequemer finden, ein fremdes und ausländisches Seh-Werkzeug, das entweder absichtlich auf Täuschung berechnet ist, oder das auch natürlich, durch seinen andern Standpunkt, und durch das geringere Maß von Schärfe, niemals auf ein deutsches Auge passt, bei Betrachtung dieser Gegenstände sich unterschieben zu lassen.« Fichtes Sprache trägt notwendig die Züge dieser Überheblichkeit, und diese ist immer auch Signatur des Sprechers.

Es mag daher seinen Sinn haben, wenn man glaubt, das Gute sei immer schon vergangen. Das beste Deutsch, erklärte vor zweihundert Jahren Friedrich Schlegel, sei gewiss im Hochmittelalter geschrieben worden. Und auch Jacob Grimm meinte, sechshundert Jahre vor ihm habe »jeder gemeine Bauer Vollkommenheiten und Feinheiten der deutschen Sprache gewusst, d. h. täglich ausgeübt, von denen sich die besten heutigen Sprachlehrer nichts mehr träumen lassen.« Dabei erschloss sich diese angeblich unvergleichliche Sprache schon zu jener Zeit allenfalls einer Handvoll Spezialisten, die es gewohnt waren, mit jahrhundertealten Handschriften umzugehen. Friedrich Schlegel war in seiner Epoche mit seiner Überzeugung nicht allein. Denn mit der Romantik entstand der Glaube an den Ursprung – an etwas Reines und Gutes, das am Anfang der Überlieferung gelegen haben soll. Das Verfahren ist dabei immer dasselbe: Die reine, beste Sprache soll es immer gegeben haben, kurz bevor die schriftliche Überlieferung einsetzte. Das Modell für diesen Glauben ist die Bibel – die vollkommene Sprache, die seitdem immer nur Verwirrung und Verfall kennt, die Fixierung auf einen Höhepunkt außerhalb der Zeit, die blind werden lässt für alles Neue, das nachher kam.

Zweihundert Jahre nach Friedrich Schlegel stellt der Germanist Heinz Schlaffer fest: »Vielleicht ist es nicht übertrieben, den neuen Stil der Prosa, in dem sich sprachliche, ästhetische und kulturelle Intentionen bündelten, zu den großen Projekten des 19. Jahrhunderts in Deutschland zu zählen.« Damit meint er vor allem das Deutsch, wie es Johann Wolfgang Goethe, Friedrich Schlegel oder Arthur Schopenhauer verwendeten. Der Verweis auf das frühe neunzehnte Jahrhundert ist dabei von ähnlicher Art wie die Verbeugung vor dem Mittelalter: Gemeint ist das Deutsch vor der Phrase, vor der Entwicklung einer nationalen Bürokratie, vor der Unterwerfung der Sprache unter die Belange eines Staates, das neue Deutsch im Augenblick seiner Erfindung. Dabei müsste, wer von einem solchen Untergang redet, doch wissen, dass die Entwicklung einer Kultursprache gebunden ist an den differenzierten schriftlichen Ausdruck und dass dieser ein hohes Maß von Standardisierung voraussetzt – dass also Goethe, Schlegel und Schopenhauer gleichsam die Heroen sind, in denen das neue Deutsch hervortritt, dass dieses Deutsch aber nicht bei ihnen bleiben kann, weil es danach ganz andere Aufgaben erfüllen muss. Gut und schlecht liegen auch hier eng beieinander, weil sie sich denselben Beweggründen verdanken. Doch vorbei, vergangen, verloren: Nichts scheint diesen Verfall aufhalten zu können. Aber, seltsam, es war immer schon so, und die Zustände, die den Späteren als glücklich erscheinen, kamen den Zeitgenossen meistens schon als rettungslos verkommen vor.

Was ist aber mit einem noch sehr jungen Satz wie diesem: »Die Kanzlerin war sehr blass und sehr dick geschminkt, das absolut Übertrockene, Überpulverte der für die Fernsehkameras berechneten Schminke kontrastierte stark mit einem Tropfen Augenflüssigkeit, der sich im linken Augenwinkel angesammelt hatte, ohne weggewischt zu werden.« Der Schriftsteller Rainald Goetz schrammt in seinen Sätzen gern an der Perfektion vorbei. Manchmal behält man sie deswegen im Gedächtnis, weil das Ungelenke der Formulierung vielleicht auch ein Ausweis dafür ist, wie sehr ihm seine Sache am Herzen liegt. Das umgangssprachliche »absolut«, als Superlativ verwendet, ist ebenso grob wie die präpositionale Bestimmung mitten im Genitiv, in dem sich zwei Artikel mit einer Präposition verschlingen, ungeschickt ist: »der für die«. Aber wie sehr kontrastiert das scheinbar Unbeholfene des Ausdrucks der Feinheit in der Beobachtung! Und wie elegant ist hier der Gegensatz aufgebaut zwischen dem betonierten Gesicht und dem Tropfen Augensekret, bis ganz nah an den Kitsch und ihn doch verweigernd! Es gibt unendlich viele Formen von »guter« Sprache, und gemeinsam ist ihnen vor allem, dass sie genügend Spannung besitzen, um die Lektüre voranzutreiben und doch, in kraftvoller Schönheit, den Leser zum Verweilen in einem jeden Satz einladen.

Drei große Prinzipien gebe es, sagt der an der niederländischen Universität Leiden lehrende Linguist Guy Deutscher, von denen die Entwicklung der Sprachen vorangetrieben werde. Um sie zu definieren, greift er auf die Lehren der Junggrammatiker zurück, der sprachwissenschaftlichen Schule, die im Leipzig der vorvergangenen Jahrhundertwende die Linguistik als Naturwissenschaft neu begründen wollte; das Prinzip der Faulheit oder des geringsten Aufwands, das Prinzip der formalen Gleichheit und das Prinzip der Expressivität. Das Prinzip der Ökonomie sorgt dafür, dass ältere, komplizierte Formen der Grammatik abgeschliffen werden und schließlich verschwinden, wobei zuerst die Verb- und Kasusendungen lädiert werden. Das Englische etwa ist in Angelegenheiten der Vereinfachung grammatischer Formen schon deutlich weiter, und das Deutsche wird sich weiter in diese Richtung entwickeln. Aber es gibt Rettung, und auch sie ist immer da. Denn das Prinzip der Expressivität wirkt der Zerstörung der Formen entgegen, weil es an abgeschliffenen, verfallenen, toten Formen sein Ungenügen hat und diese durch allerhand Extravaganzen zu revitalisieren trachtet. Das tut es, indem es Elemente hinzufügt, die auf andere, neue Weise wiederherstellen, was erloschen war. Und wenn es der Übertreibungen zu viele werden, geht es wieder mit den Nachlässigkeiten los, und so geht es weiter bis zum Jüngsten Tag.

So wird aus dem lateinischen »hoc die« (»an diesem Tag«) ein »hodie« (»heute«), und dann wird im Französischen ein »hui« daraus, was sich bald nicht mehr mit Nachdruck aussprechen lässt, worauf das »au jour d'hui« entsteht, was auch irgendwann schlappmacht, so dass man heute immer öfter ein »au jour d'aujourd'hui« hört, wörtlich: »am Tag von am-Tag-von-diesem-Tag«. Oder ein anderes Beispiel: Wo im Englischen das grammatische Futur erlischt, tritt ein »going to« – und zunehmend, in Gestalt nur eines Wortes, ein »gonna« in die Bresche. Das Prinzip der Expressivität ist also nur die andere Seite des Prinzips der Faulheit, und wo das eine Prinzip ist, ist das andere auch. Dieselben Kräfte, die uns heute als Ausdruck mangelhafter Sprachbeherrschung erscheinen, bringen morgen die komplexesten sprachlichen Strukturen hervor.

Der dritte Bewegungsgrund in der Entwicklung der Sprache schließlich ist das Bedürfnis nach formaler Gleichheit. Es sorgt zum Beispiel dafür, dass Verben wie »backen« heute schwach konjugiert werden und auch das Präteritum »er boll« (von »bellen«) verschwunden ist. Es ist ein Bedürfnis nach Ordnung, das hier waltet, aber sosehr es vor einem Übermaß an grammatischen Nachrichten schützt, so sehr treibt es Ausnahmen hervor – und Übertragungen auf Bereiche der Sprache, die anderen Ordnungen gehorchen. Ein großer Teil unseres Wortschatzes etwa ist so entstanden, indem aus Verben (»deuten«) Adjektive (»deutlich«) und aus diesen neue Verben (»verdeutlichen«) wurden.

Die Klage über den Verfall der Sprache hat ihren Grund meist darin, dass sie als absoluter Wert begriffen wird, nicht als immer wieder neu zu schaffende Errungenschaft, weil ein idealer Zustand, der nie bestand, der Gegenwart als Maßstab entgegengehalten wird. Errungenschaft aber – das kann nur heißen: etwas als Lebendiges übernehmen, zum Pflegen und Weiterbilden, nicht zum Zweck der Verteidigung, nicht als Besitz, nicht als hilflosen Glauben an eine Heilsgemeinschaft in der Muttersprache, sondern als gewusste Veränderung. Die Frage nach dem besten Deutsch ist daher unfruchtbar. Schon die nach dem besseren Deutsch wäre kaum zu beantworten, so viele Voraussetzungen wären dafür zu bedenken. Und wenn es dennoch Belege genug dafür zu geben scheint, dass sich die Mängel in der Sprache häufen, dann gibt es dafür einen Grund, der allen Kulturpessimismus weit übersteigt: Es fehlt meistens nicht die Sprache, sondern es fehlen die Sprecher, es mangelt nicht an Grammatik oder Wortschatz, sondern es sind die Redner und Schreiber, die nicht beherrschen oder nicht beherrschen wollen, was doch eigentlich zu den Grundlagen der Verständigung gehören müsste. Denn die Sprache gibt erst einmal nur Freiheit, und dann ist es jedem freigestellt, ob er sich der Phrasen bedient oder nicht.

Herder glaubte vor mehr als zweihundert Jahren, die Sprache sei aus der Poesie hervorgegangen – wie vor ihm Giambattista Vico, und das ist ein Unterschied ums Ganze, denn darin liegt die Erkenntnis verborgen, dass Sprache etwas Gemachtes ist. Die Dichtung sei älter als alle anderen Formen sprachlicher Äußerung. Diese Vorstellung, die Sprache sei gleichsam aus der Geist der Lebensfreude und der Verschwendung entstanden, war zu seiner Zeit weit verbreitet, und aus ihr spricht der ganze Enthusiasmus, die ganze Hoffnung der Aufklärung. Es wird nicht so gewesen sein, am Anfang der Geschichte, und eher als die Freude den Menschen die Zunge löste, werden es Not und Schmerz gewesen sein. Und doch steckt etwas Wahres in diesem Glauben. Man muss ihm nur das Geschichtsphilosophische nehmen: Denn schön ist die Sprache immer dann, wenn man einen Menschen in ihr wahrnimmt. Und so gesehen, geht sie tatsächlich aus der Poesie hervor.

Selbstverständlich kann man die deutsche Sprache lieben. Aber man sollte sie nicht auf die unfruchtbare Weise lieben, die auf einem bestimmten Zustand insistiert und ihn gegenüber aller Veränderung behaupten will – nicht pedantisch, sondern leicht und mit einem Blick für das Komische. »Die Welt sollte von den Worten her ausgehend verbessert werden, das war eine phantastische, aber doch nicht nur verrückte Idee«, sagt Rainald Goetz. Er träumt nicht nur. »Die Sätze, die ich schreibe, sagen mir etwas, was ich, bevor ich diese Sätze schrieb, nicht gewußt habe«, erklärt Martin Walser. Und noch etwas: Die selige Sicherheit, die das Wort »Heimat« meint und unter der man sich meist ein mehr oder minder geschütztes Territorium vorstellt, ist in Land und Leuten nicht zu finden. Die Sprache aber gewährt sie immer, unendlich wandelbar und morgen ganz anders als gestern.

Danksagung

Von 1986 bis 1990 arbeitete ich als »professeur invité« an der Deutschabteilung der Université de Montréal, der größten französischsprachigen Universität in Québec. Vermittelt worden war ich vom Deutschen Akademischen Austauschdienst, dem »DAAD«, einer Einrichtung (damals zumindest) von seltener Klugheit und Großherzigkeit. Es waren gute Jahre, aus vielen Gründen: der Stadt, der Kollegen und auch einer einzigartigen Kultur wegen, die weit mehr ist als eine französische Diaspora auf dem amerikanischen Kontinent. Was Auslandsgermanistik sein kann, lernte ich dort: die durch die Studenten gesetzte Notwendigkeit, alles, was man über die eigene Sprache und Kultur zu wissen meint, erklären zu müssen. Dabei bildet die Literatur meist die Mitte aller Anstrengungen, aber bis man dieses Ziel erreicht, sind andere Fragen zu klären, sprachlicher, landeskundlicher, kulturwissenschaftlicher Art. Das Leben als Auslandsgermanist kann schön sein: Man arbeitet selbständig und interdisziplinär, ohne dazu programmatische Erklärungen abgeben zu müssen, man verantwortet einen großen Wissensbereich, und wenn man darüber hinaus zu jener Zeit in Montréal lehrte, hatte man das Glück, Studenten kennenzulernen, denen, vielleicht, weil sie ohnehin schon mit mindestens zwei Kulturen lebten, einer französischen und einer angloamerikanischen, an ihrer Ausbildung tatsächlich gelegen war.

Leiter der Deutschabteilung an der Université de Montréal war zu jener Zeit Hans-Herbert Räkel, ein in Göttingen ausgebildeter Mediävist, der über Erlangen und Genf nach Kanada gekommen war. Mit ihm zu arbeiten, das war, nach der eigentlichen wissenschaftlichen Ausbildung, noch einmal eine intellektuelle Sozialisation. Grundgebildet, ein Fachgelehrter, aber an unendlich vielen Dingen interessiert, frei und selbständig im Urteil, wurde er mir zu einem späten akademischen Lehrer, wie es ihn an deutschen Universitäten für mich – und für sehr viele Germanisten meiner Studienjahre – nicht gegeben hatte. Das meiste von dem, was ich über die deutsche Sprache, und vieles von dem, was ich über Literatur weiß, geht auf ihn zurück. Ohne diese Begegnung und ohne die gemeinsame Arbeit in Montréal wäre dieses Buch nicht entstanden. Gelegentlich denken wir noch immer zusammen, und nach wie vor lerne ich mehr von ihm, als er von mir je erfahren kann.

Die Sprachwissenschaft ist eine große akademische Disziplin, und als Nebenfach und beiläufiges Interesse läßt sie sich kaum betreiben, auch wenn weder Eduard Engels *Deutsche Stilkunst* aus dem Jahr 1912, noch Ludwig Reiners' *Stilkunst. Ein Lehrbuch deutscher Prosa* aus dem Jahr 1943 im engeren Sinne zu den sprachwissenschaftlichen Werken gehören. In besonderem Maße verpflichtet bin ich den Arbeiten des französischen Germanisten Jean-Marie Zemb, vor allem dem *Manuel du germaniste* (Paris 1967), das ich in Montréal kennenlernte. Theodor Ickler und Jürgen Trabant halfen großzügig, wenn es an Fachkenntnissen fehlte. Alle Fehler und Versäumnisse sind dennoch meine. Und dann gibt es die Freunde: Kristina Maidt-Zinke, Burkhard Müller und, wie immer, Lothar Müller. Ihnen allen sei gedankt, und meiner Frau Margareta ganz besonders.

Anmerkungen

1. Gregor Samsa erwacht:
Eine Verwandlung und der gelungene Satz

9 »Als Gregor Samsa ...«: Franz Kafka. Die *Verwandlung*. In ders.: *Drucke zu Lebzeiten*. In ders.: *Kritische Ausgabe*. Frankfurt am Main 2002. S. 115.

9 »Nichts ist hier ...«: Susan Sontag. *Wiedergeboren. Tagebücher 1947–1963*. München 2010. S. 95 (19. Januar 1953).

10 »So kam es ...«: Marek Nekula. *Franz Kafkas Sprachen*. Berlin 2003.

10 »Die Festigkeit aber ...«: Franz Kafka. *Briefe an Felice Bauer. Tagebücher* Band 2: 1912–1914 in der Fassung der Handschrift. Frankfurt am Main 1997. S. 209.

10 »Dieses Schreiben aber ...«: Franz Kafka. *An Max Brod*, 12. Juli 1922. *Briefe. 1902–1924*. Frankfurt am Main 1975. S. 392.

11 »Aber jeden Tag ...«: Franz Kafka. *Tagebücher 1910*. In ders.: *Tagebücher*. In ders.: *Kritische Ausgabe*. Frankfurt am Main 2002. S. 14.

11 »Franz Kafka schreibt ...«: Vgl. Burkhard Müller. *Lufthunde. Portraits der deutschen literarischen Moderne*. Springe 2008. S. 138 f.

12 »As Gregor Samsa ...«: Franz Kafka. *The Metamorphosis and Other Stories*. Translated by Stanley Corngold. New York 1972. S. 12.

13 »Lorsque Gregor Samsa ...«: Frans Kafka. *La métamorphose*. Paris 2000. S. 11. Ausführlich zur Übersetzung Kafkas ins Französische: Peter Utz. *Anders gesagt. Übersetzt gelesen: Hoffmann, Fontane, Kafka, Musil*. München 2007. S. 165 ff.

14 »Kälte und Hitze ...«: Franz Kafka. *Tagebücher 1912*. In ders.: *Tagebücher*. In ders.: *Kritische Ausgabe*. Frankfurt am Main 2002. S. 14, S. 376 f.

2. Josef Ackermann kommt ans Ziel:
Die Phrase und ihr Wirken

15 »Wir werden unseren Kurs ...«: Josef Ackermann auf der Jahrespressekonferenz der Deutschen Bank am 7. Februar 2008.

15f. »Wenn Wolfgang Hilbig ...«: Wolfgang Hilbig. *Das Provisorium.* Frankfurt am Main 2000. S. 11.

17 »Von der leuchtenden Anmutung ...«: Rainald Goetz. *Klage.* Frankfurt am Main 2008. S. 37.

18 »Denn die Nautik ...«: Ernst Robert Curtius. *Europäische Literatur und lateinisches Mittelalter.* Tübingen 1993 (1948), S. 138.

20 »Wenn die Menschheit ...«: Karl Kraus. *Die Fackel.* Nr. 484–498. XX. Jahr, 15. Oktober 1918. Reprint. Frankfurt am Main 1978.

20 »Das hat sich seitdem ...«: Karl Kraus. *Nicht einmal* (Juni 1921). In ders.: *Die Sprache.* Frankfurt am Main 1997. S. 227.

20 »und wieder wäre da ...«: Werner Kieser. *Die Kraft der Sprache. Häufig vernachlässigt: die Sprache als Unternehmensmerkmal.* In: *Deutsche Sprachwelt.* Ausgabe 24. Sommer 2006.

20f. »Wer soll denn ...«: Georg Büchner. *Danton's Tod.* Erster Akt, erste Szene. In ders.: *Dichtungen.* Frankfurt am Main 1991. S. 16.

3. Martin Mosebach schickt einen Brief:
Literatur und Nachahmung

23 »Das Vergangene, das Künftige ...«: Sibylle Lewitscharoff. *Steine, die fliegen, Worte, die fallen. Literatur und menschliche Schuld.* In: *Sinn und Form.* 2/2010, S. 251 bis 263. Hier S. 252.

24 »Sie haben mit der Schule ...«: Martin Mosebach. *Schöne Literatur. Essays.* München 2006. S. 81.

24 »das alte Gymnasium ...«: Peter Sloterdijk. *Du mußt dein Leben ändern.* Frankfurt am Main 2009. S. 680.

24 »Schriftsteller brauchen Schulung«: Uwe Tellkamp. *Der Turm. Roman.* Frankfurt am Main 2008. S. 680.

25 »Waren doch die Journalisten ...«: Friedrich Nietzsche. *Unzeitgemäße Betrachtungen* I, 11. In ders.: *Nietzsches Werke. Kritische Gesamtausgabe.* Band III/1. Berlin/München 1972. S. 218.

26 »Überhaupt ist die ganze Party ...«: Christian Kracht. *Faserland. Roman.* Köln 1995. S. 42.

27 »und W. G. Sebald ...«: Thomas Wirtz. *Schwarze Zuckerwatte.*

Anmerkungen zu W. G. Sebald. In: *Merkur.* Heft 6/2001, S. 530–534.

28 »Wenn alle dazu ...«: Peter Sloterdijk. *Du mußt dein Leben ändern.* Frankfurt am Main 2009.

30 »Das zeige mer net«: Martin Mosebach. *Ruppertshain.* Roman. Hamburg 1984. S. 15.

31 »Ich lerne deine Sprache ...«: Jürgen Trabant. *Europäisches Sprachdenken. Von Platon bis Wittgenstein.* München 2003. S. 11.

31 »›Wortkunstforschung‹ lautet ...«: Leo Spitzer. *Stilstudien.* München 1928. S. 7.

4. E. T. A. Hoffmann lässt Blüten klingeln: Verb und Bewegung

34 »Der Berliner Kulturwissenschaftler ...«: Friedrich Kittler. *Aufschreibesysteme 1800/1900.* München 1985. S. 20.

35 »Nicht so, mein Prinz ...«: Johann Christoph Gottsched. *Die tugendhafte Charlotte.* In ders.: *Der Biedermann.* Zehntes Blatt. Projekt Gutenberg.

35 »Gewiss, Klangräusche ...«: Philipp von Zesen. *Maienlied* (Meienlied). In ders.: *Sämtliche Werke.* Band I/1. Berlin/New York 1972. S. 35 f.

35 »Solche Töne hatte man ...«: E. T. A. Hoffmann. *Der Goldne Topf.* In ders.: *Fantasie und Nachtstücke* (1814). München 1976. S. 182 f.

36 »Plötzlich hört man ...«: Brigitte Kronauer. *Zweideutigkeit. Essays und Skizzen.* Stuttgart 2002. S. 246.

37 »›Verbalisierung‹, sagt der ...«: August Langen. *Deutsche Sprachgeschichte vom Barock bis zur Gegenwart.* In: Wolfgang Stammler (Hrsg.): *Deutsche Philologie im Aufriß.* 3. Bände. Berlin 1952. Bd. 1. S. 1077 bis 1522. Hier S. 1258.

37 »Am ›Türklopfer‹ grinste ...«: E. T. A. Hoffmann. *Der Goldne Topf.* In ders.: *Fantasie und Nachtstücke* (1814). München 1976. S. 194.

37 »›Entschlossene Charaktere‹ ...«: Ludwig Reiners. *Stilkunst. Ein Lehrbuch deutscher Prosa.* München 1943. S. 141.

38 »›Jemand musste‹ ...«: Franz Kafka. *Der Proceß.* In ders.: *Kritische Ausgabe.* Frankfurt am Main 2002. S. 7.

39 »Als ›der Literat ...«: Eduard Engel. *Deutsche Stilkunst.* Leipzig 1912. S. 30

39 »Denn selbst der eherne Mars ...«: Gotthold Ephraim Lessing. *Laokoon.* In ders.: *Sämmtliche Schriften.* Band 6. Berlin 1836. S. 377.

40 »von daher die Bewunderung ...«: Friedrich Nietzsche. *Menschliches, Allzumenschliches.* In ders.: *Kritische Studienausgabe.* Band 2. Berlin/München 1980. S. 249.

5. Der Wissenschaftsrat empfiehlt Momente: Phrasen und Monster

41 »Der deutsche Wissenschaftsrat ...«: Deutscher Wissenschaftsrat. *Empfehlungen zur Qualitätsverbesserung von Lehre und Studium.* Berlin 2008. S. 20.

44 »Die empörte Aufzählung ...«: Friedrich Nietzsche. *Unzeitgemäße Betrachtungen.* In ders.: *Kritische Studienausgabe.* Band 1. Berlin/ München 1980. S. 228.

45 »›Statt heißem Wünschen‹ ...«: Johann Wolfgang Goethe. *Werke. Weimarer Ausgabe.* Band I/3. München 1987. S. 81.

46 »Die Sprache offenbart mehr ...«: Burkhard Müller. *Die Tränen des Xerxes. Von der Geschichte der Lebendigen und der Toten.* Oldenburg 2006. S. 100.

47 »Denn Anschaulichkeit ...«: Durs Grünbein. *Das Gedicht und sein Geheimnis.* In ders.: *Gedicht und Geheimnis.* Frankfurt am Main 2007. S. 89.

6. Günter Grass im Gruppenbild: Ausdruck und Ungeschick

50 »Man kann die Unbeholfenheit ...«: Günter Grass. *Vom Häuten der Zwiebel.* Göttingen 2006. S. 11.

7. Lessing lässt Bäume rauschen: Sprache, Nation und Kultur

54f. »O, was ist die deutsch Sprak...«: Gotthold Ephraim Lessing. *Minna von Barnhelm.* In ders.: *Sämmtliche Schriften.* Band 1. Berlin 1838. S. 570.

55 »Die Muttersprache zugleich reinigen …«: Johann Wolfgang Goethe. *Über Kunst und Althertum.* In ders.: *Sämtliche Werke.* Erster Band. Stuttgart 1818. S. 51.

56 »Drei, vier Bäume …«: Brigitte Kronauer. *Zweideutigkeit. Essays und Skizzen.* Stuttgart 2002. S. 23.

56f. »Und doch gehört …«: Karl Philipp Moritz. *Anton Reiser.* Stuttgart 1972. S. 465 ff.

57 »und wenn er ….«: Karl Philipp Moritz. *Kleine schriften die deutsche sprache betreffend.* Berlin 1781. S. 10.

57 »Wagen Sie es …«: Gotthold Ephraim Lessing. *Gesammelte Werke.* Band 9. Berlin 1954. S. 282.

57 »Er verwirft …«: Ludwig Reiners. *Stilkunst. Ein Lehrbuch deutscher Prosa.* München 1943. S. 398.

58 »Und so ging es hin …«: Eduard Engel. *Deutsche Stilkunst.* Leipzig 1912. S. 155 ff.

58 »Und wenn Wieland …«: Ludwig Reiners. *Stilkunst. Ein Lehrbuch deutscher Prosa.* S. 442.

59 »Zwei Errungenschaften, meint …«: Karl-Heinz Göttert. *Deutsch. Biografie einer Sprache.* Berlin 2010. S. 121.

59 »Große Teile …«: Vgl. Eric A. Blackall. *Die Entwicklung des Deutschen als Literatursprache.* Stuttgart 1966. S. 64 f.

60 »Vom ›heiligthum der sprache‹ …«: Jacob Grimm. *Vorwort.* In: Jacob und Wilhelm Grimm: *Deutsches Wörterbuch* (1854). München 1984. Band I. S. XI.

65 »Auf der Landkarte …«: Heinz Schlaffer. *Die kurze Geschichte der deutschen Literatur.* München 2002. S. 135.

66 »Die Sonne ging unter …«: Leo Perutz. *St. Petri Schnee.* Roman. Wien 2007. S. 119.

8. Thomas Bernhard wechselt die Zeiten: Starke und schwache Wörter

66 »Schnee fiel auf Dresden …«: Uwe Tellkamp. *Der Turm. Roman.* Frankfurt am Main 2008. S. 94.

67f. »Ein Mann mit Aktentasche …«: Martin Mosebach. *Häresie der Formlosigkeit. Die römische Liturgie und ihr Feind.* Wien 2003. S. 149.

68 »Each one-syllable word …«: Nicholson Baker. *The Anthologist.* New York 2009. S. 178.

69 »›Man darf im Deutschen‹ …«: Arthur Schopenhauer. *Über Schrift-stellerei und Stil.* In ders.: *Parerga und Parlipomena.* Band II. Zürich 1988. S. 413.

69 »›Ich war sicher …«: Thomas Bernhard/Siegfried Unseld. *Der Briefwechsel.* Frankfurt am Main 2008. S. 806.

70 »Am Schluss von …«: Johann Wolfgang Goethe. *Die Leiden des jungen Werther.* In ders.: *Werke. Weimarer Ausgabe* I/19. München 1987. S. 191.

70 »Der Erzähler trifft …«: Vgl. dazu: Harald Weinrich. *Tempus. Besprochene und erzählte Welt.* München 1964. S. 87. Siehe auch Eduard Engel. *Deutsche Stilkunst.* Leipzig 1912. S. 496.

71 »›Besonders verdrießen mich …«: Johann Wolfgang von Goethe. *Autobiographische Schriften II.* In ders.: *Werke. Hamburger Ausgabe.* Band 10. München 1981. S. 557.

72 »Jean Paul mochte …«: Jean Paul. *Vorschule der Ästhetik.* Hamburg 1990. S. 328.

73 »Er zündet eine Zigarette an …«: Judith Hermann. *Sommerhaus, später.* Frankfurt am Main 1998. S. 134.

73 »Zwei Stunden später bin ich …«: Thomas Glavinic. *Das bin doch ich.* Roman. München 2007. S. 215.

74 »Und auf der anderen Seite …«: Georg Klein. *Roman unserer Kindheit.* Reinbek bei Hamburg 2010. S. 286.

75 »Wer sich einer solch umständlichen …«: Max Goldt. *Ein Buch namens Zimbo. Sie werden kaum ertragen, was Ihnen mitgeteilt wird.* Berlin 2009. S. 132.

9. Gotthold Ephraim Lessing schreibt, wie er will: Brief und Bühne

79 »Schreibe nur wie du reden …«: Johann Wolfgang Goethe. *Werke. Weimarer Ausgabe.* Abt. IV. *Goethes Briefe.* Band 1. München 1987. S. 22.

79f. »und die Blätter …«: Ernst Beutler. *Aus dem Frankfurter Schreibtisch des jungen* Goethe. In ders.: *Essays um Goethe.* Leipzig 1941. S. 135 bis 146. Hier S. 135 f.

80 »Und so wurde der *Werther* …«: Heinz Schlaffer. *Die kurze Geschichte der deutschen Literatur.* München 2002. S. 65.

81 »Die Klassiker der …«: Eduard Engel. *Gutes Deutsch. Ein Führer durch Falsch und Richtig.* Leipzig 1918. S. 40.

81 »Adelung, so Karl-Heinz Göttert, glaubte nicht ...«: Karl-Heinz Göttert. *Deutsch. Biografie einer Sprache.* Berlin 2010. S. 218.

81f. »Meine Frau muss es bezeugen ...«: Christoph Martin Wieland. *Über die Frage › Was ist Hochdeutsch?‹ und einige damit verwandte Gegenstände.* In ders.: *Sämmtliche Werke.* Band 33. Leipzig 1857. S. 338.

82 »Ich ersuche Euch höflich...«: Gotthold Ephraim Lessing. *Anti-Goeze.* In ders.: *Werke.* Band 8. München 1970 ff. S. 309.

10. Georges-Arthur Goldschmidt sieht das Meer: Präpositionen und Präfixe

83f. »Die Sprache des Menschen ...«: Georges-Arthur Goldschmidt. *Als Freud das Meer sah. Freud und die deutsche Sprache.* Zürich 1999. S. 13.

84 »Die Sprachen sind ...«: Georges Arthur Goldschmidt. *Als Freud das Meer sah. Freud und die deutsche Sprache.* Zürich 1999. S. 25.

86 »Und tatsächlich sorgen ...«: August Langen. *Deutsche Sprachgeschichte vom Barock bis zur Gegenwart.* In: Wolfgang Stammler (Hrsg.): *Deutsche Philologie im Aufriß.* Berlin 1952. Bd. 1. S. 1144.

86 »und Eckhard Henscheid... «: Eckhard Henscheid et al. *Dummdeutsch. Ein satirisch-polemisches Wörterbuch.* Frankfurt am Main 1985. S. 61.

87 »›Was hast du denn da angestellt ...«: Robert Gernhardt. *Wörtersee.* Frankfurt am Main, 1984 (1981). S. 286.

88 »›Bei der Ankündigung ...«: Theodor W. Adorno. *Rede über Lyrik und Gesellschaft.* In ders.: *Noten zur Literatur. Gesammelte Schriften II.* Frankfurt 1997. S. 49 bis 68. Hier S. 49

89 »Im Deutschen wird man ...« Georges-Arthur Goldschmidt. *Als Freud das Meer sah. Freud und die deutsche Sprache.* Zürich 1999 S. 38.

11. Graf Dracula kennt die Welt: Die Ökumene einer Kultursprache

94 »Im Vorwort zum ...«: Jakob Grimm. *Deutsches Wörterbuch.* München 1999. Vorwort S. LXVIII.

94 »So erfolgreich war ...«: Tomasz Kamusella. *The Politics of Language and Nationalism in Modern Central Europe.* London 2010.

253

97 »Von dieser Sicherheit …«: Jürgen Trabant. *Europäisches Sprachdenken. Von Platon bis Wittgenstein*. München 2003. S. 228.

97 »Diese Schrift ist …«: Jürgen Trabant. *Europäisches Sprachdenken.
Von Platon bis Wittgenstein*. München 2003. S. 219.

12. Peter Handke streift durch den Wald:
Partizip und Zeitform

99 »»Als meine und unsere künftige Lebenslandschaft…«: Peter
Handke. *Mein Jahr in der Niemandsbucht. Roman*. Frankfurt am
Main 1994. S. 428.

101 »»Hans kehrte schon …«: Peter Handke. *Das Umfallen der Kegel
von einer bäuerlichen Kegelbahn*. In ders.: *Begrüßung des Auf-
sichtsrats*. Salzburg 1969. S. 151.

102 »»Mit brechenden Augen …«: Franz Kafka. *Der Proceß*. In ders.:
Schriften Tagebücher. Kritische Ausgabe. Frankfurt am Main 2002.
S. 312.

102 »Bei Bertolt Brecht …«: Bertolt Brecht. *An die Nachgeborenen*. In
ders.: *Die Gedichte*, Frankfurt am Main 1981. S. 722 bis 725.

102 »»Suchend, der Strom …«: Uwe Tellkamp. *Der Turm. Roman*.
Frankfurt am Main 2008. S. 13.

13. Heiner Müller zieht in den Krieg –
Lernen und Üben

104 »Das Publikum versteht nur …«: Heiner Müller. *Gesammelte Irr-
tümer 2. Interviews und Ges*präche. Herausgegeben von Gregor
Edelmann und Renate Ziemer. Frankfurt am Main 1996. S. 13.

107 »Die Geschichte begründet …«: Burkhard Müller. *Die Tränen des
Xerxes. Von der Geschichte der Lebendigen und der Toten*. Springe
2006. S. 208.

14. Elfriede Jelinek geht durch Treibsand: Wahrheit und Sprache

109 »›Das Vertrauensverhältnis zwischen …«: Ingeborg Bachmann. *Vorlesungen*. In dies. *Gesammelte Werke*. Band 4. München 1982. S. 190.

109 »›Meine literatur wird heiß …«: Elfriede Jelinek. *Ohne Titel*. In: Renate Matthaei (Hrsg.): *Grenzverschiebung. Neue Tendenzen in der Literatur der 60er Jahre*. Köln 1970. S. 215.

110 »Die Idee der unbedingt …«: Vgl. Jürgen Trabant: *Europäisches Sprachdenken. Von Platon bis Wittgenstein*. München 2003. S. 222.

111 »›Mir sagt meine Sprache nichts …«: Elfriede Jelinek. *Im Abseits*. Nachzulesen unter der Web-Adresse nobel.se. Hieraus auch die folgenden Zitate.

15. Martin Luther bekämpft den Teufel: Predigt und Gemeinsprache

115 »So sind denn …«: Johann Wolfgang Goethe. *Werke. Weimarer Ausgabe*. IV/31. München 1987. S. 158. (28. Mai 1819).

116 »Die Sprachen sind …«: Martin Luther. *An die Ratsherren aller Städte deutschen Lands, daß sie christliche Schulen aufrichten und halten sollen*. In: *D. Martin Luthers Werke. Kritische Gesamtausgabe*. 15. Band. Weimar 1899. S. 9 bis 53. Hier S. 38.

116 »Was Luther leistete …«: Karl-Heinz Göttert. *Deutsch. Biografie einer Sprache*. Berlin 2010. S. 147

116f. »Die unsterbliche Größe …«: Wilhelm Scherer. *Geschichte der deutschen Literatur*. Berlin 1908. S. 278.

117 »›In keiner anderen Sprachgemeinschaft …«: Jürgen Trabant. *Europäisches Sprachdenken. Von Platon bis Wittgenstein*. München 2003. S. 111.

117f. »›Denn man muss nicht …«: Martin Luther. *An den christlichen Adel deutscher Nation. Von des christlichen Standes Besserung*. In ders.: *Ausgewählte Schriften*. Berlin 1916. S. 33.

118 »Unter den deutschen Dichtungen …«: Heinz Schlaffer. *Die kurze Geschichte der deutschen Literatur*. München 2002. S. 36.

119 »›Keine Wallfahrt, Messe, Reliquie …«: Christoph Türcke. *Luthers Geniestreich. Die Rationalisierung der Magie*. In: Friedrich Wil-

helm Pohl und Christoph Türcke: *Heilige Hure Vernunft. Luthers nachhaltiger Zauber*. Berlin 1983. S. 9 bis 74. Hier S. 61.

120 »»Für die großformatigen Sätze …«: Rainald Goetz. *Klage*. Frankfurt am Main 2008. S. 48.

16. Heinrich von Kleist lässt andere reden: Das »sei« und das »wäre«

121f. »»Der Graf setzte sich …«: Heinrich von Kleist. *Die Marquise von O…* In ders.: *Sämtliche Werke und Briefe*. München 1964. S. 104 bis 143. Hier S. 139.

123 »»Salvatore hatte inzwischen …«: W. G. Sebald. *Schwindel. Gefühle*. Frankfurt am Main 1990. S. 150.

17. August Wilhelm Schlegel fordert Kosmopoliten: Die Kraft der Anverwandlung

128 »»Wir sind, darf ich …«: August Wilhelm Schlegel. *Abriß von den europäischen Verhältnissen der deutschen Literatur*. Berlin 1825. S. 1 bis 14. Zit. nach Paul Michael Lützeler (Hrsg.). *Europa: Analysen und Visionen der Romantiker*. Frankfurt am Main 1978. S. 375.

128 »»Das war schon mit dem Griechischen …«: Diese Schreibungen, die sich in der Übersetzung der *Odyssee* von 1781 durchziehen, forderten unter den Zeitgenossen heftige Kritik und auch Spott heraus.

130 »»wenn schon die deutschen Länder …«: Harald Weinrich. *Wege der Sprachkultur*. Stuttgart 1985. S. 67.

130 »»Es zahlt sich theuer …«: Friedrich Nietzsche. *Götzen-Dämmerung*. In ders.: *Kritische Studienausgabe*. Band 6. München 1988. S. 103.

18. Jakob Böhme schafft sich ein Nichts: Substantiv und Substantive

131 »»Hier fühlte ich mich im Zentrum …«: Peter Handke. *Die Wiederholung. Roman*. Frankfurt am Main 1986. S. 66.

133 »Solche Substantive lassen …«: Georg Wilhelm Friedrich Hegel. *Vorlesungen zur Philosophie der Geschichte*. In ders.: *Werke*. Band 18. Frankfurt am Main 1979. S. 106.

135 »Zudem ist Hegel …«: Georg Wilhelm Friedrich Hegel. *Phänomenologie des Geistes*. In ders.: *Werke*. Band 3. Frankfurt am Main 1979. S. 60.

136 »Dafür, dass das Neue …«: Dieter Henrich. *Die Philosophie in der Sprache. Sprache als Thema der Philosophie. Dankrede zur Verleihung des Deutschen Sprachpreises*. Weimar, am 22. September 2006.

137 »›Im Nibelungenlied stehen…«: Eduard Engel. *Deutsche Stilkunst*. Leipzig 1912. S. 70.

137 »Der Dichter Robert Walser …«: Robert Walser. *Die Räuber*. Frankfurt am Main 1972. Zit. nach Peter Eisenberg. *Richtiges Deutsch. Sind Sprachnormen ein notwendiges Übel?* In: *Jahrbuch der Deutschen Akademie für Sprache und Dichtung*. 2007. Darmstadt 2008. S. 110.

137 »›Weinstöpselfabrikant‹«: Thomas Bernhard. *Die Auslöschung. Ein Zerfall*. Frankfurt am Main 1988. S. 242.

137 »›Pumphosenspießer‹«: Thomas Bernhard. *Alte Meister*. Frankfurt am Main 1985. S. 87.

139 »Jedenfalls habe ich …«: Brigitte Kronauer. *Zweideutigkeit. Essays und Skizzen*. Stuttgart 2002. S. 22.

140f. »Mit dem Präsentationsprogramm …«: Henning Lobin. *Inszeniertes Reden auf der Medienbühne. Zur Linguistik und Rhetorik der wissenschaftlichen Präsentation*. Frankfurt 2009. S. 90.

19. Johann Wolfgang Goethe geht unter das Volk: Mündliches und Schriftliches

142 »Im *Götz* …«: Johann Wolfgang Goethe. *Götz von Berlichingen mit der eisernen Hand. Ein Schauspiel*. In ders.: *Werke. Weimarer Ausgabe*. Band I/8. München 1987. S. 73.

142 »›On peut pardonner …«: Friedrich II. *De la littérature allemande*. Stuttgart 1873. S. 40.

143 »Nur die Fläche bestimmt …«: Johann Wolfgang Goethe. *Vier Jahreszeiten*. In ders.: *Werke. Weimarer Ausgabe*. Band I/1. München 1987. S. 358.

145 »Ein Zwischenrufer …«: Georg Christoph Lichtenberg. *Schriften*

und Briefe. Hrsg. von Wolfgang Promies. Vier Bände. Frankfurt am Main, 1998. Band I, S. 400.

146 »›Die Sprache‹, rief …«: Gottfried August Bürger. *Vorbericht zur »Ilias«-Übersetzung.* In ders.: *Bürger's sämmtliche Werke.* Hrsg. von A. W. Bohtz. 1835. S. 184.

146f. »Der Schmetterling …«: Jean Paul: *Die unsichtbare Loge.* In ders.: *Werke.* Band I. München 1970. S. 379.

147 »In Adam Müllers …«: Zit. nach Gert Ueding. *Schillers Rhetorik. Idealistische Wirkungsästhetik und rhetorische Tradition*, Tübingen 1971. S. 4.

20. Eckhard Henscheid pflückt Kamelien: Artikel, Adjektive und einfacher Stil

150 »Erkennbar ist das …«: Bertolt Brecht. *Bei den Hochgestellten.* In ders.: *Gesammelte Werke.* Band I. Frankfurt am Main 1967. S. 9.

150 »Herr K. liebte …«: Bertolt Brecht. *Herr K. und die Katzen.* In ders.: *Gesammelte Werke.* Band XII. Frankfurt am Main 1967. S. 387.

151 »›Der Denkende benützt …«: Bertolt Brecht. *Organisation.* In ders.: *Gesammelte Werke.* Band XII. Frankfurt am Main 1967. S. 385.

152 »Aber, bei aller Sparsamkeit …«: Bertolt Brecht. *Eine aristokratische Haltung.* In ders.: *Gesammelte Werke.* Band XII. Frankfurt am Main 1988. S. 413.

153 »Denn Adjektive wuchern …«: Ludwig Reiners. *Stilkunst. Ein Lehrbuch deutscher Prosa.* München 1943. S. 152.

153 »Ein großer Züchter von Schlingpflanzen …«: Eckhard Henscheid. *Dolce Madonna Bionda.* In ders.: *Romane.* Frankfurt am Main 2004. S. 71.

154 »Es ging um Schreibweise …«: Günter Grass. *Das Treffen in Telgte.* Darmstadt/Neuwied 1979. S. 134.

155 »So wie Anschläge immer feige ….«: Max Goldt. *Wenn man einen weißen Anzug anhat.* Hamburg 2002. S. 30.

156 »Betrachtet man indessen …«: Eduard Engel. *Deutsche Stilkunst.* Leipzig 1912. S. 137.

158 »So heißt es bei Ernest Hemingway …«: Ingo Schulze. *Tausend Geschichten sind nicht genug.* Frankfurt am Main 2008. S. 39.

158f. »Der kurze Satz …«: Brigitte Kronauer. *Für Phantasten: Der Periodenbau.* In: *Süddeutsche Zeitung*, 16. April 2004.

159 »›Er war dabei …‹«: Judith Hermann. *Sommerhaus, später*. Frankfurt am Main 1998. S. 142.

159 »›Eine Prosa, die sich mehr …‹«: Sibylle Lewitscharoff. *Steine, die fliegen, Worte, die fallen. Literatur und menschliche Schuld*. In: *Sinn und Form*. 2/2010, S. 251 bis 263. Hier S. 262.

159f. »›Ich wollte langsam essen …‹«: Herta Müller. *Atemschaukel*. München 2009. S. 77.

21. Friedrich Hölderlin weint und dankt: Die Gegenwart der alten Sprachen

162 »Und wenn er von moderner Technik …«: Heinrich von Kleist. *Berliner Abendblätter*. Stuttgart 1959, S. 45.

164 »Darüber hinaus ist der Wortschatz …«: Vgl.: Karl-Wilhelm Weeber. *Romdeutsch. Warum wir alle Lateinisch reden, ohne es zu wissen*. Frankfurt am Main 2006.

165 »›Köstliche Frühlingszeit …‹«: Friedrich Hölderlin. *Archipelagus*. In ders.: *Sämtliche Werke*. Band 2, Stuttgart 1953, S. 107 bis 116.

165f. »Wenn es erlaubt wäre …«: Georg Wilhelm Friedrich Hegel. *Vorlesungen zur Geschichte der Philosophie*. In ders.: *Werke*. Band 18, Frankfurt am Main 1979, S. 173.

167 »Nur die Spur einer Erinnerung …«: Claudio Magris. *Ein anderes Meer*. München 1992. S. 15.

22. Georg Büchner nuschelt: Die Fälle und ihre Endungen

168 »Der Deutsche ist beinahe …«: Friedrich Nietzsche. *Jenseits von Gut und Böse*. In ders.: *Werke*. Band. 5. München 1980. S. 46.

169 »Er liebt den starken Ausdruck …«: August Langen. *Deutsche Sprachgeschichte vom Barock bis zur Gegenwart*. In: Wolfgang Stammler (Hrsg.): *Deutsche Philologie im Aufriß*. Band 1. Berlin 1952. S. 1077 bis 1522. Hier S. 1406.

170 »Bei ›ich liebe dich‹ …«: Kurt Schwitters. *Das literarische Werk*. Band 1. Köln 1988. S. 292.

170 »Deutsch, sagt Eduard Engel …«: Eduard Engel. *Gutes Deutsch. Ein Führer durch Falsch und Richtig*. Leipzig 1918, S. 43.

170 »So fällt die kasustypische Endung …«: André Meinunger. *Sick of*

Sick. Ein Streifzug durch die Sprache als Antwort auf den »Zwiebelfisch. Berlin 2008. S. 22 f.

172 »Seit zwei Jahrhunderten …«: Hermann Paul, Hugo Moser, Ingeborg Schröbler. *Mittelhochdeutsche Grammatik*. Tübingen 1969. S. 161 ff.

173 »Sie reden, wie es Woyzeck …«: Georg Büchner. *Sämtliche Werke. Briefe und Dokumente*. Band 1. Frankfurt am Main 1999. S. 245.

176 »Das Kind mit den …«: Franz Kafka. *Tagebücher*. In ders.: *Schriften. Tagebücher*. Frankfurt am Main 2002. S. 423 (23. Mai 1912).

23. G. W. F. Hegel findet einen Begriff: Deutsch in der Wissenschaft

177 »In der Geschichtswissenschaft …«: August Langen. *Deutsche Sprachgeschichte vom Barock bis zur Gegenwart*. In: Wolfgang Stammler (Hrsg.): *Deutsche Philologie im Aufriß*. Band 1. Berlin 1952. S. 1077 bis 1522. Hier S. 1394.

177 »Glauben Sie, dass Sie es aushalten …«: Max Weber. *Wissenschaft als Beruf*. In ders.: *Max-Weber Gesamtausgabe*. Band I/17. Tübingen 1994. S. 35 ff.

178 »Und als sich der Romanist …«: Karl Vossler. *Geist und Kultur der Sprache*. Heidelberg 1925. S. 200 bis 241.

179 »Aus der engen Verbindung …«: Wolfgang Frühwald. *Deutsch als Sprache der Wissenschaft*. In: *aviso*. Heft 3/2000. S. 10 bis 15. Hier S. 11.

179 »Der Philosoph …«: Dieter Henrich. *Grundlegung aus dem Ich. Untersuchungen zur Vorgeschichte des Idealismus. Tübingen – Jena 1790–1794*. Stuttgart 2004.

180 »Gottfried Wilhelm Leibniz befand …«: Eric A. Blackall. *Die Entwicklung des Deutschen als Literatursprache*. Stuttgart 1966. S. 27.

180 »Ich sah aber die Größe …«: Immanuel Kant. *Kritik der reinen Vernunft*. In ders.: *Gesammelte Werke*. Band IV. Berlin 1900. S. 13. Siehe dazu auch: Ludwig Reiners. *Stilkunst. Ein Lehrbuch deutscher Prosa*. München 1943. S. 261.

181 »Man glaubt ihm …«: Zit. nach Ludwig Reiners. *Stilkunst. Ein Lehrbuch deutscher Prosa*. München 1943. S. 261.

181 »Vormals als simple Propädeutik …«: Friedrich Kittler. *Aufschreibesysteme 1800/1900*. München 1985. S. 160.

182 »Über diese Sprache sagt …«: Eric A. Blackall. *Die Entwicklung des Deutschen als Literatursprache.* Stuttgart 1966. S. 26.

184 »In diesem Sinne sagt Hegel …«: Georg Wilhelm Friedrich Hegel. *Phänomenologie des Geistes.* In ders.: *Werke.* Band 3. Frankfurt am Main 1979. S. 563.

184 »Und doch heißt es …«: Eduard Engel. *Deutsche Stilkunst.* Leipzig 1913. S. 13.

185 »So wird, um bei den Historikern …«: Burkhard Müller. *Die Tränen des Xerxes. Von der Geschichte der Lebendigen und der Toten.* Springe 2006, S. 207.

186 »Drei Jahrzehnte später meinte …«: Ludwig Reiners. *Stilkunst. Ein Lehrbuch deutscher Prosa.* München 1943. S. 374.

24. Botho Strauß sucht die Balance: Satz und Ökonomie

187 »›Ein Mann‹, lautet der erste Satz …«: Botho Strauß. *Paare, Passanten.* München 1981. S. 8.

188 »Nur die Sprache, sagte er sich …«: Botho Strauß. *Paare, Passanten.* München 1981. S. 78.

189 »Denn das Denken schreite voran …«: Erich Drach. *Grundgedanken der deutschen Satzlehre.* Frankfurt 1935, S. 17. Vgl. dazu auch: Ludwig Reiners. *Stilkunst. Ein Lehrbuch deutscher Prosa.* München 1943. Christa Dürscheid. *Syntax. Grundlagen und Theorien.* Wiesbaden 2000. Martin Dalmas/Hélène Vinckel. *Deutsche Grammatik im europäischen Dialog.* Krakau 2006.

189 »Die Pole A und Z …«: Erich Drach. *Grundgedanken der deutschen Satzlehre.* Frankfurt 1935, S. 45.

190 »Die größte Achtung …«: Johann Wolfgang Goethe. *Maximen und Reflexionen.* 223. In ders.: *Werke.* Band I/18. München 1987. S. 490.

190f. »Das ist von Goethe …«: Ludwig Reiners. *Stilkunst. Ein Lehrbuch deutscher Prosa.* München 1943. S. 96.

191 »In Alfred Döblins expressionistischem …«: Alfred Döblin. *Berlin Alexanderplatz. Die Geschichte von Franz Biberkopf.* Frankfurt am Main 2008. S. 147.

25. Heinrich Heine will das Ende:
Literatur und Konvention

193 »Wer der Kunst nahestehe …«: Burkhard Müller. *Einwortphrasen* (III). *Magazin der Kulturstiftung des Bundes.* Heft 13.

193 »In der Literatur …«: Heinrich Heine. *Die romantische Schule.* In ders.: *Werke und Briefe in zehn Bänden.* Band 5. Berlin und Weimar 1972, S. 62.

194 »Die gegenwärtige Literatur habe sich …«: Gert Mattenklott. *Kunstreligion.* In: *Sinn und Form.* Heft 1, Januar/Februar 2002.

195 »Die Dichtung der Gegenwart …«: Botho Strauß. *Paare, Passanten.* München 1980, S. 80.

196 »Und ich wusste plötzlich …«: Ingeborg Bachmann. *Alles.* In dies.: *Das dreißigste Jahr. Erzählungen.* München 1961. S. 31.

196 »Ja, so stellte ich es mir vor …«: Benjamin von Stuckrad-Barre. *Nachwort.* In: Jörg Fauser. *Rohstoff. Roman.* Berlin 2004. S. 292.

26. Friedrich Nietzsche ruft die Polizei:
Heger und Pfleger

201 »Welschen ist fälschen …«: Friedrich Ludwig Jahn. *Werke.* Band II/1. Hof 1884 bis 1887. S. 11.

202 »So meint Rudolf Borchardt …«: Rudolf Borchardt. *Die Neue Poesie und die Alte Menschheit.* In: Rudolf Borchardt. *Reden.* Stuttgart 1955. S. 100 f.

203 »Die Sorge um die Reinheit …«: Jürgen Trabant: *Wörter sind Straßenköter. Über den sprachlichen Purismus.* In: *Süddeutsche Zeitung.* 23. September 2009. S. 13.

204 »Wichtigste Aufgabe der Gymnasien …«: Friedrich Nietzsche. *Unzeitgemäße Betrachtungen.* In ders.: *Kritische Studienausgabe.* Band 1, Berlin/München 1980. S. 675 f.

205 »Vorsichtig ist da noch …«: Eduard Engel: *Gutes Deutsch. Ein Führer durch Falsch und Richtig.* Leipzig 1918. S. 83.

205 »Am vernünftigsten aber …«: Johann Wolfgang Goethe: *Briefe.* In ders.: *Werke.* Band IV/23. München 1987. S. 374.

27. Robert Musil verschmäht einen Kuss:
Satz und Klammer

206 »Mit aller Bestimmtheit will ich versichern …«: Thomas Mann. *Doktor Faustus. Das Leben des deutschen Tonsetzers Adrian Leverkühn erzählt von einem Freunde.* Frankfurt am Main 1982. S. 7.

208 »Als Gregor Samsa …«: Franz Kafka. Die *Verwandlung.* In ders.: *Drucke zu Lebzeiten.* In ders.: *Kritische Ausgabe.* Frankfurt am Main 2002. S. 115.

209 »Ein schlichtes Perfekt reicht …«: Georges-Arthur Goldschmidt. *Freud wartet auf das deutsche Wort. Freud und die deutsche Sprache II.* Zürich 2006. S. 90.

209 »Sie war ihm aufgefallen …«: Robert Musil. *Der Mann ohne Eigenschaften.* Band 1. Reinbek bei Hamburg 1978. S. 21 f.

209f. »Ulrich, der ihren Beschluss …«: Robert Musil. *Der Mann ohne Eigenschaften.* Band 1. Reinbek bei Hamburg 1978. S. 127.

28. Niklas Luhmann nimmt zur Kenntnis:
Sprache und Bürokratie

211f. »Einem alten, offenbar nicht …«: Heiner Müller. *Kein Text ist gegen Theater gefeit. Werke 11. Gespräche.* 578 f.

213 »Früher redeten die Leute …«: Werner Kieser. *Die Seele der Muskeln.* Düsseldorf und Zürich 1997. S. 32.

213 »So spricht und schreibt …«: Max Weber. *Parlament und Regierung im neugeordneten Deutschland.* In ders.: *Gesamtausgabe.* Band I/15. Tübingen 1984. S. 464.

213 »Niklas Luhmann veröffentlichte …«: Niklas Luhmann. *Reflexive Mechanismen.* In ders.: *Soziologische Aufklärung 1. Aufsätze zur Theorie sozialer Systeme.* Wiesbaden 2009 (1970). S. 116 bis 142. Hier S. 124.

213 »Reflexiv ist auch …«: Hubert Brunner, zitiert in: *Die Spargelsaison hat begonnen.* In: *Süddeutsche Zeitung.* 13. April 2010.

214 »Die Autorität, sagt ….«: Karl Marx. *Kritik des Hegelschen Staatsrechts.* In ders.: *Marx Engels Werke.* Band I. Berlin 1956 ff. S. 247.

214 »Sie ist das gebräuchlichste Mittel …«: Günter Grass. *Unkenrufe.* Göttingen 1992. S. 110, 116, 15.

215 »Solche Vorreiter gibt es …«: Ludwig Reiners. *Stilkunst. Ein Lehrbuch deutscher Prosa.* München 1943. S. 180.

215 »Der Romanist ...«: Victor Klemperer. *LTI. Notizbuch eines Philologen*. Stuttgart 2010. S. 119.

215 »In seinem Tagebuch ...«: Zit. nach Elke Fröhlich. *Nachwort*. In: Victor Klemperer. *LTI. Notizbuch eines Philologen*. Stuttgart 2010. S. 409 bis 416. Hier. S. 413. Tagebucheintrag vom 11. Mai 1942.

216 »Und damit ist nicht ...«: Vgl. Karl-Heinz Göttert. *Deutsch. Biografie einer Sprache*. Berlin 2010. S. 315.

216 »Diese Politik der sprachlichen Affirmation ...«: Rainald Goetz. *Klage*. Frankfurt am Main 2008. S. 87.

218 »Die Agitation in der Aktion ...«: Rudi Dutschke. Organisationsreferat für die 22. Delegiertenkonferenz des SDS am 5. September 1967, gemeinsam mit Hans-Jürgen Krahl.

218 »Der Antithese des Ewigen ...«: Theodor W. Adorno. *Zur Aktualität Walter Benjamins*. Frankfurt am Main 1990. S. 43.

29. W. G. Sebald baut Perioden: Gedankenwort und Nebensatz

219 »Als erstes stach mir ...«: W. G. Sebald. *Austerlitz. Roman*. München 2001. S. 318.

219f. »Und dann quillt es ...«: Adalbert Stifter. *Waldbrunnen*. In ders.: *Gesammelte Werke in sechs Bänden*. Band 3. Wiesbaden 1959. S. 646.

220 »Und so war es dann ...«: Martin Mosebach. *Häresie der Formlosigkeit. Die römische Liturgie und ihr Feind*. Wien 2003. S. 51.

221 »Gut zwanzig Wörter ...«: Wladimir Admoni. *Die Entwicklung des Satzbaus der deutschen Literatursprache im 19. und 20. Jahrhundert*. Berlin 1987. S. 150.

221 »Denn ist nicht ...«: Brigitte Kronauer. *Zweideutigkeit. Essays und Skizzen*. Stuttgart 2002. S. 56.

221f. »Im Fond der schwarzen Limousine ...«: Georg Klein. *Roman unserer Kindheit*. Hamburg 2010. S. 39.

222 »Freilich, sagte Austerlitz ...«: W. G. Sebald. *Austerlitz. Roman*. München 2001. S. 18.

223f. »His rebus perfectis ...«: Ludwig Reiners. *Stilkunst. Ein Lehrbuch deutscher Prosa*. München 1943, S. 110.

225 »Der Historiker Schiller ...«: Rainald Goetz. *Klage*. Frankfurt am Main 2008. S. 140.

226 »Seitwärts zogen die Felder …«: W. G. Sebald. *Schwindel. Gefühle.* Frankfurt am Main 1990. S. 288.

226 »Offenkundig fällt es vielen schwer …«: Josef Ackermann. *Finanzwirtschaft nach der Krise: Strategien, Strukturen und gesellschaftlicher Stellenwert. Rede vor der Vaterländischen Union.* Vaduz. 6. Januar 2010.

30. Sibylle Lewitscharoff züchtet Kummerkristalle: Bilder und Lebendigkeit

227 »Hannover, wo liegt das …«: Felicitas Hoppe. *Der beste Platz der Welt.* Erzählung. Zürich 2009. S. 15.

228 »Daß man etwas zu sagen habe …«: Arthur Schopenhauer. *Über Schriftstellerei und Stil.* In ders.: *Parerga und Paralipomena II.* Zürich 1991. S. 459. Vgl. Ludwig Reiners. *Stilkunst. Ein Lehrbuch deutscher Prosa.* München 1943. S. 223.

228 »Je mehr sie lebt …«: Johann Gottfried Herder. *Von den Lebensaltern der Sprache.* In ders.: *Werke.* Band I. München 1984. S. 113.

229 »Zwischen Efeu und Heckenrosen …«: Sibylle Lewitscharoff. *Und die Hügel umher sind lustig.* In: *Süddeutsche Zeitung.* 7. September 2002.

229f. »Nicht zu viele sollten es sein …«: Navid Kermani. *Die Möglichkeit eines Romans. Laudatio auf Martin Mosebach.* In: Martin Mosebach. *Ultima Ratio Regis. Rede zur Verleihung des Georg-Büchner-Preises.* München 2007. S. 37 bis 54. Hier S. 53.

230 »Jetzt sitzen wir im Zeichen …«: Sibylle Lewitscharoff. *Apostoloff. Roman.* Frankfurt am Main 2009. S. 123ff.

31. Werner Kieser fasst einen Gedanken: Logik und Form

231f. »Das Argument, Rückenschmerzen seien …«: Werner Kieser. *Die Seele der Muskeln. Krafttraining jenseits von Sport und Show.* Düsseldorf 2005. S. 61.

32. Brigitte Kronauer atmet durch:
Der Satz und sein Zeichen

234 »Eine Frau prüfte …«: Brigitte Kronauer. *Die Kleider der Frauen. Geschichten.* Stuttgart 2008. S. 49.

235 »Kommata und Punkte spiegeln …«: Jürgen Stenzel. *Zeichensetzung. Stiluntersuchungen an deutscher Prosadichtung.* Göttingen 1966. S. 11.

237 »Um diesen Gedankenstrich …«: Jean Paul. *Des Feldpredigers Schmelzle Reise nach Flätz.* In ders.: *Werke.* Band 6. München 1959 bis 1963. S. 21.

238 »Man muss nur einmal …«: Durs Grünbein. *Die Stimme des Denkers.* In ders.: *Gedicht und Geheimnis. Aufsätze 1990 bis 2006.* S. 155 bis 172. Hier S. 159.

238 »Interpunktionsgewitter«: Heinz Schlaffer. *Das entfesselte Wort. Nietzsches Stil und seine Folgen.* München 2007. S. 28.

238 »Die Melancholie alles Fertigen …«: Friedrich Nietzsche. *Jenseits von Gut und Böse.* In ders.: *Kritische Gesamtausgabe.* Band 5. München 1980. S.229.

33. Rainald Goetz schminkt die Kanzlerin:
Das bessere Deutsch

239 »Indem ich eine klare Einsicht …«: Johann Gottlieb Fichte. *Reden an die deutsche Nation.* Leipzig 1824. S. 16.

239 »Und auch Jacob Grimm meinte …«: Jakob Grimm. *Deutsche Grammatik.* Göttingen 1919. S. X.

240 »Vielleicht ist es nicht übertrieben …«: Heinz Schlaffer. *Das entfesselte Wort. Nietzsches Stil und seine Folgen.* München 2007. S. 74.

241 »Die Kanzlerin war sehr blass …«: Rainald Goetz. *Klage.* Frankfurt am Main 2008. S. 322.

241f. »Drei große Prinzipien gebe es …«: Guy Deutscher. *Du Jane, ich Goethe. Eine Geschichte der Sprache.* München 2008.

244 »Die Welt sollte von den Worten …«: Rainald Goetz. *Klage.* Frankfurt am Main 2008. S. 183.

244 »Die Sätze, die ich schreibe …«: Martin Walser. *Sprache, sonst nichts.* In ders.: *Aus dem Wortschatz unserer Kämpfe. Prosa, Aufsätze, Gedichte.* Frankfurt am Main 2002. S. 372 bis 380. Hier S. 375.

Personenregister

Ackermann, Josef 15–19, 47, 226
Adelung, Johann Christoph 56, 58, 78, 81f., 91, 173, 237
Adorno, Theodor W. 88, 186, 218
Aischylos 165
Ariosto, Ludovico 118
Auerbach, Erich 177

Bachmann, Ingeborg 109, 196
Baker, Nicholson 68
Balzac, Honoré de 202
Bartels, Adolf 96
Benjamin, Walter 196, 218
Bernhard, Thomas 66, 69f., 137, 195
Blackall, Eric A. 182
Blumenthal, Adolph Oswald 115
Boccaccio, Giovanni 53, 118
Bode, Johann Joachim Christoph 57
Bodmer, Johann Jakob 145
Böhme, Jakob 130, 133
Bohrer, Karl Heinz 25
Böll, Heinrich 25, 105
Borchardt, Rudolf 194, 202
Börne, Ludwig 24f.
Brant, Sebastian 118
Brecht, Bertolt 65, 102, 149–152, 157, 162f., 211
Büchner, Georg 20, 167, 173
Burckhardt, Jacob 177
Bürger, Gottfried August 61, 146

Campe, Joachim Heinrich 56f., 92
Carver, Raymond 157f.
Chatwin, Bruce 62
Cousin, Victor 193
Curtius, Ernst Robert 177

Dahn, Felix 202
Dante Alighieri 53, 55, 110, 118
Dehio, Georg 177
Deutscher, Guy 241
Döblin, Alfred 191
Doderer, Heimito von 197
Drach, Erich 188–190
Duden, Konrad 202f.
Dürer, Albrecht 118
Dutschke, Rudi 218

Ebner-Eschenbach, Marie von 202
Eichendorff, Joseph von 186, 229
Engel, Eduard 21, 39f., 58, 137, 170, 184, 200f., 205
Enzensberger, Hans Magnus 195

Falk, Adalbert 159, 202
Fassbinder, Rainer Werner 157
Fauser, Jörg 196
Fichte, Johann Gottlieb 135, 177, 179, 239
Fontane, Theodor 25, 201, 228

Freud, Sigmund 84, 178
Freytag, Gustav 202
Friedrich der Große 142
Frisch, Max 25
Frühwald, Wolfgang 179
Funke, Cornelia 40

Geier, Manfred 180
Gellert, Christian Fürchtegott 104
Genazino, Wilhelm 26f.
George, Stefan 178
Gernhardt, Robert 86, 105, 195
Glavinic, Thomas 73
Goethe, Johann Wolfgang 14, 45, 55f., 58, 61, 67, 70f., 79, 81f., 92, 95f., 105, 115, 133, 137, 141–144, 147, 156, 172, 190, 194f., 200, 205, 210, 220f., 240
Goetz, Rainald 17, 26, 120, 216, 225, 233, 238, 241, 244
Goldschmidt, Georges-Arthur 83–85, 89f., 209, 228
Goldt, Max 75, 155, 233
Görres, Joseph 193
Göttert, Karl-Heinz 59, 81, 116
Gottsched, Johann Christoph 35, 56f., 61
Grass, Günter 25, 48, 50f., 105, 154, 160, 162, 195, 214
Greene, Graham 62
Grillparzer, Franz 65
Grimm, Gebrüder 34, 58, 132
Grimm, Jacob 60, 67, 94, 172, 239
Grünbein, Durs 47, 238
Gryphius, Andreas 153
Gundolf, Friedrich 177f.

Handke, Peter 27, 62, 96, 98f., 101, 107, 131, 222, 229
Harden, Maximilian 20
Hebel, Johann Peter 121, 157, 222
Hegel, Georg Wilhelm Friedrich 34, 133, 135f., 148, 165, 177, 181, 183f., 186f., 194f.
Heidegger, Martin 186f.
Heine, Heinrich 24, 168f., 186, 193, 195
Heinrich, Klaus 148
Heisenberg, Werner 178
Hemingway, Ernest 157f.
Henrich, Dieter 136, 179
Henscheid, Eckhard 86, 153
Herder, Johann Gottfried 56, 78, 91, 97, 110, 166, 200, 228, 243
Hermann, Judith 73, 159
Hesiod 165
Heyse, Paul 202
Hilbig, Wolfgang 15
Hoffmann, E.T.A. 33, 35, 37, 133
Hofmannsthal, Hugo von 62, 65, 109
Hölderlin, Friedrich 61, 161, 165, 173, 179
Homer 128, 145, 165
Hoppe, Felicitas 227
Horaz 19
Humboldt, Alexander von 148
Humboldt, Wilhelm von 165, 179

Ickler, Theodor 203

Jahn, Friedrich Ludwig (Turnvater) 200f.
Jean Paul 57, 61f., 64, 72, 82, 96, 146f., 186, 200, 237
Jelinek, Elfriede 109–113
Johnson, Samuel 56

Kafka, Franz 9–11, 13f., 23, 38, 50, 96, 102, 133, 176, 208
Kant, Hermann 96
Kant, Immanuel 135, 179f., 184, 186f.
Kantorowicz, Ernst H. 178
Keller, Gottfried 186, 210
Kertész, Imre 160
Keyserling, Eduard von 66
Kieser, Werner 20, 213, 231–233
Kittler, Friedrich 34, 181
Klein, Georg 26, 221
Kleist, Heinrich von 96, 107, 121, 133, 162, 166, 227
Klemperer, Victor 215f.
Klopstock, Friedrich Gottlieb 56, 61, 120, 127, 137, 145
Klotz, Christian Adolph 39, 144
Kluge, Alexander 133
Kopernikus, Nikolaus 115
Kracht, Christian 26
Kraus, Karl 18, 20f., 105, 194, 200
Kronauer, Brigitte 26, 36, 56, 139, 158, 197, 221, 234, 236

Langen, August 37, 169
Lavater, Johann Kaspar 143
Le Carré, John 62
Leibniz, Gottfried Wilhelm 180
Lenz, Jakob Michael Reinhold 61
Lenz, Siegfried 25
Lernet-Holenia, Alexander 66
Lessing, Gotthold Ephraim 34, 39, 54, 56–58, 61, 63, 71f., 78f., 82, 95, 137, 142, 144, 146, 200, 211, 237
Lewitscharoff, Sibylle 23, 26, 159, 197, 229f.

Lichtenberg, Georg Christoph 61, 145
Liliencron, Detlev von 137
Lish, Gordon 158
Ludwig I., Fürst von Anhalt-Köthen 34
Luhmann, Niklas 213
Luther, Martin 39, 60, 77f., 105, 115–120, 174, 180

Maar, Michael 25
Magris, Claudio 167
Malraux, André 62
Mann, Thomas 25, 62, 96f., 105, 206, 210
Márquez, Gabriel García 62
Marx, Karl 58, 214
Mattenklott, Gert 194
Matthäus, Lothar 49
May, Karl 202
Menzel, Wolfgang 194
Merkel, Angela 120
Meyrink, Gustav 65
Milton, John 121, 145
Mommsen, Theodor 163, 166, 177
Montaigne, Michel de 118
Morgenstern, Christian 139
Moritz, Karl Philipp 57, 183
Mosebach, Martin 24, 26, 30, 68, 197, 220
Müller, Adam 80, 147
Müller, Burkhard 193
Müller, Heiner 104, 195, 211
Müller, Herta 26, 195f.
Musil, Robert 209

Nabokov, Vladimir 25
Nietzsche, Friedrich 25, 38–40, 44, 58, 64, 130, 166, 168, 187, 204, 238

Ossian 121

Paul, Hermann 146
Perutz, Leo 66
Petrarca, Francesco 53, 118
Platon 110, 179
Polt, Gerhard 157
Proust, Marcel 90

Raabe, Wilhelm 96, 202
Rabelais, François 53, 118
Racine, Jean 127, 129
Raimund, Ferdinand 65
Reiners, Ludwig 37, 39f., 58, 105, 186, 189, 215, 223
Reuter, Fritz 202
Riegel, Herman 200
Riemer, Friedrich Wilhelm 71, 205
Rilke, Rainer Maria 65
Ritter, Henning 25
Ronsard, Pierre de 118
Rosegger, Peter 202
Rühmkorf, Peter 157, 195

Salin, Edgar 178
Schelling, Friedrich Wilhelm Joseph 177, 180
Scherer, Wilhelm 117
Schiller, Friedrich 34, 56, 58, 61, 67, 79, 82, 127, 142, 147, 210, 225
Schlaffer, Heinz 61, 65, 240
Schlegel, August Wilhelm 126, 128, 148, 177
Schlegel, Friedrich 61, 148, 177, 239f.
Schleiermacher, Friedrich 179
Schmidt, Arno 62, 195
Schneider, Peter 62

Schöne, Albrecht 148
Schopenhauer, Arthur 69, 163, 228, 233, 240
Schulze, Ingo 26, 158, 227
Schwitters, Kurt 170
Sebald, W.G. 27, 96, 123, 197, 219f., 222, 226
Shakespeare, William 54, 63, 118, 121, 127, 129, 145
Sloterdijk, Peter 28
Sontag, Susan 9
Stein, Peter 79
Stenzel, Jürgen 235
Sternberger, Dolf 148
Sterne, Laurence 57
Stifter, Adalbert 186, 197, 219, 225
Stirner, Max 232
Stoker, Bram 93
Storm, Theodor 201
Strauß, Botho 187f., 190, 195
Streeruwitz, Marlene 110
Stuckrad-Barre, Benjamin von 196

Tasso, Torquato 118
Tellkamp, Uwe 66, 102, 197
Thomasius, Christian 58
Tory, Geoffroy 144
Trabant, Jürgen 31, 97, 117, 203

Unseld, Siegfried 69

Valentin, Karl 65
Vergil 18
Vico, Giambattista 244
Vogl, Joseph 131
Voß, Johann Heinrich 128, 142, 165
Vossler, Karl 178

Wagner, Richard 202
Walser, Martin 25, 105, 195, 244
Walser, Robert 137, 159, 197, 229
Weber, Max 177, 213
Weinrich, Harald 130
Werfel, Franz 65
Wieland, Christoph Martin 56,
  58, 78, 81
Wilamowitz-Moellendorff,
  Ulrich von 163

Wildenbruch, Ernst von 96
Winckelmann, Johann Joachim
  56f., 165
Wolf, Christa 195
Wolff, Christian 57, 59f.
Wölfflin, Heinrich 177

Zemb, Jean-Marie 208
Zesen, Philipp von 35
Zweig, Stefan 65